信息管理学导论

Introduction to Information Management

杜占江　孟月　等◎编著

知识产权出版社
全国百佳图书出版单位
——北京——

图书在版编目（CIP）数据

信息管理学导论 / 杜占江等编著 .—北京：知识产权出版社，2024.4
ISBN 978-7-5130-9278-4

Ⅰ . ①信…　Ⅱ . ①杜…　Ⅲ . ①信息管理学　Ⅳ . ① G203

中国国家版本馆 CIP 数据核字（2024）第 030367 号

内容提要

本书全面系统地介绍了信息管理的整体框架及其所涵盖的内容，共分 10 章，包括信息管理概述、信息采集、信息分析、信息组织、信息服务与用户、信息经济、信息系统、信息安全、信息素养和信息人才。

本书可作为高等学校信息资源管理、信息管理与信息系统及相关专业信息管理基础课程教材，也可作为信息与计算科学、计算机科学与技术、图书馆学、档案学、情报学和编辑出版学等专业学习的参考读物，还可作为从事信息管理工作相关人员的培训用书。

责任编辑：刘晓庆　　　　　　　　责任印制：刘译文

信息管理学导论
XINXI GUANLIXUE DAOLUN
杜占江　孟　月　等编著

出版发行：知识产权出版社 有限责任公司	网　　址：http://www.ipph.cn		
电　　话：010-82004826	http://www.laichushu.com		
社　　址：北京市海淀区气象路 50 号院	邮　　编：100081		
责编电话：010-82000860 转 8073	责编邮箱：laichushu@cnipr.com		
发行电话：010-82000860 转 8101	发行传真：010-82000893		
印　　刷：三河市国英印务有限公司	经　　销：新华书店、各大网上书店及相关专业书店		
开　　本：787mm×1092mm　1/16	印　　张：17.75		
版　　次：2024 年 4 月第 1 版	印　　次：2024 年 4 月第 1 次印刷		
字　　数：305 千字	定　　价：88.00 元		

ISBN 978-7-5130-9278-4

前　言

　　信息管理是一项古老而又现代的管理活动。信息同物质、能源一起被视为现代社会的三大战略资源，成为人类生存和发展所依赖的三大要素。信息又因其逐步凸显的经济价值而在现代社会获得了更多关注。信息技术的发展加快了人类进入信息社会的脚步，信息成为现代社会发展的重要因素和社会经济的直接生产力。人类从工业经济时代迈入信息经济时代，信息管理活动成为现代人类社会重要的管理活动之一，其重要性、复杂性日益凸显。

　　本书是对信息管理基本环节、信息管理基本要素进行研究的产物，有以下突出特点：①基础性。一方面，本书主要对信息管理学基础内容的研究总结，覆盖了信息管理工作和信息管理理论的基本环节；另一方面，基于"导论"定位，本书内容侧重信息管理学基础，目的在于对学习信息管理学的基础指导。②针对性。本书是针对信息资源管理和信息管理与信息系统两个本科专业的专业学习参考用书，是提高学生对信息管理的专业认知和对专业基础内容的必要拓展。同时，信息管理相关从业人员也可以学习参考。③效果好。本书对信息管理的学习具有较好的指导作用，以本书主要内容为核心开展的"信息管理学"课程教学取得了良好效果。近年来，我校信息管理系学生考研率在全校名列前茅，说明了本书较好的学习效果。

　　本书是河北建筑工程学院信息管理系的集体研究成果，凝结了教师们多年的专业研究成果与教学心得。内容共分 10 章，具体分工：第 1 章杜占江、孟月，第 2 章孟月，第 3 章魏晓峰，第 4 章马转玲，第 5 章肖丹，第 6 章史海嫣，第 7 章李燕燕，第 8 章王学光，第 9 章贾丽坤，第 10 章王喜明。杜占江和孟月负责全书的内容策划和统稿工作。

　　在本书的撰写过程中，我们参考及引用了大量国内外学者的研究成果，他们在相关主题研究中的先行之功是本书成书的重要基础。本书在完成过程中得到了学校领导和老师们的支持，还有知识产权出版社刘晓庆编辑的积极指导。此外，南开大学在读博士王洁老师在我校信息管理系工作期间参与了本书内容策划的初期工作。在此一并致以诚挚的谢意。

信息管理活动随着信息技术的迭代、管理的现代化呈现出日异月更的发展态势，本书虽做了系统性梳理和总结，并提出了一些新的信息管理理念，但其中内容难免疏失甚至错误，恳请读者批评指正。

编　者

2024 年 3 月

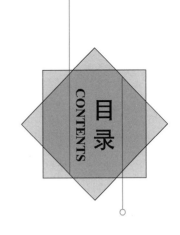

目录
CONTENTS

第1章　信息管理概述

自古以来，信息在自然界变化发展和人类社会进步过程中发挥了重要作用。如今，信息因其特有的价值，逐渐成为社会生产中重要的生产要素。现代社会已逐步转型为一个信息社会，信息是信息社会的重要资源，信息管理是信息社会中重要的社会实践活动。然而，信息数量的激增、范围的扩大、形式的多样化都使信息管理越来越复杂。面对日益复杂的信息管理，我们只有了解信息发展规律、掌握信息管理方法、恰当运用信息技术，才能最终实现信息管理的合理优化。

1.1　信息

将信息的概念、分类、基本特征和功能等基本问题梳理清楚，是了解信息、厘清信息管理开展条件和发展规律的必要过程，也是对信息管理活动开展深入研究的基础性工作。

1.1.1　信息的概念

信息与信息现象自古有之，尤其是在当今社会，由于在社会各领域、各方面展现出越来越重要的价值，信息更加受到关注和重视。因此，国内外学者长期以来对信息研究的起点，即"信息是什么"这个问题很关注，对信息的概念开展了很多研究。但学者们对信息的概念莫衷一是，这是因为他们的视角不同，在研究信息概念时引入的约束条件不同。

我国信息学专家钟义信教授认为，信息的概念具有复杂性，因此在定义信息的时候必须十分注意定义的条件。如果不引入任何约束条件，信息可以被定义为：事物存在的方式和运动状态的表现形式。"事物"是指存在于自然界与社会中的任意对象；"存在的方式"是指事物的内部结构和外部联系；"运动状态"是指事物所发生的一切变化的呈现。这是对信息最广泛、最普遍的定义，由于没有引入任何约束条件，所以是本体论层次的信息。在社会中，信息的各阶段运动都离不开"人"这个主体，如果引入"人"这个主体作为约束条件，信息就需要从"人"这个主体的视角去定义，也就是认识论层次的信息。在认识论层次，我们可以将信息定义为：主体所感知或表述的事物存在的方式和运动状态。可以发现，在引入约束条件后，信息的定义变窄了。引入的约束条件不同，信息的定义就不同，这也是长久以来信息的定义纷繁多样的原因。

在本书中，我们主要研究社会信息，因此在探讨信息的概念时引入了这个约束条件。本书认为，信息是人类社会环境中事物存在的方式和运动状态的表现形式。我们所讨论的是伴随社会实践活动产生的、基于一切载体的、以任意形式存在的信息。

1.1.2　信息的分类

在人类社会环境中，事物种类及运动状态的多样性导致了信息类别的多样性。事实上，根据不同的分类标准，信息有不同的分类方法，这里主要介绍以下四种。

1.1.2.1　以信息的内容为划分标准

信息可以被划分为自然信息和社会信息。自然信息是指自然界中客观存在的各种非生命信息和生命信息；社会信息是伴随人类社会生产实践产生的信息。

1.1.2.2　以信息的存在形式为划分标准

信息可以被划分为记录型信息、实物型信息和思维型信息。记录型信息是以文字、声频、视频和代码等形式记录在固定载体上的信息；实物型信息是以物质实体形式存在的信息；思维型信息是存在于人脑之中的信息。

1.1.2.3　以信息的加工深度为划分标准

信息可以被划分为零次信息、一次信息、二次信息、三次信息。零次信息是指在信息流动过程中未经过加工和组织的信息；一次信息是对自然状态和社会表象的信息以及大脑存储的信息进行粗加工后，经过各种方式表达的信息，如初次发表的论文、研究报告、调查报告等；二次信息是指用一定的方法对一次信息进行加工、整理、重组和提炼所得到的产物，如文摘、索引等；三次信息是对大量的一次信息、二次信息进行分析研究和综合加工产生的系统化成果，如动态综述、专题评论、年鉴、手册等。

1.1.2.4　以信息内容的真实性为划分标准

信息可以被划分为真实信息、待确认信息和虚假信息。真实信息是内容表达与客观事实相符合的信息，待确认信息是还未判断其内容表达与客观事实是否相符合的信息，虚假信息是内容表达与客观事实不相符合的信息。

1.1.3　信息的基本特征

当今社会，信息越来越受到重视，与物质、能量一同成为社会三大支柱性资源。相比于物质和能量，信息具有以下显著的基本特征。

1.1.3.1　客观性

信息是事物存在的方式和运动状态的表现形式，由于事物的存在方式、运动状态都具有客观性，所以信息具有客观性。只有客观反映事物本来面貌的信息才具有价值，不具有客观性的信息可能造成决策失误。

1.1.3.2　可共享性

信息与物质、能量不同，具有可共享性。信息的可共享性是指信息不受信息载体的限制，其内容可以脱离载体实现共享。对于传统的物质与能量而言，如果其被某一方享有，则不能再被其他使用者共享，一方的拥有会导致另一方的失去。但信息则不同，信息的可共享性决定它在不受管理因素的制约下，可为人类社会所共享。

1.1.3.3　相对性

信息的相对性是指信息对不同的使用者或在不同的时间阶段呈现出不同的价值。第一，对于不同的使用者，信息具有不同的价值，即由于使用者所处的状态不同、对信息的需求不同，同一信息的效用是不同的。第二，在不同的时间阶段，信息具有不同的价值。由于信息的准确性受到时间的制约，一般而言，信息的价值会随着时间的推移逐步降低，发生老化。

1.1.3.4　可再生性

信息的可再生性是指信息是可以不断再生的资源。一方面，信息是有相对性的，信息的价值会随着时间的推移而逐渐减少，直至彻底老化失效。但另一方面，信息又是具有可再生性的，失效的信息经过一定的社会加工，可能会产生新的含义，在不同的时间、地点及不同的使用目的下，焕发出新的使用价值。

1.1.3.5　动态性

信息的动态性是指信息的价值在动态传递中实现，在动态繁殖中增值。一方面，信息的价值受制于信息的传递及其范围，只有在不断传递信息的过程中，信息才能真正发挥其效用，实现价值。另一方面，信息经过加工处理可以再生出新的信息，使信息不断动态繁殖，在更广泛的范围内被人们所使用，完成信息增值。

1.1.3.6　经济性

信息的经济性是指信息有参与市场经济、产生经济效益的价值。信息不是物质或能量的产品，但信息可以物化在载体上成为一种信息资源，或经过加工处理成为一种信息商品。存贮、传递信息需要耗费信息工作人员的社会必要劳动时间，因此，信息可以作为商品参与市场经济，信息产业由此而来。

1.1.4　信息的功能

信息具有经济、管理和决策等方面的功能。

1.1.4.1　经济功能

信息作为重要的经济资源,具有经济功能。信息的经济功能有两种呈现方式。第一，信息、信息产品及各类信息服务可以作为商品，通过流通和利用直接创造财富。第二，信息可以通过影响社会生产力系统间接地创造社会财富。一方面，在社会生产过程中，信息的参与可以规划发展方向、优化资源配置、提高生产力系统运行的有序度，从而提高生产力，实现经济功能。另一方面，信息的参与还可以从技术、工具和流程等方面引发社会生产的革新，提高生产力系统的质量与效率，从而创造经济价值。

1.1.4.2　管理功能

信息是管理工作的基础，具有管理功能。现代化的管理已被视为现代社会的一个重要特征。信息是管理活动赖以展开的前提，一切管理活动都离不开信息。管理系统规模越大，结构越复杂，对信息的需求就越大。

1.1.4.3　决策功能

信息能够推动、优化决策，具有决策功能。信息可以为决策提供数据、分析、预测和反馈等多方面支持，能有效地帮助决策者做出准确、有效的决策。信息在人类的决策活动中还发挥着预见性功能。人类的决策活动就是处在不断利用信息并对未来进行预测之中的。

1.2　信息化与信息社会

信息社会也称信息化社会，是脱离工业化社会以后，信息将起主要作用的社会。各领域的信息化发展是信息社会得以建立并健康运行的有力保障。

1.2.1　信息化和信息技术

我国的信息化工作自 20 世纪末开展以来，与时俱进，历经发展，取得了多方面的突破。1997 年 4 月 18—21 日，全国首届信息化工作会议在深圳银湖隆重召开。会上首次提出了国家信息化六个方面的任务：开发利用信息资源；建设国家信息网络；推进信息技术应用；发展信息技术和产业；培育信息化人才；制定和完善信息化政策。这六项任务也是我国信息化建设的目标。

近些年来，党中央、国务院高度重视信息化工作。2018 年 4 月 20 日，习近平总书记在全国网络安全和信息化工作会议上的讲话强调，信息化为中华民族带来了千载难逢的机遇，我们必须敏锐抓住信息化发展的历史机遇，加强网上正面宣传，维护网络安全，推动信息领域核心技术突破，发挥信息化对经济社会发展的引领作用，加强网信领域军民融合，主动参与网络空间国际治理进程，自主创新推进网络强国建设。❶

---

❶ 上海市习近平新时代中国特色社会主义思想研究中心.敏锐抓住信息化发展的历史机遇 [N].人民日报，2019-04-12（9）.

"十四五"时期，信息化进入加快数字化发展、建设数字中国的新阶段。2021 年，中央网络安全和信息化委员会印发的《"十四五"国家信息化规划》提出要建立健全规范有序的数字化发展治理体系。这将推动营造开放、健康、安全的数字生态，加快数字中国建设进程。

1.2.1.1　信息化概念

信息及信息现象古已有之，但"信息化"是随着社会发展萌发出的新概念。当今时代，信息的存在与作用发生了很大变化，正是这种变化，使信息后面能够加个"化"。这种变化可以从两个方面总结：一方面，如今信息体现出了广泛的渗透性，是润物细无声又非常有效的渗透，能够渗透到各个部门、各个行业中发挥效用。另一方面，信息技术的高度发展和广泛应用，使信息和信息资源得以开发应用。正是这两个变化导致了信息化的出现。

"信息化"这个概念最早是日本学者梅棹忠夫在他的一本专著《信息产业论》中提出来的，他描述了信息革命和信息化的前景。它是这样来理解信息化的：信息化是向信息产业高度发达，且在产业结构中占优势地位的社会前进的动态过程。我国著名学者林毅夫认为，信息化是指"建立在 IT 产业发展与 IT 在社会经济各部门扩散的基础之上，运用 IT 改造传统的经济、社会结构的过程"。

本书认为，信息化是指在国家宏观信息政策指导下，通过信息技术开发、信息产业的发展、信息人才的配置，最大限度地利用信息资源以满足全社会的信息需求，从而加速社会各个领域的共同发展以推进到信息社会的过程。

1.2.1.2　信息化五要素

信息化是人类社会发展到一定阶段的必然产物，有一些标志性的特点，可以总结为以下五个要素。①信息资源达到量化标准并为国民所利用；②信息技术与相关设备普及化，利用程度高；③国民的信息素养和信息能力程度达到一个较高的水平；④社会中信息孤岛逐步被消灭，信息高速公路有效运行，全面实现信息传递与共享；⑤信息相关法律法规健全，社会信息行为规范程度高。

案例：黄河水利委员会创新开展信息化结对共建
下好数字孪生黄河建设"一盘棋"

2023 年以来，水利部黄河水利委员会党组认真贯彻落实水利部党组决策部署，按照"需求牵引、应用至上、数字赋能、提升能力"的要求，结合开展学习贯彻习近平新时代中国特色社会主义思想主题教育，高标谋划、高位推动，创新开展信息化结对共建工作，不断提升数字孪生黄河建设水平，在全河上下形成了重视和支持信息化建设的浓厚氛围。

高度重视，精心安排部署。黄河水利委员会党组为解决委属单位信息化建设不平衡不充分问题，坚持从实际出发，突出问题导向，注重以学促干，主要负责人部署推动信息化结对共建工作，明确山东黄河河务局与陕西黄河河务局、河南黄河河务局与山西黄河河务局结成对子，开展互帮互建、互学互助，努力构建"优势互补、资源共享、共同发展"信息化建设工作新格局。

主动对接问需，精准服务解难。相关单位迅速贯彻落实黄委党组安排部署，坚持一分部署、九分落实，大力倡导马上就办、真抓实干，第一时间沟通对接，相互组织开展观摩学习交流活动，进一步明确信息化结对共建工作目标、工作需求、工作方向和共建项目，建立结对共建工作机制，做到了任务明确、责任到人，形成了工作合力，为下一步项目高质量建设实施打下坚实基础。

开展项目建设，共建成效初显。山东黄河河务局结合陕西黄河河务局工作实际，在山东智巡 App 的基础上，进行技术修改优化，为陕西黄河河务局建设集工程建设与运行、河湖"四乱"与采砂监管、水行政执法、水利监督等业务功能于一体的信息化管理系统和应用平台；在河南黄河河务局的帮助下，山西黄河智慧工管信息化平台已上线运行，三晋河务 App、山西黄河工程运行监测预警平台进入系统调试阶段，黄河工情险情全天候监测感知预警系统在凤凰咀护岸工程 3 坝、4 坝完成硬件布设，即将完成配套软件搭建。❶

---

❶ 黄峰，陈汉，韩轶菲. 黄委创新开展信息化结对共建 下好数字孪生黄河建设"一盘棋"[EB/OL].（2023-08-10）[2023-08-20]. http://www.chinawater.com.cn/newscenter/ly/huangh/202308/t20230810_800170.html.

1.2.2 信息革命

人类的进化发展历史就是一个信息的进化发展历史，每一次信息革命都和人类文明息息相关，改变甚至创造了人类文明。人类的历史已经经历了七次信息革命。这七次信息革命，每一次都具有划时代的意义。

1.2.2.1 第一次信息革命：语言的产生

语言的产生实现了信息分享。人类语言出现在距今 3.5 万～5 万年前。语言是思维的工具，也是传播信息的工具。以色列历史学家尤瓦尔·赫拉利在他的著作《人类简史》中，将语言的产生称作人类的第一次智力觉醒。如果没有语言，信息的分享就存在很大障碍。正是语言革命使人类获得了分享信息的能力，人们的经验性知识得以传承与累积，成为后代的财富。

1.2.2.2 第二次信息革命：文字的产生

文字的出现解决了信息记录的困境。人脑无法进行绝对严格而精准的记忆，并且人的生命也是有限的，因此靠人脑进行信息记录，是很难进行传承的。文字的产生使信息存在和传播形式发生了重大变革，文字出现后，信息得以脱离人脑，以文字的形式被记录在某种载体上，随着物质载体的保存而积累，随着物质载体的传递而传播，不再受到时间和地域的局限。因此，文字的产生促进了信息的大量积累和广泛传播。

1.2.2.3 第三次信息革命：纸和印刷术的出现

纸和印刷术的出现带来了信息记载、传递手段的革命。信息如果只能近距离传输，传播速度就比较慢。纸和印刷术的出现，让信息可以大量地、远距离地进行传播，使信息用更快的速度向其他地方渗透，并促使各种文明相互交融、相互借鉴、相互促进、共同发展。

1.2.2.4 第四次信息革命：电报、电话、广播和电视的普及应用

电报、电话、广播的发明使人类信息交流的时空界限被再一次拓展，这些技术能够把远在千万里之外的文字信息、音频信息接收下来并再次传播，极大地提高了时间、

距离的利用率。电视的产生是另一次跨越，相比而言，电视传输的信息量更大，媒体形式丰富，不仅可以传输文字和声音，还可以传输图像、视频，大大改变了社会政治、经济和文化各领域的信息传递形态。

1.2.2.5 第五次信息革命：电子计算机与现代通信技术的应用

电子计算机与现代通信技术的应用是人类信息处理和传播的又一次革命。相比于传统的计算、存储工具，电子计算机具有突出优势，如速度快、容量大、精度高、通用性强等。因此，电子计算机与现代通信技术的应用对人类社会产生了空前的影响，信息产业应运而生。

1.2.2.6 第六次信息革命：计算机网络的出现

计算机网络是指将地理位置不同的具有独立功能的多台计算机及其外部设备，通过通信线路连接起来，在网络操作系统、网络管理软件及网络通信协议的管理和协调下，实现资源共享和信息传递的计算机系统。

在计算机网络出现之前，信息的传播都是单向的。例如，我们收听广播、收看电视，如果我们想要让多媒体的信息传输从广播、电视这种单向的平台转为双向交互，就必须有新的技术出现。当代最有创造性的信息技术就是互联网，它不仅让信息做到了远距离、实时、多媒体、双向交互地传输，还催生了很多全新的商业模式和业务模式，也大大改变了世界的政治格局和人们的思维方式。

1.2.2.7 第七次信息革命：智能互联网的出现

今天人类站在一个信息革命的全新起点上，这就是第七次信息革命。第七次信息革命是智能互联网的出现。智能互联网是以物联网技术为基础，以平台型智能硬件为载体，按照约定的通信协议和数据交互标准，结合云计算与大数据应用，在智能终端、人、云端服务之间，进行信息采集、处理、分析和应用的智能化网络，具有高速移动、大数据分析和挖掘、智能感应与应用的综合能力。

首先，智能互联网对传统互联网提出了更高的要求，如高速度、移动存在、广域覆盖等。其次，智能互联网能够助力实现大数据分析。传统互联网重视信息的存储、流动，很少关注信息分析。越来越多的用户活跃在互联网上，云存储记录了用户的每一次网络活动，访问的网站、电子商务的交易、玩的游戏、导航的行程、观影记录等这些信息，不再像传统世界那样发生过又消失了。在智能互联网世界里，对这些信息进行整理、挖掘和分析，可以实现更大的价值。最后，智能感应能力开始出现在智能互联网中，智能互联网世界不仅是信息传输，同时它还对人的感知能力进行完善与补充，以手机为代表的终端产品出现，大量的智能穿戴设备开始慢慢形成自己的力量，使智能感应成为可能。

1.2.3 信息社会

信息社会是继农业社会、工业社会之后的人类社会新形态。在信息社会，信息取代了物质生产资料，成为更重要的社会资源；信息活动取代了农业生产及工业生产活动，成为社会经济活动的主要内容。

所谓信息社会，就是以电子信息技术为社会发展基础，以信息资源为主要发展资源，以信息服务产业为主要社会产业，以数字化和网络化为主要社会交往方式的新型社会。

1.2.3.1 信息社会的基本特性

相比于以前的社会形态，信息社会在以下五个方面呈现出一些基本特性。

（1）信息产生数字化。在信息社会，绝大部分信息将以数字化形式产生，以电子计算机为存储介质与运行环境，社会信息整体数量爆发式增长，人类信息处理能力得到极大提升。

（2）信息传递网络化。信息高速公路的建立使数字化的信息可以通过网络通畅传递，提高了信息传递速度，扩大了信息传递范围、丰富了信息传递形式。

（3）信息服务产业化。在信息社会，各社会组织、个人都会产生信息服务的需求，同时，从事信息服务的信息机构展现出很高的专业度，形成信息产业。在信息社会，信息活动是最主要的社会活动之一，信息产业是最主要的行业之一。

（4）社会形态虚拟化。在信息社会，社会经济活动突破了实体的限制，以信息流引导的经济流动呈现出网络化的发展态势。社会中出现了多种虚拟的经济实体，如虚拟银行、虚拟商店等。

（5）社会发展知识化。信息社会是知识密集型社会，社会发展很大程度上依靠知识创新驱动。

1.2.3.2　信息化应用

（1）金融信息化。信息化在金融领域的应用程度最深、智能化程度最高，金融领域也是信息化建设最成功、带动性最强的领域之一。同时，信息化完全改变和强化了金融行业的治理体系和治理能力，资金的进出、流向、风险和安全等全部实现实时管控。

（2）交通信息化。智慧交通是我们每个地区、每个城市都十分关注的事情。高铁车次的调度和运行、飞机的精准与安全飞行，没有信息化是不可能实现的。

（3）国防信息化。信息化战争是今后的主要战争方式，信息化使我国的武器装备全面现代化。

（4）教育信息化。教育信息化要求在教学、教育管理过程中较全面地运用以多媒体、人工智能和网络通信为基础的现代信息技术，以提升教育水平，促进教育改革。

（5）司法信息化。信息化是司法行政系统不能回避的趋势，司法领域应该紧紧抓住信息化的发展机遇，实现更高水平的数字法治、智慧司法。司法信息化主要有大平台共享、大系统共治、大数据慧治等主要建设目标。

1.2.3.3　信息技术对当今社会的消极影响

（1）个人信息保护问题突出。计算机可能会给个人信息或隐私带来威胁，主要体现在利用手机 App 违规收集个人信息，未成年人、老年人等特定群体的个人信息需要加大保护力度，个人信息泄露导致骚扰电话和网络暴力等。

（2）智能化信息犯罪防不胜防。全社会对计算机及网络使用的广泛性和依赖性的增加，带来了信息犯罪。例如，黑客可以通过计算机网络窃取商业或军事机密等。

（3）信息污染与垃圾问题严重。全世界都存在信息污染，黄色、反动、非法信息隐藏在互联网中造成信息污染。信息爆炸使人们在信息检索的过程中往往无所适从，所需要的信息很大程度上被大量信息垃圾掩盖。因此，清理信息垃圾是当今社会不得不面对的难题。

案例：《全球信息社会蓝皮书：全球信息社会发展报告（2022）》发布

　　2022年12月，上海社会科学院信息研究所与社会科学文献出版社联合发布了《全球信息社会蓝皮书：全球信息社会发展报告（2022）》。蓝皮书评价了全球数字均等化状况，提出了消除数字鸿沟、促进数字均等六项建议。全球数字均等化评价采用了全球51个国家或地区的指标数据进行计算比较。从性别数字均等、年龄数字均等、城乡数字均等、数字接入均等、使用环境均等五个方面构建评价数字均等化状况。数字均等化的研究显示，在全球范围内，欧洲、亚洲的国家或地区数字均等程度较高，非洲国家或地区的数字均等程度较落后。全球数字均等状况极不平衡，区域性特征明显。报告指出，数字接入程度是数字均等的基础。国家或地区内部不同人群的数字均等建立在数字接入基础上。全球年龄数字均等、城乡数字均等问题普遍存在，性别数字均等问题在一些国家中非常突出。数字均等问题既是发展问题，又是社会问题，需要国家从社会层面综合改进。应当从六个方面消除数字鸿沟、促进数字均等。❶

1.3　信息管理

　　信息管理是一项为了有效开发和利用信息而开展的人类活动，我们有必要对信息管理的概念、对象、层次、发展历程与信息生命周期管理进行深入了解。

1.3.1　信息管理的概念

　　随着信息量的空前增长与信息技术的迭代发展，社会信息化程度逐步加深。同时，信息的组织、检索和服务等方面都展现出了更高质量的需求。因此，信息管理逐渐成为社会广泛关注的话题，并且对整个社会产生着越来越大的影响。

　　美国学者霍顿（Forest W. Horton）认为，信息管理是一种使有价值的信息资源通过有效的管理与控制程序能够实现某种利益的目标活动。英国学者马丁（William J. Martin）认为，信息管理是与信息相联系的计划、预算、组织、指导、培训和控制活动。❷

---

❶ 鲁大智.《全球信息社会蓝皮书：全球信息社会发展报告（2022）》发布 [N]. 中华读书报，2023-01-04（01）.
❷ 胡昌平. 现代信息管理机制研究 [M]. 武汉：武汉大学出版社，2004.

本书认为，对信息管理概念的理解可以从两个层面进行。从狭义层面来看，信息管理是对信息本身的管理活动，包括采集、组织、存储和服务等。从广义层面来看，信息管理是对信息活动各种要素进行组织和控制，实现信息资源的合理配置，有效满足信息需求的管理活动。其蕴含的内容非常丰富，包括信息采集、信息分析、信息组织、信息服务与用户、信息系统、信息安全、信息素养和信息人才等。

1.3.2　信息管理的对象

随着人类信息活动的广泛开展，人类信息管理的规模与范围不断扩大，面对的管理对象也日益丰富多元。将纷繁复杂的信息管理对象归纳分类后发现，信息管理的对象包括信息资源、信息活动两个方面。

对信息资源的管理是对静态资源的管理。信息因其对社会生活的重要价值被当作一种资源对待，但信息资源并不单纯指信息本身。它是一个涉及信息生产、处理、传播、利用等信息劳动全过程的多要素概念。除信息本身外，信息资源还包括信息技术、信息人员。

对信息活动的管理是对动态活动的管理。信息活动普遍存在于人类社会活动中，我们把与信息行为有关的全部社会活动统称为信息活动，包括信息的生产、收集、交流、组织、存储、检索、分析、利用、系统开发和技术更新等。信息活动需要有信息资源的广泛参与，简单来说，信息活动就是信息人员运用专门的信息技术，对信息进行组织、分析等加工，形成进一步的信息产品，提供服务的过程。人类社会的信息活动可以归纳为三个维度：个人的信息活动、组织的信息活动、社会的信息活动。个人的信息活动是指自然人对信息资源开展的信息行为；组织的信息活动是指各类组织对信息资源进行有计划的处理，通常以各类信息系统的形式存在；社会的信息活动是指社会范围内对信息资源的开发利用，辐射范围广、内容涵盖多、活动形式复杂。这三个维度的信息活动由简至繁，活动范围及规模逐级扩大，信息活动所产生的影响也逐渐增大。

1.3.3　信息管理的层次

对信息管理的观察可以从宏观、中观、微观三个层次来开展。

1.3.3.1　宏观层次的信息管理

宏观层次的信息管理是战略性管理，在一个国家或大型国际组织内开展，由其信息管理部门主导，以法律约束、行政规范、经济引导为主要管理手段，以规划信息管理发展方向、组织信息管理活动、调控信息资源配置为主要管理任务，目的在于从全局上实现信息管理的顶层设计、发展规划、监督落实。宏观层次的信息管理具有系统性、广泛性、前瞻性、协调性等突出特点。

1.3.3.2　中观层次的信息管理

中观层次的信息管理是区域性管理，在一定的地区或行业内开展，由地区或行业信息管理部门主导，以适应宏观层次信息管理为管理前提，以法规约束、政策引导为主要管理手段，以在本地区本行业范围内组织、协调信息开发利用活动为主要管理任务，目的在于针对本地区、本行业信息资源的客观条件实施专门、恰当的信息管理。中观层次的信息管理具有承启性、交流性、地域性或专业性等突出特点。

1.3.3.3　微观层次的信息管理

微观层次的信息管理是基础性管理，在各类基层组织开展，由政府、企事业单位、各社会组织的信息管理部门主导实施，以技术运用、政策规范为主要管理手段，以基础的信息系统建设运行、信息人员管理、信息资源开发为主要管理任务，目的在于实现信息整序，合理组织、协调信息资源的开发利用。微观层次的信息管理具有效益性、实践性、分散性等突出特点。

1.3.4　信息生命周期管理

信息从产生到被消灭会历经多个阶段，即信息生命周期。信息管理要贯穿整个信息生命周期，在充分遵循信息发展规律的基础上开展，对信息进行连续性的全程管理。

1986 年，美国信息资源管理学家霍顿（F. W. Horton）、马尔香（D. A. Marchand）合著出版的《信息趋势：从信息资源中获利》中提出"信息生命周期管理"的概念，把信息管理视为一套序化相连的流程。信息生命周期管理是信息管理的一种流程模型，包括信息创建、采集、组织、开发、利用、清理六个阶段。每个阶段依赖上个阶段开展，各个阶段相互递进。

1.3.4.1　信息创建阶段

被创建是信息生命周期的起点，信息创建阶段是信息生命周期管理的初始阶段。这阶段的主要管理任务是信息的产生和发布。

1.3.4.2　信息采集阶段

信息采集是将分散的信息聚化集中的过程，这个阶段的主要管理任务是对信息进行有目的的资源化筛选聚集，主要实现方式有手工采集和自动获取。

1.3.4.3　信息组织阶段

信息组织是对信息进行序化的过程，这阶段的主要管理任务是对采集到的信息进行分析、标引、著录、整序和优化，形成一个便于用户有效利用的系统。

1.3.4.4　信息存储阶段

信息存储是依托相关存储技术，将信息留存在一定的载体和介质上的过程，是信息生命周期管理中最基础的一个阶段。这个阶段的主要管理任务是保证信息的安全存储，保证信息的可得可用，包括对信息真实性、完整性、保密性的维护。

1.3.4.5　信息利用阶段

信息利用是用户对所提供的信息有效地运用的过程。前四个管理阶段很大程度上是为信息利用阶段服务。这个阶段采用的主要方式有建立数据库、提供信息导航、开展专题服务等。

1.3.4.6　信息清理阶段

信息不可避免地会逐步老化，其价值逐渐降低，因此在信息管理的过程中要开展信息清理。这个阶段的核心管理任务是无效信息的及时剔除与有效信息的安全迁移，对已经没有保存价值的信息要及时销毁清理，对还有部分保存价值的信息要安全地迁移到其他存储介质中继续保存。

案例：黄山市黄山区实行"三审制"强化信息化项目全生命周期管理

2022年，黄山区数据资源管理局引入第三方审计机构就信息化项目全生命周期加强管理，规范项目建设，节约财政资金。截至2022年12月共审计112万元，核减节约财政资金76万元，审计发现问题12个，提出审计建议24条。

建立审查前置机制。区数据资源管理局、发改委、财政局、公共资源交易中心联合下发《关于进一步规范区级信息化建设项目审批管理的通知》，对前置送审材料逐一审核把关，有效避免项目的重复性建设，在方案的优化、资源的整合、数据的安全等方面发挥重要作用，落实审计监督机制。

针对关键环节，实行前置审计，做到关口前移。在项目采购前，重点检查预算构成是否多项或少项，报价是否合理等。在合同签订前，重点检查条款制订是否损害甲方利益，关键条款是否有缺项等；在价款结算前，对照项目需实现的功能需求和设备清单，组织人员现场逐一清点核查。

形成联审保障机制。针对信息化项目专业性强、科技含量高、隐性工程多等特点，黄山区联合第三方审计机构、全过程咨询机构、信息专家等社会专业机构力量，全过程参与项目的实施，重点加强硬件参数、软件开发、预决算等方面的审核检查，确保项目的专业性、权威性。❶

1.3.5 信息管理发展历程

信息管理活动广泛存在于人类社会活动中，伴随着人类社会的发展不断进步变化。信息管理的发展经历了四个阶段，分别是传统管理阶段、技术管理阶段、资源管理阶段、知识管理阶段。

1.3.5.1 传统管理阶段

长久以来，人类对信息的管理停留在以手工管理为标志的传统管理阶段。对信息源进行管理是这一阶段信息管理的核心。在传统管理阶段，文献是最主要的信息源。因此，这一阶段的信息管理主要是围绕文献开展的，包括文献的收集、整理、分类、存储、检索和开发等。

---

❶ 程超山，胡晓发. 黄山区实行"三审制"强化信息化项目全生命周期管理 [EB/OL].（2022-12-15）[2023-08-25]. http://ah.anhuinews.com/ahqmt/202212/t20221215_6568546.html.

传统管理阶段的信息管理的主要特征：①主办单位的官方性。一方面，在传统管理阶段，信息大多伴随着政府部门开展行政工作而产生。同时，开展行政工作的过程中也需要传递、利用以往的信息。由于传统的信息产生、传递、利用于政府部门，所以传统管理阶段的信息管理主办单位具有官方性。另一方面，信息管理是一项耗费人财物力的活动，且不像主要业务工作能够直接产生经济效益。因此，考虑到信息管理的效益问题，传统的信息管理主要集中在政府部门开展，其他社会组织鲜有涉及。②服务组织的公益性。一方面，传统管理阶段的信息管理从服务机构的性质来看具有公益性，信息管理的主办单位具有官方性，很少有私营信息机构参与进来。另一方面，传统管理阶段的信息管理从服务目的来看具有公益性，很少出现以获取商业利益为目的的信息咨询、竞争情报采集、信息分析服务等活动。③管理目标的收藏性。文献的"藏"与"用"是传统管理阶段两项核心任务，同时也是一对矛盾。最初的信息管理重"藏"轻"用"，重视信息存储，轻视信息开发。后来，随着人们对信息价值认识的逐步加深，信息管理逐步向"藏""用"并举转化，强调"藏"与"用"的统一，提倡为"用"而"藏"，信息的开发利用逐渐受到关注。④服务方式的被动性。传统管理阶段的信息管理在信息服务方面具有被动性，常见的服务方式就是开放信息等待利用者来查询，如图书馆提供图书供读者开架借阅。

1.3.5.2 技术管理阶段

随着以计算机技术为代表的信息技术的快速发展，信息管理逐步摆脱了传统手工管理的模式，进入了以计算机管理为标志的技术管理阶段。对信息流进行控制是这一阶段信息管理的核心。依托计算机建造一套可以自动化管理信息的系统，实现信息流的自动化控制，是这一阶段的主要工作内容。

技术管理阶段的信息管理的主要特征：①以计算机为主要工具。计算机技术的应用是技术管理阶段的信息管理的标志。②以计算机系统为支撑。依靠计算机开展信息管理的过程中，不仅需要计算机作为硬件工具，还需要计算机系统作为软件支撑。在这个阶段，信息管理者开发出了很多用于信息管理的计算机系统。③以计算机操作为工作方式。技术管理阶段的信息管理摆脱了传统的依靠人工进行信息管理的方式，信息管理整个流程的开展都依托计算机操作。④服务内容单一，服务方式被动。技术管理阶段的信息服务主要集中于提供信息存储、信息检索的相关服务，加工程度更高、服务方式更加主动的信息咨询、个性化定制服务等尚未出现。

1.3.5.3　资源管理阶段

计算机技术的参与可以提高信息管理的效率，但它仅从技术层面实现了对信息流的控制。各信息组织各自为政，信息系统繁杂分散，使信息管理面临着新的困境，亟须在管理层面上做出突破。由此，信息管理逐步进入资源管理阶段。资源管理阶段是将信息当作一种资源看待，从经济的角度对信息资源进行优化配置和管理。资源管理阶段的管理突破了对信息技术的单纯依赖，而是从技术、经济、社会和人文等方面形成合力，共同作用于信息管理的全过程。

资源管理阶段的信息管理的主要特征：①以网络化数字化信息资源管理为管理对象。资源管理阶段的信息管理面对的不再是少量的纸质信息，而是大量的数字化信息，因此管理对象也转变为网络化数字化信息资源。②以强化信息资源开放与共享为目标。在资源管理阶段，信息管理不再是某一个社会机构的一项工作，而是需要整个社会协同开展的大型任务。因此，信息资源不再强调封闭，为了更多的合作、信息资源被更高效、更高价值地利用，信息行业要加强信息资源的互联互通，打破信息壁垒，消除信息孤岛，信息资源开放与共享成了工作重点。③信息网络快速发展造成部分信息危机。伴随着信息管理的发展，资源管理阶段的信息管理活动中出现了一些新的危机，包括信息污染、信息混乱、信息犯罪和信息侵权问题等。

1.3.5.4　知识管理阶段

虽然信息管理进入资源管理阶段后，已经综合了技术、经济、社会和人文等因素，实现了较为全面的管理，但仍然存在一些难以忽视的问题：①重视显性知识，不重视隐性知识；②重视信息结果，不重视信息过程；③重视信息提供，不重视信息用户研究；④重视信息资产管理，不重视信息增值。为了突破这些方面的局限性，信息管理逐步发展到知识管理阶段。

知识管理阶段的信息管理聚焦两个核心。第一，对知识的管理。知识是信息深加工的产物，知识管理的手段和方法比之信息管理更加先进和完善，它充分利用信息技术，使知识在信息系统中加以识别、处理和传播，并有效地提供用户使用。第二，对人的管理。除了显性可得的知识，人脑中还存储着大量的隐性知识。这部分知识是非编码化的。针对非编码化的隐性知识，我们要深入挖掘，促进知识的编码化，使存在于人脑内的隐性知识逐步转化为显性知识，使知识得到最大限度的开发与共享。

知识管理阶段信息管理的主要特征：①人本化。以人力资源管理为管理核心，体现人本管理思想。②隐性化。以隐性知识为管理重点，注重隐性知识的显化与共享。③创新化。以知识创新为直接目标，重视知识的智慧开发与循环创造。

案例：打破知识孤岛　阿里旗下"语雀"重新定义知识管理工具

日常工作中，有关知识管理的工具并不鲜见，Wiki、Confluence、Redmine、蓝凌等都是大众熟知的品牌。2018 年，蚂蚁金服体验技术部还是决定对外推出历时两年孵化的"语雀"，这个定义为"专业的云端知识库"的产品。

从字面意思看，语雀就是用来存放知识的仓库，对知识进行组织和管理后，再进行呈现。在语雀中，用户可以用知识库做项目文档、学习笔记、团队专栏和帮助手册等。而语雀的专业主要来自两个维度：一个是可以打造不同场景化的知识库，另一个是阿里自研的专业编辑器。

知识不应该只被记录，而应该流动起来。语雀包含文档、知识库、团队三层结构。语雀在阿里内部推广后，广受好评，成为公司内部编写文档和知识沉淀的首选。2018 年 4 月，语雀开始对外开放注册。

语雀还更加关注知识的创作和流动。在语雀中，文档是知识，不受限于 Office。语雀不仅提供更丰富的内容元素，还提供更好的文档组织能力。写文档只是知识创作的开始，完成之后，语雀还关注知识的组织和流动。从创作，到组织，再到流动，知识的价值得到最大化的发挥。

为了方便知识库的管理和流动，避免文档杂乱堆放在一起的情况，语雀的文档管理借鉴了书籍目录的方式，知识库就像现实世界的一本书，是"书"这个物理世界的知识载体在互联网上的映射。

历经一年的内测，现在的语雀积累了几十万自然增长的用户，数百家活跃企业。云谷学校选择了语雀。因为语雀不仅可以解决编写和存储问题，还通过语雀构建了一个小型的知识社区。知识社区不但沉淀了教育知识，还实现了校内及校外的交流共享。●

---

❶ 田甜. 打破知识孤岛 阿里旗下语雀重新定义知识管理工具 [EB/OL].（2019-05-08）[2023-08-25]. https://baijiahao.
baidu.com/s?id=1632950031304452224&wfr=spider&for=pc.

📖 问题与思考

　　随着信息化程度的加深，社会各个领域都发生了翻天覆地的变化。请对身边人进行采访，结合自身感受，谈谈信息化给生活、学习、工作各方面带来的变化，剖析其中的挑战与机遇，深入思考我们应该作何准备来面对社会各领域正在进行的信息化变革。

📖 参考文献

[1] 乌家培.信息经济学与信息管理 中华当代学术著作辑要 [M].北京：商务印书馆，2022.

[2] 柯平，高洁.信息管理概论（第二版）[M].北京：科学出版社，2007.

[3] 杜栋.信息管理学教程（第五版）[M].北京：清华大学出版社，2019.

[4] 杨波，陈禹，王明明.信息管理与信息系统概论（第四版）[M].北京：中国人民大学出版社，2019.

[5] 马费成，宋恩梅，赵一鸣.信息管理学基础（第三版）[M].武汉：武汉大学出版社，2018.

[6] 钟义信.信息科学原理 [M].北京：北京邮电大学出版社，1996.

第 2 章　信息采集

信息采集活动是开展信息管理的首要任务，因此，在现代社会中，及时采集广泛而准确的信息是社会各组织机构开展信息工作的首要环节。在本书中，我们主要针对社会信息管理进行讨论研究。本章所谈到的信息采集主要集中在人类社会活动中，集中探讨社会信息采集的原理与方法，以及信息采集在社会生活各领域的具体应用。

2.1　信息采集基础

将信息采集的概念、原则、发展趋势等问题梳理清楚，是了解信息采集活动开展条件和发展规律的必要过程，也是对信息采集活动开展深入研究的基础性工作。

2.1.1　信息采集的概念

采集是人类活动的重要组成部分，是"对客观世界的各种事物进行搜求、收集、选择获取的活动"[1]。最初，人类采集行为的主要对象是物质，如粮食、柴火，采集的主要目的是满足生理性需求。随着时代的变迁，人类的采集行为逐步渗透到生活的每一个领域，采集的对象也由单纯的物质，扩展到能量、信息。

信息是事物存在的方式和运动状态的表现形式，在本书中，我们主要研究社会信息。因此，我们所讨论的信息是人类社会环境中事物存在的方式和运动状态的表现形式。

信息采集是围绕用户信息需求，运用某种策略，通过多种途径与技术手段，针对相应的信息源开展收集、检索、获取、鉴别、分析的系统性活动。信息采集是开展信息分析、信息组织、信息服务的前提和基础，是信息管理中的起始环节，是信息工作

---

[1] 孟雪梅. 信息采集 [M]. 长春：吉林人民出版社，1995.

的起点。信息采集的根本目的，是更深刻地认识信息，更准确地把握信息，以及更有效地传递和利用信息。

我们应当充分认识到，信息采集不是单纯地收集信息的技术性工作，而是在特定的信息采集策略指导下开展的系统性活动。只有将所需的信息收集起来，并对其进行辨别，去粗取精、去伪存真，才能保证信息采集的质量，为后续的信息管理环节打下良好的基础。信息采集策略、采集手段、信息源类型的多样化及多元组合，导致了信息采集活动的多样化。

信息采集不等于信息获取。信息获取是指在一定范围内通过某种途径获得信息的活动，强调信息获得的结果。信息采集则更关注围绕某一目标开展的信息收集、检索、统计、分析过程，更具主动性。

信息采集不等于信息检索。信息检索是围绕某一信息需求，运用某种检索工具寻找序化信息的过程，强调查找和筛选信息的行为。信息采集则涵盖了信息需求分析、信息获取、信息甄别分析的全过程，还包含访谈、调查、爬取等具体行为，更具广泛性。

2.1.2 信息采集的原则

信息采集的原则是信息采集的总体指导思想，在具体的信息采集实践中对信息采集行为具有引导、规范的意义。

2.1.2.1 计划性原则

信息采集活动应具备计划性。信息采集不是单一的信息检索行为，也不追求单一的信息获取结果。信息采集是在某种采集策略引导下有计划开展的信息活动。计划性原则体现在信息采集策略的制定和实施上。首先，在信息采集过程中要有计划地制定并修正信息采集策略。要以用户需求为出发点，制定信息采集策略，动态沟通反馈，了解用户需求变化，及时修订与完善采集策略与方法。其次，制定信息采集策略既要着眼于现实的信息需求，又要对未来发展过程中的信息采集工作有所计划，有一定的超前规划。最后，信息采集要在有的放矢、有所选择、量力而行的计划下开展，要对本机构的人、财、物等资源进行计划安排，寻求最优的信息采集策略。

2.1.2.2　主动性原则

信息采集活动应具备主动性。信息采集是主动性信息活动,在信息采集活动中,全程需要信息采集人员积极主动,各环节都需要信息采集人员引导推动。主动性就是要充分发挥信息采集人员的主观能动性,以"收集"的态度开展信息采集,保持高度的热情与敏感性,千方百计、全力以赴,多渠道、多途径地开展信息采集活动。

2.1.2.3　及时性原则

信息采集活动应具备及时性。信息采集的及时性原则主要体现在两方面。第一,信息采集活动的开展要有及时性,即自产生信息需求时起,到全面完成该项信息采集任务为止,所间隔的时间尽量短,以保证信息采集活动的高效、及时。第二,采集到的信息要具有及时性,即信息本身有效,并未过时。信息具有强时效性,且信息环境具有多变性,一般而言,越新的信息价值越高,越能及时反映事物的最新状态。采集具有及时性的信息是完成信息采集任务的重要保证。

2.1.2.4　合法性原则

信息采集活动应具备合法性。所有的信息采集活动必须以遵守法律为基础,信息采集过程中所采用的方法、工具,以及依靠的技术都必须在法律允许的范围内。《中华人民共和国保守国家秘密法》《中华人民共和国国家安全法》《中华人民共和国反不正当竞争法》《中华人民共和国个人信息保护法》等法律对在相关领域开展信息采集的权利义务、侵权责任等都有明确规定,各个社会组织在开展信息采集时都必须严格遵守。

2.1.2.5　经济性原则

信息采集活动应具备经济性。从信息经济的角度来看,信息采集是一种经济行为。信息采集是一项需要耗费人力、物力和财力的工作,因此信息采集活动不能盲目开展,而要充分权衡信息采集的投入与产出比,遵循经济性原则,制定科学经济的采集策略,优化资源配置,提升技术水平,突出重点,避免重复采集,以实现"投入最少,效益最大"的目标。

2.1.2.6　全面性原则

信息采集内容应具备全面性。信息采集的全面性体现在横向、纵向两个维度上。

横向来看，信息采集的内容要具有广泛性。各社会组织要针对用户的信息需求，广泛且多元地开展信息采集。第一，要针对多来源的信息进行采集，包括传统文献、电子信息资源、走访调查信息资源等。第二，要针对多类型的信息进行采集，包括文字信息、视频信息、音频信息、图片信息等。第三，要针对多领域的信息进行采集，信息采集过程中要突破行业壁垒，跨领域采集信息往往会有意想不到的收获。纵向来看，信息采集的内容要具有连续性。一方面，采集到的信息要在历史纵向上保持连贯，不仅要采集主题相关的现阶段的信息，而且要追根溯源地采集过往的相关信息，更要采集能反映未来发展趋势的信息。另一方面，相对于孤立的信息，连续的信息能够反映出更多的内涵，具有更高的价值。因此，信息采集活动要连续开展、动态追踪，不断剔除陈旧老化的信息，逐步累积有效的信息，以期实现所采集信息的更高的价值。

2.1.2.7 准确性原则

信息采集内容应具备准确性。信息采集的准确性原则主要体现在两方面。一方面，采集的信息要与事实相符、准确可靠，即真度要强，只有能反映事物真实状况的信息才具有准确性。在当前信息质量良莠不齐的情况下，信息采集人员要选取可靠的信息源，采取正规途径获取信息，并依据专业知识对该信息进行鉴别，避免采集到虚假信息，以保障采集信息的真实性和准确性。另一方面，采集的信息要与信息需求相符、准确恰当，即向度要准。信息采集是为满足用户信息需求开展的，因此信息采集过程中要保证所采集到的信息属于采集目的范畴。信息与用户信息需求关联程度越高，该内容就越准确，越能满足用户的信息需求。

2.1.2.8 系统性原则

信息采集内容应具备系统性。信息往往不是孤立的，与某一事物相关的信息彼此之间也是有机地相互联系的。围绕用户信息需求开展系统性的信息采集，能够最大限度实现信息价值。信息采集的系统性原则，要求人们用系统的观点来考虑问题，分析事物和现象之间的联系。实践证明，能否认识一种事物与某些其他事物及其信息之间的联系，特别是能否由事物的表面现象深入事物的内里，透过现象看清事物的本质，是认识事物的关键。

2.1.3 信息采集的发展趋势

随着信息产业的发展、信息采集活动的规模化开展，信息采集逐渐呈现出信息来源多元化、采集过程自动化、采集手段智能化、采集结果可视化、采集活动产业化、采集行为规范化、信息安全最大化的发展趋势。

2.1.3.1 信息来源多元化

纸张是人类社会最重要的信息记录载体。长久以来，人们进行信息采集时，最主要的信息来源就是以纸张为载体的文献资料，信息来源较为单一。随着时代的发展，信息来源逐渐多元化，主要体现在以下两个方面：信息形式由传统到电子的扩展、信息类型由结构化信息到半结构化信息和非结构化信息的扩展。

（1）信息形式由传统到电子的扩展

随着社会的进步，信息技术的发展为信息形式带来了一场大的变革。信息突破了千百年来与纸张的强关联，以数字化的形式产生并传递。各种各样名目繁多的电子文献和网络文献层出不穷，如电子图书、电子报纸、网络数据库和网络期刊等。另外，信息的呈现方式也由单纯的文字型呈现，更多地转变为文字、图像、音频、视频等多维描述的呈现方式。这两个转变使电子信息成为现代信息采集活动的重要信息来源。

（2）信息类型由结构化信息到半结构化信息、非结构化信息的扩展

科学技术的进步带来了人们的生活方式变革。以往的信息往往以结构化的形式产生于特定的机构，并以专门的渠道传递，如新闻媒体、图书出版社和学术刊物等。但如今社会进入自媒体时代，人人都是媒体，人人都可以生产信息。信息逐步摆脱"官方""正式"的标签，半结构化、非结构化信息在数量和质量上都变得非常突出，甚至可能逐步取代结构化信息的地位。例如，社交媒体已经成了人们获取信息和进行交流的重要渠道之一，其中蕴含了大量有价值的信息。因此，半结构化信息和非结构化信息也成了信息采集活动非常重要的信息来源。

2.1.3.2 采集过程自动化

信息采集过程的自动化强调信息采集由人工采集到自动化采集的转变。这是计算机技术带来的红利，也是信息行业面对信息指数级暴增的挑战做出的必然应对。

传统的信息采集主要是以人工采集的方式进行，程序复杂、烦琐，不但要花费大量的时间，而且容易出现差错。未来的信息采集将更加自动化，依靠信息采集系统，按照自动化采集流程，依靠自动标引、自动文摘、自动跟踪、机器翻译、数据挖掘、

网络视频、在线调研、动态链等技术，自动完成检索、统计和筛选等工作，执行各种信息采集任务，无须人工干预，大大提高效率，并减少出现人为错误的概率。

2.1.3.3　采集手段智能化

信息采集手段的智能化强调信息采集策略与技术上的智慧转变。

人工智能技术逐渐成为信息采集活动中最重要的驱动力之一，未来的信息采集活动将应用更多的人工智能技术，如自然语言处理、机器学习、图像识别等，以实现更高效、准确、智能化的信息采集。其中，机器学习技术使信息采集系统得以重新组织已有的知识结构并使之不断提升自身的性能，不断地增强自己的信息采集能力。模拟信息采集人员开展信息采集的过程，一方面降低了人工干预的成本，另一方面提高了信息采集的准确性和速度。

案例：科创中心"核"动力｜百奥知：信息化 +AI 赋能医药研究领导者

随着人工智能技术在医疗领域的应用不断深入，人工智能与医药行业的结合也在快速成长。在国内，一批新兴的临床研究数字化产品及解决方案提供商，正在寻求产业内的破局之道。其中，百奥知公司已经深耕医药研发数字化全领域 15 年之久，成为临床研究 SaaS 领域当之无愧的行业领导者。百奥知公司自主创新研发的 MedAI 平台以 AI 技术为驱动，对海量医疗数据进行数据加工和治理，智能化提取现实医疗场景中的适用性数据，生成可供智能化分析的结构化数据集，实现研究结果的快速产生。通过 OCR 识别技术，对图片中的文本信息进行识别，并通过 NLP、机器学习等 AI 技术，对识别获取的文本进行结构化处理；提供各类与药物研发相关的分析模型以及文献案例模型，可以让不具备统计基础的研究者，也能够按照模块化流程完成一键数据统计分析。经实际测算，采用 Med AI 云 RWS 平台能够提高 40% 医学研究监察效率，从 100% 源数据核查降低到 20% 左右关键数据核查；基于患者安全和临床研究质量进行风险监控，使临床数据和项目质量更可靠。将数据采集成本降低 50%，节约 70% 监察成本，中心化监察大幅度降低现场核查次数；从智能化数据采集到智能化数据分析，成果产出效率直线提升。❶

---

❶ 佟志伟，李伟 . 科创中心"核"动力｜百奥知：信息化 +AI 赋能医药研究领导者 [EB/OL]. （2022-09-14）[2023-08-27]. https://baijiahao.baidu.com/s?id=1743931622918268498&wfr=spider&for=pc.

2.1.3.4　采集结果可视化

传统的信息采集结果一般以文字、表格形式呈现，展示方式较为单一。随着高新技术的发展，信息可视化展示逐步得到关注。一切的信息采集活动都是以获取采集结果为目的，可视化的呈现方式能让信息采集结果的展示更加生动直观，更具说服力，更加便于辅助决策。

在信息采集实践中，可视化就是利用图形、图像处理、计算机视觉及用户界面，通过表达、建模和对立体、表面、属性及动画的显示，对采集到的信息加以可视化解释。目前，市面上的信息可视化工具多种多样，比较常见的有 Enterprise Charts、MATLAB、JupyterLab、百度 Sugar BI、Tableau 等。目前，信息可视化研究结果已广泛应用于各级各类的信息采集项目中。

案例：三月街数字展示中心：实现"线上＋线下"数据采集可视化

近年来，大理智慧旅游发展有限公司着力打造大理智慧旅游大数据中心。2023年，设置的三月街民族节数字展示中心，用可视化手段从"流量＋订单""咨询＋服务""话题＋热度"三个维度展开数据采集、分析，有力助推大理智慧旅游的发展。

大理智慧旅游大数据中心由一个数据中心、一个监管平台、三个服务系统、若干互动窗口、免费 Wi-Fi 覆盖的智慧体系组成。它是云南省首个建成的旅游大数据应用综合分析系统。该系统用可视化手段展示人流量统计、热点位置分析、热门景区排行、游客来源及游客需求分析等方面内容，助力行政管理部门科学分析、合理决策，有力地助推大理智慧旅游的发展。

（案例来源：大理广播电视台）

2.1.3.5　采集活动产业化

随着社会信息化脚步的加快，社会各领域在开展工作时都需要有充足的信息，或为生产资料，或为决策辅助。要采集到优质准确的信息不仅需要耗费一定的成本，同时这也是一项专业性较强的任务。因此，各社会组织对自动化、高效率、低成本的信息采集服务的需求日益增长，专业的信息采集机构应运而生。

目前，信息产业日益繁荣，逐渐成为社会支柱产业之一，越来越多的专业信息机构开始致力于提供高质量的信息采集服务。信息采集产业链不断完善，信息采集活动体现出了产业化的趋势。

2.1.3.6 采集行为规范化

随着信息采集需求的增多、信息采集技术的不断发展，信息采集活动对社会的影响越来越大，信息采集行为需要被监管，使信息采集行为向规范化方向发展，信息采集活动在阳光下进行。

为了达到信息采集行为规范化的目的，国家制定了相关法律法规、政策指南等，为信息采集行为提供规范化指引，同时加强对于数据采集领域的管理和监管，营造规范化的信息采集环境；各类信息机构是开展信息采集活动的主要主体，应严格遵守相关规定，规范采集并利用信息；公民和其他社会组织也应该培养信息采集素养，提高信息安全意识，成为信息采集规范化的践行者、监督者。

2.1.3.7 信息安全最大化

在信息采集过程中，可能会涉及隐私信息、商业机密、国家秘密等敏感信息，这些信息需要被保护。随着信息技术的不断迭代发展，信息安全问题日益凸显，成为信息采集过程中尤要重视的关键部分。

信息采集过程中的信息安全保障要从管理、技术两个方面双向把控，形成合力，实现信息安全的最大化。管理方面，信息采集机构要制定安全保护政策，科学规划采集工作流程。信息采集过程中要动态进行合规性监测，全程控制，多维监督，从科学管理出发为实现信息安全最大化建立基础。技术方面，信息采集机构需要加强信息安全技术和措施，采用防火墙技术、信息加密技术、身份认证技术、安全协议、入侵检测系统等手段，以保护用户数据免受黑客和其他恶意攻击，实现信息安全最大化。

2.1.4 信息采集与个人隐私保护

现代社会，各行业、各领域时时刻刻都在进行信息采集。在这个过程中，如何实现信息采集和法律保护之间的平衡，是信息行业乃至整个社会都在关注的重点。

随着互联网、移动互联网的广泛使用，传统意义上的个人隐私保护也逐步向网络环境延伸。在网络环境中，用户的个人资料作为一种重要的网络资源被收集和利用是常见且有必要的。在这个过程中，个人信息隐私权极易受到侵犯。信息采集过程中常见的个人隐私侵权行为有政府部门、新闻机构、商业机构对个人信息进行的非法收集或错误分析、不当传递或宣扬泄露、超出原定目的使用等。例如，2022 年 12 月 11 日，蔚来公司收到外部邮件，声称拥有蔚来的内部数据，并以泄露数据勒索 225 万美元等额比特币。在收到勒索邮件后，蔚来汽车随即成立专项小组进行调查与应对，并第一时间向有关监管部门报告此事件。据统计，此次泄露数据高达百万条以上。网上列出的数据涉及蔚来的经营及客户隐私，如订单数据、车主身份证、用户地址，甚至车主亲密关系、车主贷款数据等隐私信息也全部包含在内。

信息采集过程中的个人隐私侵权行为的发生一般依靠信息技术自动完成，具有高度的隐蔽性，且由于"同意规则流于形式、必要规则难以控制、告知规则标准过低"❶，用户往往无法得知，这就需要国家制定专门的法律对进行规制。2021 年 8 月 20 日，十三届全国人大常委会第三十次会议表决通过《中华人民共和国个人信息保护法》（以下简称《个人信息保护法》），自 2021 年 11 月 1 日起施行。该法是为了保护个人信息权益，规范个人信息处理活动，促进个人信息合理利用，根据宪法而制定的法规。《个人信息保护法》对信息采集的许可与限制、信息采集过程中各方的权利与义务、侵权行为的法律责任做出了详细规定。例如，该法要求提供基础性互联网平台服务、用户数量巨大、业务类型复杂的个人信息处理者，应成立主要由外部成员组成的独立机构，对个人信息处理活动进行监督，并要求其定期发布个人信息保护社会责任报告等。❷ 除此之外，宪法、法律及其他规范性文件也对隐私权保护做出相关规定，如《民法典》《未成年人保护法》《人民警察法》《商业银行法》《律师法》等。

为规范人脸识别技术应用，国家网信办 2023 年 8 月 8 日就《人脸识别技术应用安全管理规定（试行）（征求意见稿）》公开征求意见。征求意见稿要求，在公共场所安装图像采集、个人身份识别设备，应当为维护公共安全所必需，遵守国家有关规定，设置显著提示标识。在公共场所安装图像采集、个人身份识别设备的建设、使用、运行维护单位，对获取的个人图像、身份识别信息负有保密义务，不得非法泄露或者对外提供。所收集的个人图像、身份识别信息只能用于维护公共安全的目的，不得用于其他目的；取得个人单独同意的除外。同时，组织机构为实施内部管理安装图像采集、个人身份识别设备的，应当根据实际需求合理确定图像信息采集区域，采取严格保护

---

❶ 王思宜. 大数据时代个人信息采集法律制度完善研究 [D]. 湖北大学，2021.
❷《中华人民共和国个人信息保护法》。

措施，防止违规查阅、复制、公开、对外提供、传播个人图像等行为，防止个人信息泄露、篡改、丢失或者被非法获取、非法利用。❶

此外，面对信息采集过程中层出不穷的个人隐私保护问题，我们要认识到，每个公民也要深刻理解网络空间对隐私权关系的影响，主动运用技术、道德、法律的手段维护个人信息隐私权。

案例：紧盯关键环节，守护个人信息安全

近年来，各种互联网应用平台层出不穷，相关 App、公众号、小程序等呈井喷式增加，以公民个人信息为目标的案件高发并呈迅速增长态势，公民个人信息安全保护工作成为公安机关关注的重点。

2020 年以来，公安机关每年组织"净网"专项行动，依法重拳打击侵犯公民个人信息违法犯罪活动，累计侦破侵犯公民个人信息类案件 3.6 万起，抓获犯罪嫌疑人 6.4 万名，查获手机黑卡 3000 余万张、网络黑号 3 亿余个。2023 年 8 月 10 日，公安部召开新闻发布会，介绍相关情况。公安部网络安全保卫局政委孙劲峰表示，从目前公安机关侦破的案件来看，侵犯公民个人信息犯罪主要有信息获取、信息倒卖、下游犯罪三大环节。

在信息获取环节，犯罪分子通过黑客技术、行业内部人员、App 非法采集、骗取或收买等方式，非法获取互联网上即时通信、电子邮箱等应用软件传输的个人信息，政务、商务、社交等网络平台存储的个人信息，行业内部信息系统收集的个人信息和公民持有的个人信息。

非法获取的公民个人信息，接下来会流转到信息买卖中间商手中，这就是信息倒卖环节。他们有的打着行业信息交流的旗号组建即时通信群组，自称"查档"中介，根据客户需求倒卖公民个人信息；有的在互联网上搭建售号平台，倒卖微信、QQ、微博、小红书、抖音等各类账号，通过低买高卖赚取差价。

非法获取的信息最终用途，在下游犯罪环节。一方面是为网络水军、网络洗钱等犯罪活动提供银行卡、虚拟身份等物料支撑；另一方面是为电信网络诈骗、敲诈勒索等提供精准靶心。

---

❶ 张亚雄.国家网信办：人脸识别技术应用须规范 [N].光明日报，2023-08-09（9）.

公安机关全面摸清产业链各环节特点，开展上溯源头、下追买家的全链条打击，并同步跟进"一案双查"，压实互联网企业平台主体责任，坚决遏制侵犯公民个人信息违法犯罪蔓延趋势。循线深挖犯罪线索，破获大量电信诈骗、"套路贷"、网络盗窃、网络洗钱等违法犯罪案件。

针对快递信息泄露引发电信诈骗的问题，会同中央网信办、国家邮政局联合开展邮政快递领域个人信息泄露治理专项行动；针对装修、贷款等骚扰电话的问题，联合市场监管部门开展专项整治……公安机关坚持问题导向，聚焦侵犯公民个人信息违法犯罪的难点、盲点，组织开展多项专项整治，惩处了一批非法买卖公民个人信息的公司，循线打掉多个电话推广犯罪团伙。❶

2.2　信息采集过程

信息采集可以划分为信息需求分析、采集方案设计、信息采集实施、采集结果提交四个阶段。

2.2.1　信息需求分析

信息需求分析就是要明确用户进行信息采集的具体意图，了解用户希望达成的信息目标，为开展信息采集工作做出直接指引。值得注意的是，信息需求分析是信息采集活动的首要环节，是开展信息采集的基础工作，也是决定信息采集任务能否完成的关键步骤。

要对信息需求抽丝剥茧，逐级逐层研究，分析其主要需求与次要需求，以便于在具体的信息采集过程中可以合理安排，依据现有的资源配置，优先采集重要性、紧迫性高的信息，逐级满足用户需求。

用户信息需求往往会呈现出个性化、专业化特征。即便是针对类似的主题，由于采集的目的、视角不同，不同用户的信息需求也会不同。因此，在分析每位特定用户的信息需求时，要认真对待，深入分析，不要盲目自信犯经验主义错误。

---

❶ 亓玉昆. 紧盯关键环节，守护个人信息安全 [EB/OL].（2023-08-11）[2023-8-30]. https://baijiahao.baidu.com/s?id= 1773890764820602383&wfr=spider&for=pc.

信息需求有显性需求和隐性需求。显性需求是用户已经意识到并能够明确表达的需求，较容易获取，也易于分析；隐性需求是用户并未察觉，或已经察觉但无法明确表达的需求，这类型的信息需求不易被察觉，更难于分析。但从信息采集实践中看，隐性需求与显性需求具有同样的重要性，甚至由于隐性需求难以察觉的特点，其发掘与分析需要信息采集人员投入更多的精力。隐性信息需求虽然隐藏起来了，但它并不是不存在。忽略隐性信息需求，必然会造成后续环节的问题，如造成返工。因此，信息采集工作人员在信息需求分析时要与用户充分沟通，多角度引导、启发用户，挖掘用户隐性信息需求，使其显化。

我们要认识到，信息需求分析并不是一项一次性的任务，不是在信息采集任务开始时进行一次就结束，而是多次分析，贯穿信息采集活动全过程的。在实际工作中，用户的信息需求往往是不断凸显甚至不断变化的。这就要求信息采集人员与用户保持动态沟通，了解并分析用户不同阶段、不同时间、不同层次、不同方面的信息需求，为变更调整采集方案提供依据。

2.2.2　采集方案设计

信息采集方案是整个信息采集活动的行动纲领，极具指引意义。因此，信息采集任务能否顺利完成，很大程度上取决于信息采集方案设计得是否合理。信息采集方案设计要基于信息需求分析结果，结合人财物等资源规划，明确采集策略、采集方法、运用的技术，分阶段安排采集流程，顶层设计，通盘考虑，对信息采集工作的实施做出可操作性强的指引。

由于在完成信息采集任务的过程中，用户信息需求可能发生变化，所以信息采集方案不是一经设计完成就不再变更的，而是要随着用户信息需求、信息环境的变化动态地做出合理调整。

信息采集方案设计应从以下几方面入手。

2.2.2.1　采集要求

对采集要求的描述是对用户信息需求分析结果的总结与归纳，是对用户信息需求进行专业化表述的结果。在采集要求中，要体现用户的信息采集目标；对采集过程的控制，包括中期检查、定期反馈等相关环节；对采集结果的要求，包括语种、时间跨度、相关程度和提交形式等。

2.2.2.2 采集对象

对采集对象的描述是要明确信息采集活动开展的客体。首先要划定采集范围，包括时间范围、地域范围、行业范围和内容范围等。采集范围的划定要科学合理，可操作性强。如果范围过大，会增多采集任务，加大采集工作量；如果范围过小，会造成采集结果不全面，部分信息漏采。其次要选择信息来源，明确是从哪些专家、文献、数据库、网络资源中采集信息。信息来源的选择要注意权威性、可靠性、新颖性、易用性和经济性等多方面的考量。

2.2.2.3 采集方法

关于采集方法的描述是要明确具体的采集活动如何进行，包括采用何种采集策略、选用何种采集工具、依赖何种采集技术等。采集方法的选用应该对采集目的、可用信息源、经费数量、人员水平等因素进行综合考量。信息采集的方法多种多样，恰当的采集方法是信息采集任务得以高效率、高质量完成的保障。

2.2.2.4 人员及经费

关于人员的描述是要明确承担信息采集任务的人员组成及分工情况。在组织采集团队时，要注意基于信息采集任务的难度、工作量，对人员数量、人员能力进行充分考量，合理选择适当的工作人员组成团队，并清楚划分权责，做到人适其岗、责任到人、检查到位。

关于经费的描述是要明确采集任务的经费来源、支出安排。经费支出要合理规划，避免浪费。

2.2.2.5 进度安排

关于进度安排的描述是要明确任务时间与任务完成情况，将信息采集任务拆分成几个阶段，设置阶段性目标，便于采集人员合理安排工作日程，精准掌握任务的完成情况。

2.2.2.6 反馈监督

对反馈的描述是要明确采集任务进行中用户、采集团队、监督人员之间的沟通问题，以便及时发现采集过程中的问题，及时调整，以保证采集活动紧紧围绕用户信息需求开展，不脱离信息采集的目标。

对监督的描述是要对任务的控制做出明确规定，确立监督方案，包括由谁监督、何时监督、如何监督、结果如何发挥作用等。

2.2.3 信息采集实施

信息采集实施是整个信息采集活动中最核心、最重要的环节，是直接产生成果与效益的环节。信息采集实施过程可以划分为信息收集、信息整理两个阶段。

信息收集阶段的主要任务是依据信息采集方案、围绕用户信息需求收集相关信息。收集阶段的工作应围绕"全"和"准"开展。"全"是要求多维度、多类型地收集满足用户信息需求的信息，全面收集，做到不遗漏、不空缺。"准"是要求有针对性地收集满足用户信息需求的信息，精准收集，做到相关度高、关联性强。信息采集实施过程中要及时掌握采集进度，注意阶段性任务的完成，适时回看，对比阶段性采集结果与用户信息需求。如果出现偏差，应及时动态调整，使信息采集行为紧紧围绕用户信息需求开展，以圆满地完成采集工作。

信息整理阶段的主要任务将收集到的信息整理成可以提交用户的信息采集报告。信息来源、类型、形式的多样化导致收集到的信息往往杂乱、分散、无序，需要经过整理后才能提交用户使用。信息的整理主要有筛选、序化两个步骤。

信息筛选是从采集到的信息中挑选出不适当的信息予以剔除的过程。需要剔除的不适当的信息包括以下三类。①重复信息。信息来源、类型和形式不同，可能会造成信息重复。例如，同一信息内容以文字、图片、音频等不同形式展示，被重复采集；同一信息内容分别以纸质文献、电子资源的形式被收集，造成重复。②虚假信息。信息筛选过程中需要对信息的真实性进行严格把控。某些个人或组织出于某些不良动机可能会对信息进行一定程度上的杜撰、夸大、缩小、歪曲、拼凑，导致信息与实际事实不相符。③模糊信息。信息筛选过程中需要对信息的准确性进行严格把握。某些信息可能存在部分要素不全，甚至要素错误的情况，这些准确性不高的模糊信息也需要被剔除。

信息序化是将无序混乱的信息经过分类、排序转变为类目分明、条理清晰的信息群，便于利用。对信息进行分类时，可采用以下四种分类方法。①来源分类法，即依据信息来源进行分类。例如，可以将来自某一机构、某一数据库、某一期刊、某一图书的信息归为一类。②时间分类法，即按照信息产生的时间进行分类。③主题分类法，即依据信息反映的主题内容进行分类。例如，可以将信息按照地质信息、天气信息、水文信息等进行分类。④形式分类法，即按信息的存在形式进行分类。例如，可以将信息分为文字、图片、音频、视频形式的信息等。在具体的信息分类工作中，可以单独使用一种分类方法进行分类，也可选用两种或多种分类方法进行复合分类。

2.2.4　采集结果提交

信息采集结果的提交是信息采集活动的最终目的，也是整个信息采集任务的最后环节。采集到的信息经过整理加工，最终按照用户需要的形式提交用户使用。信息采集结果通常以调研报告、资料汇编、统计图表等形式提交，需要满足信息价值大、契合用户信息需求、易用性高等特点。

信息采集结果的提交并不意味着信息采集活动的结束，之后还应进行信息采集任务的反馈与评价。信息采集任务的反馈是指收集用户对任务完成过程、采集结果的意见与建议，以调整与控制信息采集的过程与质量。信息采集任务的评价是指信息采集机构对任务进行的自查，主要通过采全率、采准率、劳动耗费率等评价指标❶，评估信息采集项目的完成情况，总结经验与不足。

2.3　信息采集方法与技术

信息采集活动需要依靠一定的方法与技术开展，随着社会的发展和进步，相关方法与技术也悄然发生着改变。这里对传统信息采集方法、互联网信息采集技术、物联网信息采集技术进行介绍。

2.3.1　传统信息采集方法

自人类开展信息活动起，信息采集就一直在进行。在互联网产生之前，人类的信息采集活动运用了丰富的传统信息采集方法，在此主要介绍文献采集、社会调查两种。

2.3.1.1　文献采集

文献是社会信息的重要载体，尤其在互联网产生前，文献中蕴含着人类社会大部

---

❶ 马费成，宋恩梅，赵一鸣 . 信息管理学基础（第 3 版）[M]. 武汉：武汉大学出版社，2018.

分重要的信息。因此，对文献进行采集是信息采集非常重要的任务。文献采集可以对文献本身进行获取，也可以对文献中某部分信息进行采集。

对文献本身的获取有订购、借阅和索取等方法。

订购是文献采集最直接的途径，通过订购可以获得的文献种类非常丰富，包括图书、期刊、报纸、专利文献、标准文献、会议记录和产品目录等。订购的方式一般有预订、直接选购、邮购和委托代购等。

借阅文献一般是指向各级各类图书馆、资料室借阅。借阅文献往往需要履行一定的借阅手续，在一定的时间范围内归还。通过借阅的方式采集文献，成功与否与馆藏、检索能力紧密相关。因此，在借阅文献时，应选取馆藏丰富的馆舍，并提高自己的检索能力，以提高文献获取的成功率。

索取文献主要针对的是一些非公开出版物，即一些非卖品，一般无法通过公开渠道取得的，如厂刊厂报、小册子、期刊抽印本、使用说明书、调研报告、简报等。这些文献一般是社会各类型的组织机构自主印制的内部文献，不流通于市场，只能通过索取获得。

对文献中某部分信息的采集可以分为对文献内在信息的采集、对文献外在信息的采集。

对文献内在信息的采集是通过文本阅读进行的，是一种对文字符号的抽象理解过程，也是人类获得文献信息的主要途径。❶

对文献外在信息的采集指的是对文献所蕴含的，内容以外的信息进行采集。文献中蕴含了大量信息，除内容信息外，还包括很多外在信息。以图书为例，其外在信息包含出版信息（出版社、出版时间、责任编辑等），以及符号信息（封面设计、装帧方式等）。

2.3.1.2　社会调查

社会调查一般是指直接收集社会资料或数据的过程、活动与方法。

社会调查是对社会事实信息进行采集的活动，采集的内容涵盖社会各领域、各行业。社会调查从宏观上看涉及政治、经济、文化和军事等多方面；从微观上看深入某一社会群体的生活细节、民俗习惯和行为意见等方面。社会调查是采集非文献信息最

❶ 沈固朝，施国良．信息源和信息采集 [M]．北京：清华大学出版社，2012.

有效的方法，采集对象主要是社会实践信息，采集方式灵活性高，采集范围广，采集成本相对较高，采集结果一般以社会调查报告的形式呈现。

社会调查信息采集的基本类型有普遍调查、抽样调查、典型调查等。

普遍调查是对一定社会范围内的调查对象逐个进行调查的方式。相比于其他调查方式，普遍调查的调查结果具有较高的准确性、全局性、广泛性。由于普遍调查耗费的人财物力较大、调查周期长、调查过程复杂，所以在现实社会实践中，开展普遍调查的主体一般是政府机构，为制定规划、方针政策提供决策依据，如全国经济普查、全国人口普查、全国农业普查、全国文物普查等。

案例：人口普查

人口普查是按现行人口普查政策进行有针对性的人口数据统计和数据分析，是对总人口、民族、年龄、户口数、身体条件、是否残疾、有效劳动力和各行业青壮劳动力占比和其他高素质人才资源数据统计、政策调整后的计划生育出生率、婚龄单身人口和性别比、出生性别比调查、职业、教育程度、婚姻构成分析汇总等登记收集，并在国家统一规定的时间内，按照统一的方法、统一的项目、统一的调查表和统一的标准时点，对全国人口普遍地、逐户逐人地进行的全范围一次性调查登记计算。人口普查工作是一项重要的国情国力调查，包括资料评价、汇总研究、编辑出版等全部过程。它是当今世界各国广泛采用的收集人口资料的一种最基本的科学方法，是提供全国基本人口数据的主要来源。从 1949 年以来，我国分别在 1953 年、1964 年、1982 年、1990 年、2000 年、2010 年与 2020 年进行过七次全国性人口普查。

2021 年 5 月 11 日，国家统计局发布《第七次全国人口普查公报》。全国总人口为 1443497378 人，其中，普查登记的大陆 31 个省、自治区、直辖市和现役军人的人口共 1411778724 人；香港特别行政区人口为 7474200 人；澳门特别行政区人口为 683218 人；台湾地区人口为 23561236 人。

全国人口与 2010 年第六次全国人口普查的 1339724852 人相比，增加 72053872 人，增长 5.38%，年平均增长率为 0.53%。

全国共有家庭户 494157423 户，集体户 28531842 户，家庭户人口为 1292809300

人，集体户人口为118969424人。平均每个家庭户的人口为2.62人，比2010年第六次全国人口普查的3.10人减少0.48人。

全国人口中，汉族人口为1286311334人，占91.11%；各少数民族人口为125467390人，占8.89%。与2010年第六次全国人口普查相比，汉族人口增加60378693人，增长4.93%；各少数民族人口增加11675179人，增长10.26%。

（案例来源：国家统计局。）

抽样调查是指在调查总体中选取一部分样本作为调查对象，以样本的调查结果推论总体情况的调查方式。抽样调查有调查成本低、调查周期短等优点，是社会信息采集中最常用的调查类型。抽样调查结果的实现逻辑是由样本来推论总体，但由于样本始终无法代替总体，二者之间总会存在差别。因此，抽样调查的结果往往存在误差。抽样调查的误差是可以控制的，误差的大小与选取样本的数量、结构有关。

典型调查是指在调查总体中选取若干具有代表性的对象作为典型开展调查，以其调查结果来概括或反映全局的调查方式。典型调查简便灵活，与抽样调查同样，也具有调查成本低、调查周期短的优点。但与抽样调查选取样本的随机性不同，典型调查的调查对象的选取需要调查者在对调查总体进行初步全面分析的基础上，深入分析判断选定。由于调查对象的典型与否受调查者主观判断的影响，所以通过典型调查采集的信息一般只用于定性分析。

2.3.2　互联网信息采集技术

互联网中蕴含着极丰富的信息资源，对其开展信息采集是当今时代重要的信息工作。这项工作依赖相应的信息采集技术开展，本书主要介绍搜索引擎技术、数据爬取技术、信息过滤技术三种。

2.3.2.1　搜索引擎技术

搜索引擎是一个基于互联网提供信息查询的系统。搜索引擎的实现基于信息收集、信息整理、用户查询三个模块的工作。首先，通过自动索引程序对互联网上的信息资源进行收集整理；其次，经过筛选、标引、分类、组织等处理后，形成数据库；最后，以Web页面或客户端的形式向用户提供检索服务，用户输入检索条件后，搜索引擎会从数据库中查找符合的信息资源，并将查找到的信息按照相关度排序后提供给用户。

搜索引擎可以被分为目录搜索引擎和全文搜索引擎两大类。

目录搜索引擎以人工或半自动方式收集信息，并由人工形成信息摘要，再将信息置于事先确定的分类框架中，一般以网络资源目录、导航的形式呈现，为用户提供目录浏览服务和直接检索服务。由于经过了信息管理人员的专业介入，目录搜索引擎检索准确率较高，但同时往往数据库规模较小，查全率较低。

全文搜索引擎采用网页抓取程序进行信息收集，并将信息自动标引组织，建立相关索引，用户检索时需要输入关键词作为检索条件，系统即可返回相关信息。

2.3.2.2 数据爬取技术

数据爬取技术是指通过设定的程序自动获取互联网上的信息的技术，也被称为"网络爬虫"。数据爬取技术是通过模拟人类浏览网页、采集网页上的信息的过程实现的。与人类的采集行为不同的是，数据爬取技术是一种自动化程序，访问网页、获取信息、存储信息都可以由程序自动完成。数据爬取技术在信息采集活动中应用广泛，例如，在贸易竞争情报获取中，通过数据爬取技术可以获得竞争对手的产品价格、销售数量等信息。

在实际网络生活中，一些网站会采用反爬虫技术来避免网页信息被自动爬取。因此，数据爬取技术是一项需要不断动态更新的技术，来面对反爬虫技术设置的阻碍。

在应用数据爬取技术时，需要注意以下四个技术要点：①选择适当的编程语言和框架；②了解目标网站的结构和规律；③处理反爬虫的手段；④设计高效的存储方案。

2.3.2.3 信息过滤技术

互联网的广泛应用使网络信息以指数级增长，信息过载现象日益突出。如何从信息海洋中精准采集到用户需要的信息，是目前互联网信息采集的关键任务。信息过滤技术就是为完成这项任务产生的。

信息过滤技术是针对用户信息需求，对采集到的网络信息进行过滤筛选，将不符合用户需求的信息排除，保留符合用户信息需求的信息的技术。信息过滤技术依靠机器学习和人工智能方法实现，主要用于处理文本信息。

信息过滤一般包括一般过滤和个性化过滤两种类型。一般过滤是指对暴力、反动、色情等不良信息进行过滤，这是任何信息采集任务都需要进行的，通过预置不良网址等方式实现。个性化过滤与用户的个性化信息需求密切相关，是指将用户信息需求以外的信息剔除，一般通过相似性计算技术实现。

2.3.3 物联网信息采集技术

物联网是指物体通过智能感应装置，经过传输网络，到达指定的信息处理中心，最终实现物与物、人与物之间的自动化信息交互与处理的智能网络。[1]通俗来说，物联网就是一个连接了世界上的所有物体（包括人）的网络，建立了人与物、物与物的泛在连接，实现了普通物理对象与人类社会的融合。物联网信息采集技术的发展日新月异，这里主要介绍基于全球定位系统定位的采集技术、基于射频识别的采集技术两种。

2.3.3.1 基于定位系统的采集技术

定位系统是以确定空间位置为目标而构成的相互关联的一个集合体或装置（部件）。

随着定位系统的不断完善，应用领域正在不断拓展，如今已遍及国民经济各个部门，并开始逐步深入人们的日常生活。此项技术在交通领域应用尤为广泛，通过安装在交通工具上的定位接收模块接收卫星信号，从而得到交通工具的相关实时信息，包括经度、纬度、时刻、速度等，进而实现对交通工具的定位、跟踪等功能。如果在多个交通工具上安装定位接收模块，通过这些交通工具反馈回来的信息，可实现路网交通流信息的采集。除交通领域外，定位系统在应急反应、大气物理观测、地球物理资源勘探、工程测量、变形监测、地壳运动监测、市政规划控制等方面的信息采集活动中都有应用。

目前较成熟的定位系统有中国自行研制的北斗卫星导航系统、俄罗斯的格洛纳斯（GLONASS）全球卫星导航系统、美国开发的 GPS 全球定位系统、欧盟研制和建立的伽利略卫星导航系统。

2.3.3.2 基于射频识别的采集技术

射频识别（Radio Frequency Identification，RFID）是一种非接触的自动识别技术，其原理为利用无线射频原理实现阅读器与标签之间进行非接触式通信，达到识别目标

---

[1] 张应福. 物联网技术与应用 [J]. 通信与信息技术，2010（1）：50-53.

的目的。它利用安装在物体上的射频标签存储相应信息，连接数据库系统，再用阅读器访问该物体，实现识别物体、采集信息的功能。射频识别技术广泛应用于智能交通、生产线自动化、物料管理等方面。

射频识别技术的运用使信息采集与统计变成了一件既简单又快速的工作。由信息化管理平台的查询软件传出统计清查信号，阅读器迅速读取物体的数据信息和相关储位信息，并智能返回所获取的信息和中心信息库内的信息进行校对，进而完成信息采集与统计工作。

2.4　信息采集应用

当今社会，信息产生并广泛传递应用于社会各个领域。广泛开展信息采集活动，不仅是各组织机构进行信息资源管理的首要环节，更是信息行业开展信息活动的基础任务。这里主要对政务信息采集、学术信息采集、医疗信息采集进行介绍。

2.4.1　政务信息采集

政务信息是指在政务活动中相关事物存在的方式和运动状态的表现形式，一般包含反映政务工作的情报、情况、资料、数据、图表、文字材料和音像材料等。对政务信息进行采集是必要政务活动，同时也是重要的信息活动。"政务信息采集是指根据政府部门的特定需求和工作规划的需要，利用科学的方法，将蕴含在不同位置的政治、经济、社会和文化信息收集、积聚起来的过程"[1]。

自人类社会出现国家并开展政务活动起，政务信息采集活动就一直在进行。从殷商时期收集的占卜国事吉凶、战争胜败的甲骨卜辞，到明朝时期后湖黄册库中定期收集的户籍档案、鱼鳞图册，再到如今的互联互通的电子政务信息采集系统，从古至今，政务信息采集活动从未停止，并随着社会进步和科技发展逐步展现出不同的面貌。

传统的政务信息采集依靠人工进行，主要的采集方法有以下几种：①文献收集。文献是经过整理的系统文件，其中往往蕴含着很多有价值的信息，在政务活动中会产生很多文献作为伴生物。对这些文献进行收集，对研究事件发展规律、总结政策实施效果等方面都有着积极作用。②数据统计。政府机构开展行政工作有时需要数据来衡量社会发

---

[1] 苏新宁，等．政务信息资源管理与政府决策 [M] 北京：科学出版社，2008.

展情况,并作为决策依据,因此政府机构就需要收集统计各领域的数据,如人口普查数据、经济普查数据、生态环境数据等。③专题采访。政府机构针对有价值的专题可以进行专题采访采集相关信息。工作人员可以通过现场走访、电话采访、问卷调查,采集一手信息。

随着互联网的广泛应用、政务信息的指数级增长,政务信息采集活动由传统方法逐步向现代化的电子政务信息采集转变。随着电子政务的发展与普及,政务信息也由传统纸质形式向数字化形式转化。电子政务信息采集活动不同于以往的政务信息采集,如采集对象大数据量、非结构化、社会化;采集技术采用云存储、云计算、物联网、移动互联网等高新技术等。基于这些巨大变化,现代化的政务信息采集也体现出一些特点。①采集内容多样化。从所采集政务信息的序化程度来说,电子政务信息采集活动采集的内容不再局限于结构化信息,增扩了半结构化信息(如政府人事管理资料)、非结构化信息(如社交媒体发布的政务活动信息),且半结构化信息、非结构化信息占比逐步上升,甚至有取代结构化信息成为主要政务信息的趋势。②采集来源多元化。传统政务信息采集的信息来源一般有个人、机构、文献、新闻媒体和数据库等。相比之下,电子政务信息采集的信息来源更加丰富多元,如新增了定位数据、舆情数据等。③采集方式智能化。面对大量政务信息以数字化形式产生传递的现实情况,电子政务信息采集也由传统的人工采集向由机器自动完成的智能化采集转变。

案例:武汉警方开展"一标三实"基础信息采集

2019年,武汉市公安局启动"万名警察进社区 一标三实筑平安"活动,正在全市开展以标准地址和实有人口、实有房屋、实有单位(简称"一标三实")为主要内容的基础信息集中采集工作,吁请广大市民积极支持配合。

"一标三实"是公安部统一部署的基础信息采集工作,即标准地址,实有人口、实有房屋和实有单位。"标准地址"由行政区划、街路巷、门(楼)牌号、小区名称、楼栋号、单元号、户室号等要素分层级依次组合构成;"实有人口、实有房屋和实有单位"是指实际居住的人口、实际存在的楼栋和房屋、实际存在的单位。

广大居民需要配合民警、辅警或网格员做好以下工作:主动提供家庭、人口、住房等相关信息;主动出示户口簿、身份证、居住证等相关原始证件;如果您是出租屋业主,请准确提供出租房屋承租人信息;如果您是单位业主,请准确提供单位企业及从业人员信息；按照入户调查表格要求，如实向调查工作人员提供相关信息；主动配合做好"二维码"门楼牌安装工作。

警方表示，将对采集的信息严格保密。同时，警方提醒，采集信息时，民警、辅警将身着制式服装，网格员持工作证件，亮明身份，绝不会要求提供银行卡信息或收取任何费用，如有疑问可致电 110 或者辖区派出所进行咨询核实。❶

2.4.2　学术信息采集

学术信息是指能够为学术研究所利用，具有研究和利用价值的信息资源。学术信息采集是开展教育教学、科学研究不可或缺的基础性工作。

在开展学术信息采集时，首先要对采集的主题进行分析。相较于其他类型的信息采集，学术信息采集呈现出较强的主题性。学术信息采集往往紧密围绕一个学术话题、学术人物开展。在开始信息采集活动前，首先要对学术主题进行全面分析，摸清采集线索，确定采集的主线。其次要确定所检索文献的类型，根据主题分析可能的信息来源，确定采集对象。例如，采集某一高新技术相关信息，一般侧重查找科技报告；采集某项工艺革新相关信息，一般侧重于查找专利文献。而后在开展学术信息采集时，可以通过文献采集、访谈、网络检索、登录学术信息网站、通过社交媒体获取等多种途径进行采集。

微学术信息采集是学术信息采集中值得关注的一部分。微学术信息是指社交媒体上发布的涉学术信息，一般集中于微博、微信公众号、新闻组、讨论组、BBS、抖音等社交媒体，由于兴起于"微博时代"被称为"微学术"。微学术信息具有篇幅的精简性和内容的日常性的特点。微学术信息作为一种新的信息类型，蕴含着重要的理论价值和应用价值。在对微学术信息进行采集的过程中，可以采用基于关键词的全网数据挖掘、基于发布主体的定向采集、基于专业领域的智能采集、基于学术应用的反向信息采集等方式。❷

❶ 王威，陈龙.武汉警方开展"一标三实"基础信息采集，请市民配合 [EB/OL].（2019-05-29）[2023-09-03]. https://baijiahao.baidu.com/s?id=1634849963557801194&wfr=spider&for=pc.

❷ 沈芸.微学术信息的采集、传播与服务模式研究 [J].图书馆工作与研究，2015（6）:102-107. DOI:10.16384/j.cnki.lwas.2015.06.025.

案例：老科学家学术成长资料采集工程

老科学家是共和国科技发展历史的"活档案"。2009 年，中国科学技术协会向国务院报送的《老科学家学术成长历史资料亟待抢救》受到高度重视。有关领导责成中国科学技术协会牵头，联合相关部门共同组织实施老科学家学术成长资料采集工程。

"老科学家学术成长资料采集工程"于 2010 年正式启动。以学术成长经历为主线，重点面向年龄在 80 岁以上的两院院士，或虽不是两院院士但在中国科技事业发展中作出突出贡献的老科学家（院士和非院士的比例为 8 : 2）。系统采集反映老科学家家庭背景、求学历程、师承关系，尤其是对老科学家日后科学成就产生深刻影响的工作环境、学术交往中关键节点和重要事件的口述历史资料，以及真实反映老科学家学术思想、观点和理念产生、形成、发展过程的实物资料和图像资料等，集中整理存储，进行数字化加工和宣传展示工作。❶

依据委托合同、按规定标准重点采集三类资料的原件或复印件。

口述资料。按照口述历史的严格规程，请老科学家抽出少量时间，对自己学术成长过程中的关键节点和重要事件包括师承关系、学术交往等进行回顾，由此形成录音制品及文字材料、旁证文献材料等。

图像资料。在老科学家口述历史时摄录或拍照形成的影像资料，老科学家以往接受电视台或广播电台采访时形成的音像资料，反映老科学家学术成长历史的影像片段、照片、有个人形象的印刷品、与其他科学家交往的图像资料、电子数据资料等。

实物资料。能够反映老科学家学术成长过程的书籍、论文、笔记、手稿、信札、试验记录、成果草稿、论著编目，以往学术活动中获得的证件、证书、纪念品，以及与其他科学家交往的信函、证物等。❷

2.4.3　医疗信息采集

在现在社会中，医疗信息采集主要包括诊疗信息采集、健康信息采集两部分。诊疗信息采集主要是指患者在就医过程中，各级各类医院、社区卫生中心等诊疗机构针对患者的病情采集信息的活动。健康信息主要是指用户在健康检查、个人健康监测过程中，由体检机构、健康监测设备等采集用户信息的活动。

---

❶ 张晶晶 ."老科学家学术成长资料采集工程"保存珍贵的"活历史 [EB/OL]. （2017-12-27）[2023-09-03]. http://www.cast.org.cn/xw/MTBD/art/2017/art_71847847883645cd91c34cfe40cc4f4b.html.

❷ 老科学家学术成长资料采集工程实施方案 [J]. 中国科技史杂志，2011，32（2）：305-308.

2.4.3.1 诊疗信息采集

疾病往往具有时间的连续性、结果的必然性，连续、系统的先验信息能够对疾病的判断起到促进作用。各医疗机构对患者诊疗信息进行科学采集，形成诊疗档案，建立诊疗信息数据库，对于医生对患者病情判断、治疗方案的设定、进行群体健康分析、开展医学研究有着积极的推动作用。

现代社会，诊疗信息采集往往需要依靠医院的综合智能的诊疗信息采集平台开展。值得注意的是，在诊疗信息采集的过程中，要避免由于医疗机构的不同造成的信息壁垒，消除区域化的信息岛，实现跨医疗机构的集成化协作运用，最终形成一个统一的诊疗信息采集系统。

案例：覆盖全区 80 余万人口！南沙 11 家医院实现医疗数据互联互通

从全区年度门诊总量到医生接诊开的每一张药单；从一份 CT 影像档案到诊疗全流程的记录……在广州市南沙区区域卫生信息化项目平台上，连接着患者、医疗机构和监管部门的健康医疗数据在此汇聚流动，帮助患者获得更便利的医疗服务，医疗一线问诊效率显著提升，医疗监管也愈发透明高效。

广州市南沙区区域卫生信息化项目平台建设历时两年多，已通过验收，目前已覆盖全区 11 家区属医院、9 家社区卫生服务中心及 119 个村卫生站，建立收集健康档案覆盖全区 80 余万人口。

打通患者的跨院诊疗数据，是南沙区区域卫生信息化项目的一大亮点。自 2018 年 4 月启动建设以来，该项目初步完成全区公立医疗机构健康医疗数据的全量归集，形成居民健康档案库、电子病历库等。检查检验结果互认，是医疗数据联通为患者带来的另外一个利好。南沙区也是全市首个与广州市检查检验平台联通实现结果互认的辖区，这意味着转院、转诊的患者有望减少重复检验检查，降低就医成本。

截至 12 月初，南沙区区域卫生信息化项目已建立全区居民电子健康档案约 31 万份，收集社区公共卫生健康档案约 80 万份，形成全民健康信息库；南沙区属医院通过信息化项目平台接收门诊量约 317 万次，社区卫生服务中心及下属村卫生站上线基层信息系统以来接诊病人共约 90 万人次。该平台同时对接广州市区域卫生信息平台，累计上传南沙区医疗服务数据约 1.2 亿条，数据质量、完整性均在全市处在领先水平。

高质量真实数据的采集也为透明高效的医疗监管带来可能。基于大数据技术建立的区域医疗运营情况监控平台上，医疗监管部门可以实时监控全区医疗总体情况及医疗机构的运营指标，甚至可以直接追溯到具体某一次门诊开出的某一张药单。"均次住院费用、用药费用等指标统计如今不再依赖医院的纸质报告，大量减轻了监管部门的手工工作量。"中电数据相关负责人介绍，关键指标统计周期大幅度缩减，医疗监管效率也得到显著提升。

在 2020 第二届中国智慧健康医疗大会上，南沙区卫健局联合中电数据的"广州市南沙区智慧云医院一体化应用模式"参选项目获评"智慧健康医疗创新应用实践案例优选榜单"创新奖。❶

2.4.3.2　医疗信息采集

随着全民健康意识的提升，越来越多的公民佩戴可穿戴设备监测自己的健康情况，可穿戴设备市场迅速发展。用户在使用过程中会产生很多健康信息，这些健康信息蕴含着很大价值。可穿戴设备健康监测一般涉及心电监测、血糖监测、血氧监测等，依靠传感器技术，动态采集用户的健康信息。

目前，通过可穿戴设备进行的健康信息采集活动整体上还未达到成熟阶段，存在一些问题。①信息采集精度低，设备采集精度主要受制于传感器技术。②采集频次低，主要归因于可穿戴设备中的电池与低功耗芯片。③采集不全面，目前上市的绝大多数诊疗类设备采用的是用户单项体征信息的孤立抽测，缺少不同指标间的联动数据采集。

医疗信息与患者个人紧密相关，不论是诊疗信息还是健康信息，很多相关内容都涉及患者的个人隐私。在医疗信息采集的过程中，政府在面对医疗信息采集权与患者个人隐私权冲突案例的过程中，要充分遵循法律，兼顾公共利益，寻求医疗信息采集与患者个人隐私保护之间的平衡；医疗机构、网络服务商等相关采集机构要格外注意个人隐私的保护；患者个人也应增强个人隐私保护意识，避免个人隐私被滥采滥用。

---

❶ 耿旭静，董业衡.覆盖全区 80 余万人口！南沙 11 家医院实现医疗数据互联互通 [EB/OL].（2020-12-08）[2023-09-07]. https://baijiahao.baidu.com/s?id=1685479960756710987&wfr=spider&for=pc.

案例：多个医疗健康 App 被通报违规采集个人信息

1. 好医生 App：涉嫌超范围采集个人隐私信息

2022 年 4 月，国家计算机病毒应急处理中心发布，通过互联网监测发现 16 款移动 App 存在隐私不合规行为，违反网络安全法、个人信息保护法相关规定，涉嫌超范围采集个人隐私信息。其中，北京健康在线技术开发有限公司旗下的好医生 App（版本 6.1.3）因未向用户明示申请的全部隐私权限，涉嫌隐私不合规；未建立并公布个人信息安全投诉、举报渠道，或超过承诺处理回复时限，涉嫌隐私不合规问题被通报。

2. 禾连健康：未经同意向他人提供个人信息等

2021 年 8 月 26 日，浙江省 App 违法违规收集使用个人信息专项治理工作组发布，85 款 App 违法违规收集使用个人信息。其中，浙江禾连网络科技有限公司旗下的禾连健康 App（版本 9.2.4）存在违反必要原则，收集与其提供的服务无关的个人信息；未经同意向他人提供个人信息；存在引起个人信息泄露的安全漏洞等问题。

3. 新氧医美：未经用户同意收集使用个人信息

2021 年 6 月 11 日，据"网信中国"微信公众号消息，由北京新氧科技有限公司运营的新氧医美 App（版本：8.23.3）存在未经用户同意收集使用个人信息；违反必要原则，收集与其提供的服务无关的个人信息等问题。❶

📖 问题与思考

作为学生，在日常的学习生活中也会开展多方面的信息采集活动，如教育信息采集、科研信息采集、就业信息采集、旅游信息采集等。请对自己开展过的一次信息采集活动进行深入剖析，分析信息采集需求，梳理信息采集过程，剖析所采用的采集方法、运用的采集技术等。

📖 参考文献

[1] 夏南强，殷克涛.信息采集学教程 [M].北京：科学出版社，2020.

---

❶ 网信唐山.这些医疗健康 APP 被通报违规收集个人信息，你手机里有吗？ [EB/OL].（2022-07-24）[2023-09-09]. https://m.thepaper.cn/baijiahao_19158956.

[2] 马费成，宋恩梅，赵一鸣 . 信息管理学基础（第三版）[M]. 武汉：武汉大学出版社，2018.

[3] 沈固朝，施国良 . 信息源和信息采集 [M]. 北京：清华大学出版社，2012.

[4] 侯延香，王霞编著 . 信息采集 [M]. 北京：知识产权出版社，2011.

[5] 陈宇峰，向郑涛，陈利，等 . 智能交通系统中的交通信息采集技术研究进展 [J]. 湖北汽车工业学院学报，2010，24（2）：30-36.

[6] 张应福 . 物联网技术与应用 [J]. 通信与信息技术，2010（1）：50-53.

第3章 信息分析

信息分析是信息管理活动的重要环节之一，是指在信息采集、组织和存储的基础上，对相关信息进行深度分析处理，进而形成满足特定用户需要的增值的信息产品。当前，随着信息知识的日益激增和信息交流的广泛开展，以及大数据、云计算、物联网、区块链、人工智能等现代信息技术的发展革新，信息分析相关方法与工具在各个领域不断得到广泛应用，并且在辅助组织战略决策、促进信息产业发展、提升企业核心竞争力等方面发挥着越来越重要的作用。本章主要介绍信息分析的产生、概念、特征、作用、类型及内容，信息分析的方法体系和常用方法，信息分析的工作流程与应用领域，最后通过案例分享介绍专利信息分析的主要应用，以便读者对信息分析相关内容有基本的了解。

3.1 信息分析概述

信息分析是一项具有较高层次的信息管理实践活动。随着社会信息化进程的不断推进和各类型信息资源的迅速激增，信息分析在支持科学决策、促进信息服务、辅助科学研究等方面的作用日益凸显。本节主要介绍信息分析的产生、概念、特点、作用、内容和类型。

3.1.1 信息分析的产生

国内外信息分析活动的产生与发展具有深刻的历史背景和社会因素。一般来说，信息分析是人类社会科技、经济和信息等工作发展到一定阶段的必然产物。总体而言，信息分析首先发端于科学技术领域并且来源于信息交流活动，而科技信息分析活动的

产生与发展经过了从自发到自觉的历史过程。❶

　　自 16 世纪中叶至 17 世纪中叶，近代科学研究的主要特征是分散性的个体自由研究，一些研究者自发形成了一些学术团体，同时创办了一些学术刊物。信息生产者与利用者之间的科学信息传播交流属于直接交流，基本上是自发进行的。科学信息工作只是整个科学研究活动中不重要的组成部分。❷

　　自 17 世纪末期至 18 世纪初期，随着科学技术的持续发展，欧洲不少国家先后创立了全国性的学术团体，并且出版了不同类型的科技期刊。❸信息生产者与利用者之间的科学信息交流逐渐进入大众传播阶段。由于科技文献的不断产生，科技信息工作在促进科学研究方面发挥着越来越重要的作用。

　　自 18 世纪中叶至 19 世纪末期，随着近代学科的不断分化，分支学科大量产生并发展，欧美很多国家的学术团体或专业组织纷纷建立。同时，各个领域专业刊物开始不断出现，对当时的科技信息传播交流起到了重要的促进作用。由于科学研究的日益深入和科技文献的迅速增加，研究人员收集和利用参考资料越来越困难，文摘、索引等科技信息检索类出版物由此产生。虽然这些出版物中逐渐出现综述、评论等研究性文章，但是信息分析与科学研究始终密不可分。

　　进入 20 世纪，随着科学技术的快速发展，分支学科和前沿学科大量出现；同时由于科技文献的不断激增，人们对于科技信息交流的要求不再限于信息检索与文献提供，而是需要经过高度浓缩和分析加工的信息分析成果。因此，开展科技信息加工整理和编译报道等工作的二次文献出版机构逐渐产生，主要提供文献检索服务的检索类刊物体系逐渐确立，信息分析工作开始兴起。❹

　　20 世纪 40 年代以来，现代科学技术快速发展，相对独立的科技信息工作机构开始出现，其重要工作之一就是对各类大量文献进行整理加工和内容分析。此后，随着信息技术的日新月异和信息网络的广泛应用，现代信息服务业发展迅速，全球范围逐渐呈现科技、经济、社会一体化发展趋势，信息分析逐渐由科技领域向其他领域拓展，不断满足社会各层次和多样化的信息需求。

---

❶ 卢小宾 . 信息分析概论 [M]. 北京：电子工业出版社，2014.

❷ 文庭孝 . 信息分析 [M]. 北京：机械工业出版社，2017.

❸ 卢小宾 . 信息分析概论 [M]. 北京：科学技术文献出版社，2008.

❹ 文庭孝 . 信息分析 [M]. 北京：机械工业出版社，2017.

3.1.2　信息分析的概念

信息分析（Information Analysis）又称情报分析、情报研究、信息研究、数据分析等，在不同专业领域和应用情景中具有不同的称谓。信息分析对于提升信息机构服务水平和推进社会信息化发展具有重要意义。目前，国内外学术界尚未形成关于信息分析的标准定义，不同学者各有不同理解。

在我国，信息分析是在科技情报、信息咨询等事业迅速发展的背景下，于 20 世纪 50 年代由情报科学衍生出来的一门新兴学科，是信息服务活动的重要组成部分，是情报研究工作的重要领域之一。随着信息社会的不断发展，信息分析已经成为促进信息服务业发展的重要资源和关键因素。❶

综合各方观点，本书认为，信息分析是指以社会用户的特定需求为导向，以定性和定量研究方法为手段，通过对某主题或领域信息的收集、整理、鉴别、分析和综合等一系列加工过程，形成新的增值的信息产品，旨在为不同层次的科学决策服务的具有软科学研究性质的一种智能性活动。❷

3.1.3　信息分析的特点

信息分析是信息管理与信息服务工作的重要环节之一，其主要特点如下。

3.1.3.1　目标性

信息分析的目的是为科学决策、市场营销、研究开发等活动提供信息支持。信息分析活动需要针对某一既定目标和用户需求而开展。例如，根据某家电生产企业的当前发展需要，对相关产品的生产与销售以及技术工艺的引进与研发等状况进行实际调查分析，有助于为该企业的市场开发与战略规划等决策活动提供有价值的参考依据。

3.1.3.2　系统性

信息分析的最基本环节是对有关某一领域的大量信息进行有序化和集成化，实质上就是一种以分析为基础的信息综合和价值创造过程。例如，综合运用专家调

---

❶ 卢小宾，郭亚军. 信息分析理论与实践 [M]. 北京：清华大学出版社，2013.
❷ 查先进. 信息分析 [M]. 武汉：武汉大学出版社，2011.

查、层次分析、指标评价等多种方法，结合企业规模、经济效益、产品营销、技术研发、员工素质等多个方面，对某地区食品加工类企业的核心竞争力状况进行综合分析评价。

3.1.3.3　科学性

信息分析需要运用科学有效的研究方法，遵循规范合理的实施程序，通过相关信息分析处理，揭示客观事物的本质特性与变化规律。例如，只有运用科学有效的方法，对一定时期内国内图书情报领域研究成果进行查询检索，获得大量客观准确的数据资料，才能比较准确地分析图书情报领域研究进程与热点，从而把握图书情报研究未来发展趋势。

3.1.3.4　时效性

信息分析需要在一定时间范围内完成，保证为用户及时提供有价值的研究成果或决策支持，从而充分发挥信息分析成果的利用价值。例如，面对市场瞬息万变、技术日新月异的环境，企业只有实时监测与分析相关行业与技术领域的发展动态，获得大量有价值的竞争情报，才能有针对性地制订新产品开发计划，从而长期保持竞争地位。

3.1.3.5　创造性

信息分析经常围绕新问题、新情况、新技术而开展，经过分析人员的创造性智力劳动，形成有价值的最新知识、观点、对策等成果。例如，根据新信息系统设计开发需求，对当前信息系统的结构与功能及使用与维护等状况进行调查分析，掌握大量数据资料，提供相关建议对策，最终形成有价值的研究报告，以供企业在系统开发设计时参考。

3.1.3.6　近似性

由于各种主客观因素影响，信息分析结果只是对客观事物发展变化情况的一种近似反映，与实际情况相比，一般会存在一定的偏差。例如，根据某汽车制造商的历年汽车销售数据资料，运用时间序列分析法对未来三年的汽车销售量进行分析预测。虽然结果与实际情况难免存在一定偏差，但是能够为该企业适时制定市场营销策略提供有益的参考。

3.1.4　信息分析的作用

信息分析在信息社会发展进程中日益发挥着重要作用，其主要表现如下。

3.1.4.1　为科学决策服务

在信息时代，信息分析是决策科学化的基础条件，其主要任务是服务各类决策活动。信息分析成败对科学决策效果具有重要影响。信息分析在科学决策中的主要作用包括提供依据、分析论证、制定方案、优选方案和评价反馈等。例如，在国家中长期科技发展规划制定过程中，组织来自国内科技界、企业界、管理界等领域专家，在充分调研与反复论证的基础上，根据各位专家对全球科技发展态势的合理预测，以及对国内社会经济状况的准确判断，提供国外有关推进科技创新的政策措施与典型做法❶，有助于支持国内各项科技工作的决策。

3.1.4.2　为研究开发服务

各类研究开发活动需要经过序化和分析的信息支持。信息分析在研究开发中的作用主要体现在为研究开发活动提供背景性信息，有助于把握某一领域研究开发进程、现状、趋势，以便发现研发机会、避免重复研究、促进研究创新。例如，当前各个领域研究开发活动逐渐成为不同的企事业单位、国家或地区经济竞争力的焦点。❷很多国家都以提高科技生产力为目标，制定适合本国实际的研究开发战略。近年来，中国科学院文献情报中心、中国科技信息研究所等机构结合国家重大科技发展战略，长期开展科技情报与产业信息的分析活动。

3.1.4.3　为市场开拓服务

企业市场开拓活动需要充分的市场信息保障。信息分析在市场开拓中的作用主要体现在为各类企业提供内外部产生的市场信息，有助于企业掌握竞争态势、识别市场机会、规避潜在风险❸，从而选准市场开拓方向并制定竞争战略。例如，某信息咨询公司对某地区的电子设备市场信息进行分析研究，不仅需要分析与市场经济活动相关的

---

❶ 查先进.信息分析 [M].武汉：武汉大学出版社，2011.

❷ 朱庆华.信息分析基础、方法及应用 [M].北京：科学出版社，2004.

❸ 同❷.

市场供求状况、商品价格水平、客户消费能力与偏好等信息，而且需要分析对市场营销产生影响的政治、经济、科技、社会和文化等状况信息，从而为有关企业开展生产经营和制定竞争战略提供情报支持。

3.1.4.4　为政策规划服务

相关方针政策与发展规划的合理制定，需要掌握国内外经济、社会和科技等领域发展历史、现状和趋势❶，或者借鉴不同国家、地区、行业和机构的经验教训、现实问题等。只有通过信息分析才能提供系统化、有价值的信息支持。例如，京津冀协同发展国家战略与相关政策的制定与实施，离不开对京津冀三地社会、经济、科技和文化等领域发展状况与水平的长期调查研究。同时，在适时掌握京津冀协同发展相关政策方针的前提下，对京津冀三地公共文化事业发展现状与需求进行充分调研，有助于为相关产业的创新发展制定相应措施。

3.1.5　信息分析的内容

一般来说，信息分析的主要任务和目标包括以下内容：①从杂乱信息中提取有用信息；②从表面信息中发现相关信息；③从已知信息中推演未来信息；④从局部信息中推知总体信息；⑤揭示相关信息结构关系与变化规律。❷

信息分析是一种典型的信息深度加工和情报挖掘提炼的活动。信息分析的内容非常广泛，具体涉及政治、经济、科技和社会等不同领域以及自然科学、社会科学、工程技术等不同学科。总体上，信息分析的主要内容如下。

（1）审定信息内容的真实性、有用性、时效性等。例如，对通过网络获得的有关某企业产品销售的数据资料进行分析，首先要对其真实性和时效性进行鉴别判定，以便获得更准确有效的分析结果。

（2）评判科学技术的先进性、合理性、可行性等。例如，对一定时期内某地区的机械制造领域不同企业的技术专利信息进行分析，有助于识别各个企业在相关技术开发方面的创新程度与成果水准等。

（3）分析某一学科、行业、技术等领域发展进程、水平、趋势。例如，运用信息

---

❶ 卢小宾.信息分析概论[M].北京：科学技术文献出版社，2008.
❷ 文庭孝.信息分析[M].北京：机械工业出版社，2017.

计量相关方法技术对信息资源管理领域相关文献信息进行计量分析，有助于把握其学术演进、研究热点、前沿趋势等。

（4）评估某一政策、方案和项目等实施的经济效益与社会效果。例如，运用模糊综合评价法，邀请有关专家根据各项效益指标对有关某项新产品开发的不同方案进行全面评估，有助于选择最佳方案。

（5）分析经济、社会、科技等领域发展的关键点与转折点。例如，结合相关知识图谱，对国内不同时期人工智能领域技术信息进行生命周期分析，有助于从中发现某些关键技术领域和未来的发展趋势。

（6）预测经济、社会、科技等领域发展的前沿性与增长点。例如，运用科学计量、技术预见等方法，对国内不同时期智能机器人领域技术情报进行分析，有助于发现该领域的前沿技术群与技术空白点。

（7）探索用于解决某类问题的优化方案、建议对策等。例如，运用层次分析法，结合相关指标对某地区不同金融机构进行综合评估，掌握不同金融机构的运营状况，从而完善相关的监督和管理制度。

（8）提供反映市场竞争态势的动态情报、预警信息等。例如，基于竞争情报视角，对某地区玩具产品生产厂家经营状况与竞争态势进行分析监测，有助于掌握各厂家的竞争实力与整个行业竞争格局。

3.1.6　信息分析的类型

根据不同的分类标准或依据，信息分析一般具有不同的类型，主要分类如下。

3.1.6.1　根据分析领域划分

技术专利分析、竞争情报分析、文献信息计量均是典型的信息分析领域。[1]例如，通过选取相关指标对某年度不同国家或地区的综合竞争力状况进行分析评估，有助于判断各个国家或地区在宏观经济、科技创新、社会制度、基础设施和环境保护等方面的竞争实力与发展水平等。

---

❶ 卢小宾，郭亚军.信息分析理论与实践 [M].北京：清华大学出版社，2013.

3.1.6.2　根据分析内容划分

按照不同的分析内容或目标，信息分析主要分为跟踪型信息分析、比较型信息分析、预测型信息分析和评价型信息分析四类，需要运用实际调查、逻辑思维、定量研究、数学模型等方法进行综合分析评判。❶ 例如，运用加权比较和层次分析等方法，构建三个层级的评价指标体系，进而对不同的物流中心选址方案进行综合比较与评估，判定不同方案的优劣性和效用性，有助于为选择最佳的选址方案提供决策参考。

3.1.6.3　根据信息来源划分

按照需要分析的原始信息来源或类别，信息分析主要分为经济信息分析、科技信息分析、社会信息分析、政治信息分析、环境信息分析、军事信息分析、教育信息分析、人物信息分析和综合信息分析等。❷ 例如，通过文献调研、网络搜索、实地走访等调查途径，对某地区不同类型高校的科研、教学、人才培养等方面的信息资料进行收集整理，并且对其进行详细分析，有助于比较不同高校的办学水平与发展实力。

3.1.6.4　根据影响程度划分

按照成果的不同影响程度，信息分析分为战略性信息分析和战术性信息分析两类。其中，前者着眼于全局性与长远性目标，侧重解决综合性问题；后者着眼于局部性与短期性目标，侧重解决具体性问题。❸ 例如，根据国家科技创新与产业转型相关战略，对当前关系国计民生的一系列关键科技领域发展状况进行动态跟踪与监测，有助于为我国适时制定科技政策、推动科技创新、加强科技攻关等活动提供决策参考。

3.1.6.5　根据分析方法划分

按照选用的不同方法，信息分析主要分为定性信息分析、半定量信息分析、定量信息分析三类。其中，半定量信息分析是定性分析与定量分析结合的综合性信息分析，是信息分析发展的主要特征与趋势。❹ 例如，内容分析法是一种典型的半定量信息分析方法。通过运用内容分析法，对一定时期内国内外情报学领域高被引研究文献进行词频统计与内容解读，有助于探测国内外情报学研究的不同热点与前沿领域。

---

❶ 文庭孝. 信息分析 [M]. 北京：机械工业出版社，2017.

❷ 夏立新，等. 信息分析理论、方法与应用 [M]. 北京：科学出版社，2022.

❸ 王伟军. 信息分析方法与应用（第二版）[M]. 北京：清华大学出版社，北京交通大学出版社，2014.

❹ 文庭孝. 信息分析 [M]. 北京：机械工业出版社，2017.

3.2　信息分析方法

信息分析是一门综合性和实践性较强的学科，是在不断吸收、借鉴、应用其他学科领域研究方法的过程中不断发展起来的。按照不同的分类依据或标准，信息分析方法可以分为不同的类型。一般来说，信息分析方法主要分为定性信息分析法、半定量信息分析法、定量信息分析法三类。本节按照三类分别简要介绍一些常用的信息分析方法。

3.2.1　定性信息分析方法

3.2.1.1　逻辑思维法

逻辑思维是指人们在认识过程中运用概念、判断、推理等思维形式反映客观事物的理性思维过程，通过抽象概念揭示客观事物的本质特征和发展规律。[1] 逻辑思维贯穿信息分析的全过程，主要包括比较法、分类法、分析法、综合法、推理法和想象法等。以下主要介绍其中的三种常用方法。

（1）比较法

比较法又称对比法，是指通过对照各个客观事物从而确定其间的差异性和共同点的一种逻辑思维方法。比较法是人们认识研究客观事物、揭示事物发展规律的一种最原始、最基本、最普遍的逻辑方法。[2] 通过比较异同和鉴别分析等，有助于发现和提出实际问题并且制定和优选解决方案。

根据不同的标准或角度，比较法可以分为不同的类型。例如，按照时空范围分为时间上的比较（或纵向比较）和空间上的比较（或横向比较）两类；按照方法性质分为定性比较和定量比较两类；按照内容范围分为局部比较和全面比较两类；按照研究目标分为求同比较和求异比较两类。

比较法在信息分析中的主要作用：①揭示事物之间的水平与差距，以便明确方向、相互借鉴；②认识事物发展的过程与规律，以便总结经验、预测未来；③判定不同事物的优劣与真伪，以便最优选择、科学决策。

---

[1] 王伟军. 信息分析方法与应用（第二版）[M]. 北京：清华大学出版社，北京交通大学出版社，2014.
[2] 查先进. 信息分析 [M]. 武汉：武汉大学出版社，2011.

（2）综合法

综合法是指将有关客观事物的各个因素进行联系与归纳，透过复杂多变的现象探索各个因素之间的相互关系，基于整体角度把握事物的本质属性和规律，通观事物的发展全貌和过程，从而获得新认识的一种逻辑思维方法。❶

综合法克服了分析法不能从整体上把握客观事物本质与规律的局限性，是信息分析的一种普遍思维方式。通过综合能够按照整体形式将有关某一研究课题的各个地区、时期和方面等内容进行呈现，有助于获得规律性的认识。

（3）推理法

推理是指从一个或多个已知的判断推导出一个新判断的思维过程。推理法是指在掌握一定的已知事实、数据和因素相关性的基础上，通过因果关系、相关关系等顺次逐地推论，最终得到新结论的一种逻辑思维方法。❷

推理一般以收集到的相关事实、资料、数据和信息为前提，通过一定的逻辑推理，从已知信息中概括出一般性结论，或者对某些理论或事实进行证明，或者从某些相似事件中找出某些共性，从而产生新思想、新知识等。

推理一般包括前提、结论、推理过程三个要素。其中，前提是指推理依据的一个或多个已知判断；结论是指由已知判断推导出的新判断；推理过程是指由前提到结论的逻辑关系形式。❸目前，推理法的主要分类如下。

第一，根据前提的数量分为直接推理和间接推理两类。其中，前者是指由一个前提推导出结论；后者是指由两个或者多个前提推导出结论。

第二，根据判断的类别分为直言推理、选言推理、假言推理、联言推理等，分别以直言、选言、假言、联言和关系判断等语言形式为基础。

第三，根据推理的思维方向分为演绎推理、归纳推理和类比推理三类。其中，演绎是指由一般判断推导出特殊判断；归纳是指由特殊判断推导出一般判断❹；类比是指由个别判断推导出个别判断或由一般判断推导出一般判断。

---

❶ 卢小宾.信息分析概论 [M].北京：电子工业出版社，2014.

❷ 朱庆华，陈铭.信息分析基础、方法及应用 [M].北京：科学出版社，2004.

❸ 查先进.信息分析 [M].武汉：武汉大学出版社，2011.

❹ 卢小宾.信息分析概论 [M].北京：科学技术文献出版社，2008.

3.2.1.2　头脑风暴法

头脑风暴的本义是指精神病患者在精神错觉中出现的短时间的思维紊乱和胡言乱语现象。美国著名学者亚历克斯·奥斯本借用"头脑风暴"一词比喻思维高度活跃，通过打破传统的思维方式而产生大量创造性想法的状况，后来泛指无拘无束、自由畅快地思考问题。[1]

头脑风暴法（Brainstorming）是指运用专家的创造性思维来探索客观事物发展变化的未来或未知状态的一种直观性的预测方法。[2]经过各国创造学者的长期实践发展，头脑风暴法逐渐形成一个发明技法群，如奥斯本智力激励法、默写式智力激励法等，并不断得到广泛应用。

根据不同的分类标准或依据，头脑风暴法具有不同的类型。例如，按照不同的人员结构，分为个人头脑风暴法和集体头脑风暴法两类；按照不同的性质特点，分为直接头脑风暴法和质疑（或破坏）头脑风暴法两类。质疑头脑风暴法允许专家对已经提出的方案或想法在会后提出异议或质疑。

与传统专家调查法相比，头脑风暴法具有以下显著优点：①通过充分广泛的信息交流，有助于激发创新思维、形成独特观点；②组织头脑风暴会议，信息获取充分，考虑因素较多，提供的方案计划比较全面有效；③没有过多硬件条件要求，原理简单，实施方便，能够获得大量有用的信息。[3]

3.2.2　半定量信息分析方法

3.2.2.1　德尔菲法

德尔菲法是在以往专家个人评判和会议调查的基础上逐渐形成的一种综合性调查方法，针对专家个人评判和会议调查存在的不足之处做了重大改进。目前，德尔菲法广泛应用于科技预测、方案评估、成果评价等方面[4]，其主要特点是匿名性、反馈性、统计性等。德尔菲法的实施步骤如下。

（1）成立领导小组

主要任务是对调查工作进行组织和指导，具体环节包括明确调查主题、选择领域

---

[1] 王伟军，蔡国沛.信息分析方法与应用 [M].北京：清华大学出版社，2010.

[2] 查先进.信息分析 [M].武汉：武汉大学出版社，2011.

[3] 王伟军.信息分析方法与应用（第二版）[M].北京：清华大学出版社，北京交通大学出版社，2014.

[4] 朱庆华，陈铭.信息分析基础、方法及应用 [M].北京：科学出版社，2004.

专家、编制征询调查表、开展反馈调查、汇总专家意见、统计分析意见、编制调查报告等。

（2）明确调查目标

专家会议调查目标一般是在日常工作中逐渐积累的用户普遍关注而且意见分歧较大的议题。首先选定调查课题并且明确调查目标，其次根据调查目标制订具体的实施计划。❶

（3）选择调查专家

德尔菲法的核心工作是针对调查主题提出观点意见并且进行评判，主要由各个领域专家负责完成。专家选择应该具有广泛的代表性和较强的权威性，一般以10~50人为宜。

（4）编制调查表

调查表是征询专家意见的主要工具，其编制质量水准直接影响调查效果。编制人员需要对调查主题和相关背景情况进行深入调查，从而保证调查问题设置的针对性和有效性。

（5）专家反馈调查与意见统计处理

经典的德尔菲法一般包含四次征询调查环节，组织人员在每次调查过程中利用调查表征询和汇总各位专家意见和调查结果，然后对其进行统计处理和汇总反馈。❷

（6）编制调查报告

在经过多次征询调查后，组织人员将基本一致的专家意见与调查结果进行整理加工，编制格式规范的调查报告，并且采用适当的信息传递渠道将报告提交给用户使用。

3.2.2.2　层次分析法

层次分析法（简称AHP）是美国运筹学家萨蒂（Thomas L. Saaty）于20世纪70年代中期提出的一种实用的系统化、层次化的分析方法，体现了人类思维活动的基本特征与发展过程，即分解、判断、排序、综合，适用于解决结构较复杂、决策目标多、不容易量化的决策问题，在经济、科技和社会生活等领域得到了广泛的应用。

层次分析思路简单清晰，能够将决策者的主观判断与推理紧密联系，并且将决策者的经验判断与推理过程进行量化描述，有助于提高决策的有效性与可行性。层次分析法主要为解决多目标、多准则、无结构特性的复杂决策问题，提供了一种简便实用的解决方式，具有简便性、系统性、实用性等特点。

---

❶ 查先进. 信息分析 [M]. 武汉：武汉大学出版社，2011.
❷ 王伟军，蔡国沛. 信息分析方法与应用 [M]. 北京：清华大学出版社，2010.

层次分析法主要通过定性判断与定量分析相结合的方式，充分利用系统分析思维和特征向量原理进行推导和决策，其主要应用流程如下。

（1）构造递阶层次结构

根据人类的辩证思维过程，将一个复杂问题分解为包括目标层、准则层、指标层的多层次结构。各个层次之间存在自上而下的相互支配或隶属关系，同一层次中各个元素之间相互独立。

（2）建立判断矩阵

按照两两相互对比方式，依次将各个层次中的各个元素进行成对比较，根据萨蒂设计的 1~9 标度法，分别计算各个元素之间的相对比较值，并且将其作为判断矩阵元素，对角线取值为 1。

（3）计算层次排序

主要计算判断矩阵的最大特征根及其对应的特征向量。特征向量反映某一层次各元素对于上一层次某元素的相对重要性。计算方法包括幂法、方根法、和积法等，并且进行一致性检验。❶

一般通过计算随机一致性比率检验各个判断矩阵的一致性。层次总排序计算是在单层次排序结果的基础上，根据递阶层次结构，采用逐层叠加方式，从目标层开始由高到低逐层进行合成运算。❷ 只有当各个单层次和层次总排序结果均通过一致性检验，才能用于确定指标权重或优选决策方案。

3.2.2.3　内容分析法

内容分析法最早产生在新闻传播领域。内容分析法是指对文献内容进行系统客观的量化统计分析的一种方法，其目的是了解或测度文献中具有本质性的事实或趋势，以揭示文献内含的隐性情报内容，从而预测事物的发展趋向。❸

内容分析法是一种透过现象探索本质的用于研究社会现实的科学方法，具有统计性、系统性、客观性、结构化、非接触研究和综合化研究等显著特点。按照不同的分析单元，内容分析主要分为词频分析与篇幅分析两种类型。

内容分析法是一种常用的社会研究方法，其主要实施流程如下。

---

❶ 查先进. 信息分析 [M]. 武汉：武汉大学出版社，2011.

❷ 王伟军. 信息分析方法与应用（第二版）[M]. 北京：清华大学出版社，北京交通大学出版社，2014.

❸ 卢小宾. 信息分析概论 [M]. 北京：电子工业出版社，2014.

（1）选择分析样本

一般通过抽样方式采集分析样本，要求样本信息量大、内容真实、连续性强、符合分析目的、便于统计分析，最好是分析人员比较熟悉而且方便获取。实际上，任何文字和非文字形式的文献均可作为样本。

（2）定义分析单元

首先根据分析目的确定分析范畴，即明确符合分析要求的最一般的关键性概念，其次明确对应的分析单元。在工作量允许的情况下，分析单元应该尽量具体细化。词语是文献内容分析中最小的分析单元。

（3）制定分析框架

这是保证内容分析成效的关键环节，一般根据分析目的与分析单元，确定有意义的逻辑结构，编制内容分类编码表，即构建分类系统。[1]其基本出发点是使分析单元的测度结果能够反映和说明实质性问题。

（4）频数统计分析

频数统计是一种规范性操作，包括数据统计和数据处理两个环节，运用相关方法进行大量统计以反映统计意义上的相关性，一般需要借助计算机软件辅助实现。[2]词频统计分析是内容分析中最常见的工作。

（5）汇总分析结论

在统计处理和定性分析的基础上得出结论，并且对结论的可靠性、适用性等进行评价，同时进行适当的解释或说明。[3]一般采用量化指标进行信度分析，如信度系数越高，则表明内容分析结果越可靠、有效。

3.2.3　定量信息分析方法

3.2.3.1　回归分析法

回归分析法是指基于各种事物之间的因果关系，通过对与研究对象相联系的事物或现象的变化趋势进行分析，进而预测研究对象未来数量状态的一种方法。回归分析是在相关分析的基础上通过构建回归模型进行分析预测。[4]

---

[1] 文庭孝.信息分析 [M].北京：机械工业出版社，2017.

[2] 沙勇忠，等.信息分析 [M].北京：科学出版社，2009.

[3] 查先进.信息分析 [M].武汉：武汉大学出版社，2011.

[4] 王伟军，蔡国沛.信息分析方法与应用 [M].北京：北京交通大学出版社，2010.

一般根据变量之间的因果关系，回归分析按照不同的角度分为不同的类型。例如，按照模型中的自变量数量，分为一元回归分析和多元回归分析两类；按照模型是否具有线性特征，分为线性回归分析和非线性回归分析两类。❶

一元线性回归分析法是回归分析法中最基本的方法。一元线性回归模型的一般形式：$y_i = a + bx_i + e_i$，$i = 1$，2，$\cdots$，n。其中，y_i 表示第 i 个研究对象的观测值，即因变量；x_i 表示第 i 个能够控制或预先设定的影响因素，即自变量；a 和 b 表示回归参数，y'_i 表示第 i 个研究对象的估计值，即回归值；e_i 表示第 i 个随机误差项，即观测值与回归值之间的离差，呈正态分布。

回归分析是一种常用的量化统计与预测方法，其基本操作步骤如下。

（1）收集观察样本数据

凭借个人经验、专业知识、思维能力，对研究对象进行定性分析，判断不同变量之间是否存在相关关系。

（2）判断相关关系类型

如果两个或多个变量能够保证预测的有效性，并且变量之间存在线性关系，那么就可以使用一元或多元线性回归分析法。

（3）绘制散点图

根据采集的样本数据在直角坐标系上绘制出散点图，再根据散点图形状初步推测回归模型类型，如线性回归模型。

（4）构建回归模型

如果通过散点图分析得出变量之间存在明显的相关关系，则可以考虑进行回归分析，求解回归参数，拟合回归模型。

（5）检验回归效果

检验回归模型的可信度或有效性，具体涉及经济意义、拟合优度、相关系数显著性、自相关、异方差等检验方式。

（6）分析预测控制

如果通过各种检验确定回归模型能够有效反映变量之间的相关关系，那么就可以采用拟合的回归模型预测未来数据状态。

---

❶ 卢小宾，郭亚军. 信息分析理论与实践 [M]. 北京：清华大学出版社，2013.

3.2.3.2　聚类分析法

聚类是人类认识客观事物和解决复杂问题的一种基本思路，具体是指将一组个体按照相似性归成若干个类别，即物以类聚。其目的是促使属于同一类别的个体之间的距离尽可能小，属于不同类别的个体之间的距离尽可能大。

聚类分析是指按照某种相似程度对不同样品或变量进行分类的一种多元统计分析法，其基本思想是在不同样品之间定义距离，在不同变量之间定义相似系数。距离和相似系数分别衡量不同样品间和不同变量间的相似程度。❶

按照不同的数据分组理论依据，聚类分析主要分为系统聚类、动态聚类、图论聚类、模糊聚类等类型。其中，系统聚类和动态聚类是两种常用的聚类分析方法，在数理统计分析中具有广泛的应用。

系统聚类法，又称分层聚类法，是指首先将多个对象看作一类，然后每次将距离最小的两个类进行合并，进而重新计算不同类之间的距离，再次进行合并，以此类推，直至形成一定数量的类为止。❷

动态聚类法，又称快速聚类法，是指首先将多个对象进行初步分类，然后按照分类函数尽可能小的原则，对初步分类进行调整优化，直至分类合理为止。其主要特征是根据需要预先确定 k 个聚类。❸

系统聚类法主要适用于样品或变量较少的情况，在系统聚类过程中，采用不同的类间距离对相同样品或变量进行聚类会形成不同的效果。常用的类间距离算法包括最短距离法、最长距离法、中间距离法、重心距离法、类平均距离法、可变类平均距离法、离差平方和距离法等类型。❹

相似性程度是聚类分析依据的标准。在聚类分析中，一般利用 n 维空间概念定义不同样本或不同变量之间的相似或亲疏程度。其中，定义样品之间的距离主要包括明式距离、兰式距离、马式距离、斜交空间距离等类型；定义变量之间的相似系数主要包括相关系数与夹角余弦两种。

---

❶ 贺德方，等 . 数字时代情报学理论与实践：从信息服务走向知识服务 [M]. 北京：科学技术文献出版社，2006.
❷ 查先进 . 信息分析 [M]. 武汉：武汉大学出版社，2011.
❸ 王伟军 . 信息分析方法与应用（第二版）[M]. 北京：清华大学出版社，北京交通大学出版社，2014.
❹ 王伟军，蔡国沛 . 信息分析方法与应用 [M]. 北京：北京交通大学出版社，2010.

3.2.3.3　时间序列分析法

时间序列分析是指将反映研究对象变化发展过程的历史数据编制成时间序列，分析其随时间变化而反映出来的发展过程与趋势，进而通过建立相应的分析模型进行类推和延伸，从而判定研究对象发展现状并且预测研究对象未来变化的一种定量分析方法。

1968 年，分别来自美国和英国的著名统计学家博克斯（G. E. P. Box）和詹金斯（G. M. Jenkins）最早在理论层面提出了一整套随机时间序列模型识别、参数估计、诊断检验的分析方法。目前，时间序列分析法在动态数据处理、数据分析预测、科学决策、在线控制等领域具有广泛应用。

按照不同的历史数据处理方法，时间序列分析法主要分为以下两类。

（1）修匀处理法

基本思想是采用一定的方法对不规则随机波动的时序数据进行修匀，旨在呈现一定的规律性，使其呈现某种发展趋势，主要包括移动平均法、指数平滑法等方法。

（2）曲线拟合法

基本思想是根据时序数据变化实际情况，选用合适的通用随机模型对时序数据进行有效拟合，旨在增强数据预测拟合精度，主要包括生长曲线、指数曲线等方法。

时间序列分析法是一种常用的数据预测方法，其主要应用步骤如下。

（1）采集历史数据

采用观测、统计、抽样等方法，获得具有时间序列特征的数据，通过绘制散点图确定数据变化趋势的类型。

（2）修正历史数据

通过修正历史数据，消除周期性变动、随机性变动等因素的影响，使数据受长期趋势或季节变动因素影响。

（3）构建随机模型

通过估计参数与建立方程，选择合适的预测模型进行曲线拟合，利用常用的预测模型拟合时间序列数据。

（4）修正预测结果

考虑季节变动、周期变动、随机变动等因素的影响，对预测模型进行修正，使预测结果逐步趋向准确和有效。❶

---

❶ 王伟军 . 信息分析方法与应用（第二版）[M]. 北京：清华大学出版社，北京交通大学出版社，2014.

（5）数据预测

采用定量与定性分析相结合的方式，对研究对象目标变量进行预测，从而确定研究对象未来发展变化的预测值。❶

3.3　信息分析应用

信息分析相关理论与方法具有广泛的应用，熟悉信息分析的基本实施流程与主要应用领域，有助于有效开展实际的信息分析工作。目前，信息分析已经涉及人类社会生产和生活的各个领域，如政治、科技、经济、文化和教育等领域。计算机辅助信息分析是信息分析发展的重要方向。本节主要介绍信息分析的实施流程与应用领域。

3.3.1　信息分析实施流程

一般来说，信息分析工作需要遵循科学合理的程序。其主要环节如下。

3.3.1.1　课题规划与定向

首先调查了解信息用户需求，然后针对特定需求确定信息分析目标，进而科学合理地选择分析课题和制定课题计划，其核心环节是课题选择与计划。

（1）课题选择

课题选择，即选题，是指明确信息分析对象、内容、目标和方向等，是信息分析工作的起点，直接影响信息分析工作的成败。选题是否准确合理，决定了信息分析目标和重点及信息分析成果价值水平。选题一般需要遵循必要性、针对性、时效性、科学性、创新性和可行性等主要原则。❷

按照课题提出主体，信息分析课题来源主要分为上级主管部门下达、信息用户委托、分析人员自选三类。其中，信息用户根据生产、科研、管理等活动需要而委托给信息机构的课题是信息分析课题的主要来源。课题选择一般包括课题提出、课题分析、实际调查、课题论证和课题选定等环节。

（2）课题计划

课题计划是信息分析活动的指南与纲领，是具体课题任务的筹划与安排。课题计

---

❶ 卢小宾.信息分析概论 [M].北京：电子工业出版社，2014.
❷ 查先进.信息分析 [M].武汉：武汉大学出版社，2011.

划内容主要包括选题目的、调查大纲、分析方法、技术路线、成果形式、组织分工、实施步骤、预期目标、保障条件和完成时间等。对于重大的信息分析课题，一般需要制订详细的课题计划表或任务书等。

3.3.1.2　信息的收集、整理和评价

根据信息分析课题，采用有效的调查方式，全面系统地收集相关信息，进而运用合适的方法手段对信息进行筛选处理和价值鉴别。

（1）信息收集

信息收集来源一般分为文献信息源和非文献信息源两种类型。其中，根据载体类型与记录方式，文献信息源一般分为印刷型文献、缩微型文献、机读型文献、声像型文献四大类，如学位论文、期刊论文、会议文献、专利文献、科技报告、技术标准和引文数据库等都属于常用的文献信息源[1]；非文献信息源主要分为口头信息源、实物信息源、智力信息源三大类，如产品样本、隐性知识等。

信息收集一般需要遵循全面性、系统性、针对性、新颖性、可靠性、计划性、效益性等基本原则。信息收集方法主要包括文献调查、社会调查、专家调查和网络搜索等。[2]文献调查法主要包括系统检索法、追溯检索法和浏览检索法等；社会调查法主要包括现场调查法、访谈调查法、问卷调查法和抽样调查法等。其中，问卷调查是社会调查的主要方式，分为现场问卷调查和在线问卷调查两大类。

（2）信息整理

信息整理是指对收集到的各类信息进行初步加工，其目的是通过筛选处理使信息有序存储和方便利用。信息整理主要包括内容整理和形式整理两个环节。[3]其中，形式整理主要根据信息载体、使用方向、内容线索三种情况对信息进行分类处理；内容整理主要分为内容理解、内容揭示和内容分类三个环节。

（3）信息评价

信息评价是指对收集到的各类信息进行价值鉴别，其目的是筛选出有用信息，排除错误、无用、过时和不良的信息，对信息分析各个环节的质量均产生重要影响。[4]信

---

[1] 文庭孝 . 信息分析 [M]. 北京：机械工业出版社，2017.

[2] 贺德方，等 . 数字时代情报学理论与实践：从信息服务走向知识服务 [M]. 北京：科学技术文献出版社，2006.

[3] 王伟军 . 信息分析方法与应用（第二版）[M]. 北京：清华大学出版社，北京交通大学出版社，2014.

[4] 杨良斌 . 信息分析方法与实践 [M]. 长春：东北师范大学出版社，2017.

息评价主要分为可靠性评价、新颖性评价、适用性评价三大类。各类评价都需要按照某些标准或指标对各类信息价值进行鉴别判定。

3.3.1.3 信息的分析与提炼

信息的分析与提炼是整个信息分析活动的关键环节，是指对相关信息进行优化整理与深度加工，揭示其中的本质联系与客观规律，进而提出相关结论、建议、方案和对策等❶，具有明显的软科学研究特点。信息分析与提炼是否准确、有效、及时，直接关系到信息分析产品的质量和信息用户的切身利益。

3.3.1.4 信息分析产品的编制

根据信息分析目标与特定用户需求，编制适用的信息分析产品，主要包括消息类产品、数据类产品、研究报告类产品三类。其中，研究报告是最主要的信息分析产品，主要分为综述性报告、述评性报告、预测性报告、评估性报告和背景性报告。不同类型的信息分析产品具有不同的编制要求与方法程序。

3.3.2 信息分析应用领域

信息分析具有显著的应用性和实践性特点。其主要应用领域如下。

3.3.2.1 科技信息分析

科技信息是指关于基础研究、应用研究、开发研究三个层次的科学技术活动的各种信息。科技信息分析一直是信息分析的传统领域，其主要内容如下。

（1）科技发展状况信息分析

它包括科学前沿领域、学科关系网络、热点技术领域、高新技术领域、技术预见等分析。例如，运用信息计量、竞争情报、技术预见等方法，对当前国内新能源开发领域相关技术文献信息进行综合分析，有助于把握目前国内新能源开发领域技术研发热点、前沿和趋势等。

（2）科技发展战略信息分析

它包括科技发展环境、发展趋势预测、发展战略与策略、具体领域科技发展战略

---

❶ 查先进. 信息分析 [M]. 武汉：武汉大学出版社，2011.

等分析。❶例如，对某一时期内某地区有关政府制定的科技政策、企业实施的科技战略等信息资料进行分析，有助于掌握当前该地区科技发展环境与取向，为该地区未来科技发展规划提供重要参考。

（3）科技竞争力评价

它包括科技竞争力评价方法、不同层面（如国家、地区、机构）科技竞争力评价、科技成果评价等。例如，运用专利情报分析与科学知识图谱等方法技术，对某地区不同化工企业的技术研发状况进行分析，有助于掌握不同企业的核心技术领域、重要科技人员、技术先进水平等。❷

（4）科技发展条件信息分析

一般来说，科技发展的一般环境条件包括政治、法律、经济、社会和自然等因素，而具体环境条件包括支撑科技发展的相关机构、人员、技术、设施、经费和制度等。例如，通过文献调研、实地考察等方式，对比分析近年来中美两国人工智能发展的政策倾向、基础设施、关键技术、经费支持和科研管理等状况。目前，科技信息分析的典型应用领域主要如下。

1）科技领域发展状况信息分析

第一，课题本身发展状况。主要指某一科技领域课题研究的意义、内容、范围和目的，以及发展历史、现状水平、存在的问题、应用领域等。了解研究课题发展概况，有助于为信息分析选题与研究重点确定提供参考依据。❸特别是通过探索课题的发展规律，如关注当前中国的高速铁路、人工智能、移动通信、航天航空、生物医疗和新能源汽车等尖端技术领域，有利于总结经验、吸取教训、取得成效。

第二，课题所属领域发展状况。主要指某一科技课题所属领域的历史演变、发展现状、重大发现、存在的问题、发展趋势、应用领域等。课题所属领域发展状况信息获取一般建立在充分的文献调研、专家咨询、实际考察的基础上。了解课题所属领域的发展概况，如目前全球关注的大数据、云计算、物联网、区块链、人工智能、5G 等热点技术领域，综合运用信息计量、专利分析、竞争情报等方法，分析某个技术领域研发现状，有助于课题研究建立在比较深厚的知识背景下，站在科技发展的最前沿，

---

❶ 贺德方，等. 数字时代情报学理论与实践：从信息服务走向知识服务 [M]. 北京：科学技术文献出版社，2006.

❷ 沙勇忠，等. 信息分析 [M]. 北京：科学出版社，2009.

❸ 查先进. 信息分析 [M]. 武汉：武汉大学出版社，2011.

启迪思维，随时掌握最新科技成果，加快课题研究进程。❶

第三，课题相关领域发展状况。主要指与某一科技课题密切相关的其他领域历史演变、发展现状、重大发现、存在的问题、发展趋势、应用领域，以及与该课题之间的内在联系等。主要包括直接相关和间接相关领域。其中，间接相关领域主要体现在当前科学技术发展中的一些新兴领域、前沿领域和关键领域等。了解课题相关领域的进展情况，研究课题与相关领域之间的相互依存与促进关系，如人工智能、机器学习、图像识别等领域，有利于开阔视野、启发思路、相互借鉴、取长补短，对深化课题研究认识、预测课题研究动向、探索新研究领域等具有重要价值。

2）科技领域发展条件信息分析

第一，自然条件。

自然状况：主要指地势、气候、地理位置等状况，与工农业发展关系比较密切。其影响主要体现在厂矿区选址和农作物栽培等方面。

资源状况：主要指能源、矿产、生物、海水等资源的分布、开发、利用等状况，是工业与科技发展的重要物质基础与资源保障条件。

生态环境状况：主要指生物资源及其构成的生态系统和自然环境，具有追求动态平衡与良性循环等特点，与科技发展状况紧密相关。❷

第二，社会条件。

经济状况：主要涉及财力状况、经济结构、经济体制、经济发展水平。经济发展不仅为科学技术发展提供经济基础与财力保证，而且还会产生新的科技需求；科学技术发展为经济发展提供技术支持。

社会状况：主要涉及社会需求、社会制度、文化传统和人口等状况，对科学技术发展起着刺激、影响或制约作用。

政治状况：主要涉及政治体制、政治制度、政治结构和政策等，直接关系着社会生产力的发展和科学技术的进步。❸

3）科技领域发展战略信息分析

主要指围绕国家科技发展的全局问题决策，在掌握相关信息的基础上，运用科学

---

❶ 卢小宾.信息分析概论 [M].北京：科学技术文献出版社，2008.

❷ 查先进.信息分析 [M].武汉：武汉大学出版社，2011.

❸ 卢小宾.信息分析概论 [M].北京：电子工业出版社，2014.

有效的方法，分析和确定科学技术发展目标，选择和制定科学技术活动方案与策略的过程，旨在为国家科技决策提供信息来源和论证材料。科技发展战略信息包括科技发展领域战略信息、政策信息、预测信息、规划信息、宏观技术经济信息等。最早的科技规划与预测活动起源于美国并且逐渐延伸至欧美国家。❶

自 20 世纪 70 年代以来，美国、德国、法国、英国和日本等国家，根据各自的国情特点和发展需要，先后开展了科技规划编制工作，发挥了战略规划在本国科技与经济发展中的重要作用。科学有效的科技规划需要依赖正确的科技预测，科技预测成为科技规划的重要组成部分。我国的科技发展战略信息分析研究始于 20 世纪 50 年代，具有高度综合性、科学预见性、工作连续性等显著特点。

科学技术发展战略信息分析内容包括科学技术发展环境状况分析、科学技术发展趋势预测分析、科学技术发展战略和策略分析三个方面。❷例如，通过当前中美两国有关技术领域信息的比较分析，有助于把握中美两国在有关技术领域的发展进程、战略动向、研发水平和优势方向等，从而明确我国未来技术发展的战略重点与关键领域。

3.3.2.2　经济信息分析

经济信息是指反映经济活动与现象状况与特征的各种信息。其中，市场经济信息与企业竞争情报均属于重要的经济信息领域。其分析内容主要如下。

（1）经济活动分析

包括宏观经济监测、市场经济动向分析、不同时期经济预测、经济问题预警分析、经济政策评估和经济咨询分析等。

（2）市场信息分析

包括市场环境（宏观环境与微观环境）分析、市场态势（如供求、价格、风险）分析、消费需求分析、市场销售预测和市场危机预警等。

其中，市场信息分析的典型应用领域主要如下。

第一，市场环境分析是指通过对市场环境进行准确适时的监测分析，辅助企业了解自身所处外部环境（经济、科技、社会等因素构成的宏观环境）和产业环境（竞争者、供应商等构成的微观环境）发展变化情况，以便及时调整经营管理战略，从而积极适

❶ 卢小宾. 信息分析概论 [M]. 北京：科学技术文献出版社，2008.
❷ 沙勇忠，等. 信息分析（第二版）[M]. 北京：科学出版社，2016.

应环境并追求创新发展。市场环境分析的关键是根据用户需求对市场环境构成要素进行重点跟踪与实时监测，把握其发展趋向。❶

第二，市场态势分析是指通过对市场供求、价格、竞争和风险等状况及其发展趋势进行分析预测，辅助企业掌握市场发展变化的基本态势，以便有效开展经营管理活动。主要包括两个方面：①宏观领域。如宏观经济监测与经济系统分析、市场变化中的长期动向分析、各项经济指标数据的动态分析等；②微观领域。如短期市场态势、产品销售、市场行情、市场营销等分析预测。❷

第三，消费需求分析是指通过分析消费者的消费心理与行为，考察影响消费行为的各种因素，识别并掌握消费者的消费需求与特征及其变化趋势。❸其中两项重要环节如下：

一是消费者信息收集整理是需求分析的基础与前提。一般通过商场、银行、网站、调查等多种途径获得各类消费者信息，不断建立并完善消费者信息库，借助相关技术工具，动态掌握消费者消费与交易活动，自动分析消费者个人信息，如个人身份、消费偏好、购买方式、支付水平和信用记录等。❹

二是消费者信息分析挖掘是需求分析的目的与关键，旨在识别与发现具有规律意义的可量化的消费需求与特征。先对不同类别或来源的信息进行加工整理，然后利用相关软件工具深入分析信息。在具备时间序列或平行数据的条件下，一般运用预测模型定量测算消费需求与特征及其变化情况。❺

（3）竞争情报分析

包括竞争环境、对手、战略等分析内容，主要方法包括 SWOT 分析、波特五力模型、战略集团分析、价值链分析、定标比超和财务分析等。

（4）竞争对手分析

竞争对手是指在与企业具有共同目标的市场，并且已经存在或可能存在利害冲突的经济组织。竞争对手分析是指通过识别竞争对手，收集和分析竞争对手的相关信息，为企业开展有效的市场竞争提供参考，主要内容如下。

---

❶ 沙勇忠，等.信息分析 [M].北京：科学出版社，2009.

❷ 查先进.信息分析 [M].武汉：武汉大学出版社，2011.

❸ 卢小宾，郭亚军.信息分析理论与实践 [M].北京：清华大学出版社，2013.

❹ 沙勇忠，等.信息分析（第二版）[M].北京：科学出版社，2016.

❺ 卢小宾.信息分析概论 [M].北京：电子工业出版社，2014.

第一，竞争对手信息收集。主要是收集有关竞争对手优劣势的信息，包括产品开发、销售渠道、营销模式、技术研发、财务状况和管理能力等。

第二，竞争对手情报分析。主要是评估竞争对手的竞争地位与实力，包括核心能力、成长能力、创新能力、应变预警能力、应急和管理能力。

3.3.2.3　社会信息分析

社会信息是指有关人类社会发展变化状态与方式，以及社会科学研究与活动的各种信息，分为社会现象信息与社会科学信息两类。其分析内容主要如下。

（1）社会发展动态信息分析

包括社会发展整体现状与趋势以及国内外重大政治、经济、文化、社会等领域动向趋势分析。

（2）社会科学学术信息分析

包括社会科学各领域相关理论、流派、人物、文献等现状分析、趋向预测、比较研究、科学评价等。

（3）国情与省情分析

包括各国综合国力评价、区域社会发展分析、城市竞争力评价以及某一地区经济、历史、文化等状况分析。

（4）社会事件分析

包括社会时事热点、突发危机事件、公共政策实施等分析。

目前，社会信息分析的典型应用领域主要如下。

（1）社科学术信息分析

主要是对社会科学各个领域中的理论、人物、流派、文献的历史、现状、趋势和动向等进行分析比较研究。[1] 主要以社会科学领域的学术文献或相关文献为分析对象，分析人员要对社会科学领域内不断涌现的新理论、新思潮、新流派、新成果等进行有效的比较分析与预测评价，必须及时掌握和动态跟踪相关文献信息。例如，通过对当前国内不同时期图书情报领域相关研究文献进行分析，有助于了解不同时期图书情报领域的不同学派、观点和成果。

（2）社会动态信息分析

主要是对国内外重大政治、经济、文化、军事和社会动向进行分析预测，以便把

---

[1] 卢小宾，郭亚军. 信息分析理论与实践 [M]. 北京：清华大学出版社，2013.

握其发展态势与趋向。最常见的社会动态信息分析产品形式包括简报、综述、述评和研究报告等❶,如新华社内参中的相关材料等。当前,对突发性危机事件的预警分析与策略研究成为社会动态信息分析领域的重要主题与研究前沿之一。❷例如,通过对2019年年底暴发的全球新型冠状病毒感染发展动态进行跟踪分析,有助于了解各国应对公共卫生危机的举措与效果等。

（3）国家或地区情况分析

国情与省情分析是指对某一国家或省区的政治、经济、文化、历史及发展条件、现状、趋向进行系统调查与综合分析,为制定发展战略和规划服务。一个国家或地区的经济发展、社会进步、文化交流、对外交往等,都需要通过国际性比较分析来掌握准确可靠的信息,为政府制定战略决策提供咨询服务。❸

其中,综合国力分析适应了当前不同国家之间竞争发展的根本特征,成为国情分析中的一个热点领域。综合国力是具体涉及政治、经济、科技、教育、军事、资源和国际关系等社会发展的基本领域与要素。综合国力分析属于评估研究范畴❹,关键问题包括指标体系构建、评估方法选用、数据统计分析等。

3.3.2.4　专利信息分析

专利信息是指相关专利文献记载的各种信息。专利信息分析是指采用定性与定量方法对某一领域专利文献信息进行分析处理,并且将其转化为有价值的技术竞争情报,旨在为企业的技术革新与产品开发等提供决策参考的一种活动。❺

专利地图是一种重要的专利信息分析工具,通过对专利信息进行整理、分类、加工和分析,绘制成形象直观的图形、曲线和表格等,有助于提高专利信息分析的可视化效果,成为制定企业专利战略和指导企业技术竞争的重要依据。

专利信息分析的主要层面包括以下内容：①专利管理层面。例如,专利趋势、重要国家、重要机构、技术发明人、专利申请（权）人、专利分类号、专利引证率等分析。②专利技术层面。例如,专利摘要解读、技术/功效矩阵分析、公司技术分析等。③专

❶ 卢小宾.信息分析概论 [M].北京：科学技术文献出版社,2008.

❷ 卢小宾.信息分析概论 [M].北京：电子工业出版社,2014.

❸ 王伟军.信息分析方法与应用（第二版）[M].北京：清华大学出版社,北京交通大学出版社,2014.

❹ 卢小宾,郭亚军.信息分析理论与实践 [M].北京：清华大学出版社,2013.

❺ 查先进.信息分析 [M].武汉：武汉大学出版社,2011.

利投资组合层面。例如，公司专利矩阵分析、技术专利矩阵分析等。

专利信息分析的主要内容：①技术信息分析。例如，技术发展现状与趋势、技术主题领域分布、技术力量分布、核心技术专利、技术生命周期等分析。②经济信息分析。例如，经济价值、市场状况、合作伙伴、竞争对手等分析。③法律信息分析。例如，专利法律状态、专利侵权行为等分析。

专利信息分析的主要方法：①定性分析法。基于专利文献内容特征，结合时间与空间指标，进行技术动向、权利要求、技术功效矩阵、技术主题分类等分析。②定量分析法。采用统计词频排序、时间序列分析、技术生命周期等方法，进行专利数量、专利被引、专利效率、同族专利等分析。

专利信息分析是一种用于各种技术领域信息分析与跟踪的有效方法，在技术竞争情报与专利战略制定等活动中具有广泛应用。专利信息分析一般包括两种做法：①文本分析。通过查阅专利说明书等文献，分析有关技术研发动向与特点等。②统计分析。根据专利检索工具中的大量专利文献款目信息，选择不同角度进行统计处理与综合分析，识别技术研发主体、考察技术发展动态、探测关键技术领域、发现技术空白，分析某一技术领域产品与市场开发方向等。❶例如，针对国内大数据技术领域，通过查阅各种同类技术专利文献，绘制相关统计图表，探寻技术研发空隙；通过查阅各种专利文献，选择多种技术进行综合分析，探索技术研发新方向；通过查阅各种专利文献，发现与改进有关技术薄弱环节，制定更优化的技术方案；利用某种技术原理指导新技术领域发明；针对专利权人、专利分类号、专利类型、申请日期和申请国别等多个角度，对国内相关企业等机构的大数据领域技术开发与应用状况和水平进行分析。❷

3.3.3　信息分析的典型案例

本案例主题是中美两国人工智能产业发展对比研究，属于国内外技术专利信息分析的典型应用，相关内容均源于广东培正学院管理学院陈军等人撰写并发表在《情报杂志》2019 年第 38 卷第 1 期的"基于专利分析的中美人工智能产业发展比较研究"一文。❸

❶ 卢小宾 . 信息分析概论 [M]. 北京：科学技术文献出版社，2008.
❷ 王伟军 . 信息分析方法与应用（第二版）[M]. 北京：清华大学出版社，北京交通大学出版社，2014.
❸ 陈军，张韵君，王健 . 基于专利分析的中美人工智能产业发展比较研究 [J]. 情报杂志，2019，38（1）：41-47.

3.3.3.1　研究背景

人工智能（Artificial Intelligence，AI）是计算机科学的重要分支之一，主要研究利用机器模仿和执行人脑的某些思维活动和智力功能。自1956年美国学者提出人工智能概念以来，经过六十多年发展，人工智能技术已经发展成为推动经济社会发展的关键技术之一，代表未来产业竞争和国家博弈的制高点。近年来，许多发达国家和地区相继开启了人工智能国家创新计划，以期在未来的全球竞争中占据战略制高点。在人工智能的全球发展浪潮中，中美两国发展最引人注目，两国政府均高度重视人工智能产业发展并将其上升为国家战略。本案例基于专利情报角度，分析中美两国人工智能产业发展的差异性，以期为国内人工智能产业发展策略制定提供参考依据。

3.3.3.2　数据来源

中美两国人工智能相关专利数据分别来源于中国国家知识产权局（SIPO）专利数据库和美国专利商标局（USPTO）专利数据库。由于人工智能技术涵盖众多学科领域，为了提高专利检索的准确性和完整性，本案例通过多次咨询国内人工智能领域专家方式，在反复检索试验的基础上最终选定以下中英文检索词：人工智能（Artificial Intelligence or AI）、模式识别（Pattern Recognition or Pattern Identification）、语音识别（Speech Recognition or Voice Recognition）、图像识别（Image Recognition）、虹膜识别（Iris ID or Iris Recognition or IKSDK）、机器学习（Machine Learning）、智能处理器（Intelligent Processor）、认知计算（Cognitive Computing）、智能机器人（Intelligent Robot）、专家系统（Expert System）、智能驾驶（Intelligent Driving）、智能搜索（Intelligent Search or Smart Search）、神经网络（Neural Network）等。通过模糊检索方式得到2000—2017年中美两国发明专利数据，检索时间为2018年5月20日，专利申请日期截至2017年12月。●

3.3.3.3　专利分析

（1）专利申请总体情况与时间趋势比较分析

中美两国人工智能专利数量和法律状态对比情况以及专利申请量历年分布情况分别如表3-1和图3-1所示。

● 陈军，张韵君，王健.基于专利分析的中美人工智能产业发展比较研究 [J].情报杂志，2019，38（1）：41-47.

表 3-1　中美两国人工智能专利数量与法律状态对比

国别	中国		美国	
法律状态	专利数量 / 件	有权无权专利比	专利数量 / 件	有权无权专利比
有权	6591		9432	
审中	20037	0.91	4532	2.16
无权	7281		4361	
合计	33909		18230	

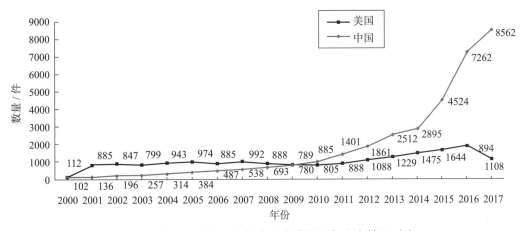

图 3-1　中美两国人工智能专利申请量历年分布情况对比

从图 3-1 中可知，2000 年至 2017 年在专利申请总量上，中国国内人工智能专利申请量为 33909 件，年均申请量为 1884 件，同期美国国内人工智能专利申请量为 18230 件，年均申请量为 1013 件，中国专利申请量明显大于美国。在专利法律状态上，中国有权专利数量仅为 6591 件，美国高达 9432 件；中国无权专利数量高达 7281 件，美国仅为 4361 件；中国有权与无权专利数量之比为 0.91，远低于美国的 2.16。

从图 3-1 中可知，在历年专利申请量分布上，自 2001 年起，美国人工智能专利年申请量几乎均超过 800 件，并且一直保持较高增长水平；同期中国人工智能专利年申请量仅为 100 余件，并且处于缓慢上升态势，直至 2009 年开始超越美国。2000—2009 年，美国人工智能专利申请为 8105 件，年均申请量为 810 件，同期中国人工智能专利申请量为 3896 件，年均申请量为 390 件，不及美国一半。

在产业发展整体趋势上，2012 年以前，美国人工智能产业发展一直比较平稳，自 2012 年起，发展速度明显加快。相比之下，中国人工智能产业起步较慢，并且呈现较明显的阶段性特征；2010 年以前，年均申请量低于 500 件，一直处于缓慢发展阶段；2010—2014 年，年均申请量达到 1911 件，开始步入快速发展阶段；自 2015 年起，年均申请量超过 4500 件，开始进入爆发性增长的阶段。

统计结果表明，在产业发展进程上，美国人工智能产业起步比中国快，这与其雄厚的科技与经济实力有关。作为世界头号科技强国，美国在计算机、互联网等技术领域长期处于全球领先地位，人工智能产业发展程度与计算机科学技术整体发展存在直接联系。此外，美国是最早开展人工智能技术研究的国家之一，一直引领全球人工智能技术和产业发展，因此起步阶段快于中国。相比而言，中国人工智能产业起步阶段发展较缓，但是随着科技与经济实力不断增强，特别是现代信息技术飞速发展，人工智能产业随之快速增长。自 2009 年起，中国人工智能专利数量一直保持领先优势，未来中国人工智能产业发展潜力和空间巨大。❶

（2）PCT 专利比较分析

PCT 是有关专利的国际条约，允许专利申请人通过 PCT 途径递交国际专利申请。据统计，截至 2017 年年底，全球人工智能相关 PCT 专利共计 13150 件，其中，来自美国专利为 5829 件，占 PCT 专利总量的 44.3%；来自中国专利为 972 件，占 PCT 专利总量的 7.4%。统计结果表明，美国一直重视人工智能专利的全球化布局，有利于促进其人工智能产业的国际化发展。相比之下，中国人工智能专利的国际保护意识较薄弱，不利于其未来的国际化发展。

（3）技术领域比较分析

① IPC 重点技术领域比较分析。通过查询国际专利分类表（IPC 表），按照 IPC 小类对中美两国人工智能专利重点技术领域进行分类统计，其分布情况如表 3-2 所示。从表 3-2 中可知，中美两国人工智能产业整体技术的 IPC 分布比较相似，其中 G06K、G06F、G10L、G06Q、G06N、G06T、H04L、H04N 均为两者关注的重点领域，涉及数据识别、记录载体处理、数字数据处理、语音分析或合成、语音识别、图像数据处理、基于特定计算模型的计算机系统、图像通信、数字信息传输等关键核心技术，表明中美两国在人工智能技术发展方向上基本保持一致。

---

❶ 陈军，张韵君，王健. 基于专利分析的中美人工智能产业发展比较研究 [J]. 情报杂志，2019，38（1）：41-47.

表 3-2　中美两国人工智能专利申请量排名前十的 IPC 技术领域分布情况对比

	中国			美国	
IPC 分类	技术领域	申请量	IPC 分类	技术领域	申请量
G06K	数据识别；数据表示；记录载体；记录载体的处理	5623	G10L	语音分析或合成；语音识别；语音或声音处理；语音或音频编码或解码	4063
G06F	电数字数据处理	5273	G06F	电数字数据处理	2938
G10L	语音分析或合成；语音识别；语音或声音处理；语音或音频编码或解码	2701	G06N	基于特定计算模型的计算机系统	2087
G06T	一般的图像数据处理或产生	1961	G06K	数据识别；数据表示；记录载体；记录载体的处理	1674
G06Q	专门适用于行政、商业、金融、管理、监督或预测目的的数据处理系统或方法；其他类目不包含的专门适用于行政、商业、金融、管理、监督或预测目的的处理系统或方法	1695	G06Q	专门适用于行政、商业、金融、管理、监督或预测目的的数据处理系统或方法；其他类目不包含的专门适用于行政、商业、金融、管理、监督或预测目的的处理系统或方法	876
G06N	基于特定计算模型的计算机系统	1513	H04N	图像通信，如电视	669
G05B	一般的控制或调节系统；这种系统的功能单元；用于这种系统或单元的监视或测试装置	1389	A61B	诊断；外科；鉴定	515
H04L	数字信息的传输，例如电报通信	1154	H04L	数字信息的传输，例如电报通信	473
H04N	图像通信，如电视	1088	G06T	一般的图像数据处理或产生	465
G01N	借助于测定材料的化学或物理性质来测试或分析材料	1048	H04M	电话通信	461

同时，中美两国在具体技术领域关注重点方面存在一定的差异。例如，美国在 G10L 技术领域的专利申请量明显大于其他领域，该领域主要涉及语音分析或合成、语音识别、语音或音频编码或解码等技术；中国专利申请量处于领先地位的技术领域包括 G06K 和 G06F，两个领域的专利申请量比较接近，同时明显大于其他领域，主要涉及数据识别、数据表示、数字数据处理等技术。此外，美国更偏向于 A61B、H04M 等技术研发，涉及诊断、外科、鉴定、电话通信技术，全部属于人工智能的新兴应用领域；中国更偏向于 G05B、G01N 等技术研发，主要涉及一般的控制或调节系统以及用于这

种系统或单元的监视或测试装置，基本属于人工智能的传统应用领域。总体上，美国人工智能产业的一些新兴或前沿应用领域技术研发水平明显领先于中国。

②IPC重点领域技术成熟度分析。对以上IPC重点技术领域进行时间趋势分析，其结果如表3-3和表3-4所示。从表3-3和表3-4中可知，在中美两国共同关注的技术领域，G06N技术领域专利申请量均呈现快速上升趋势，表明均处于技术发展阶段。G10L、G06F、G06K等领域技术在美国经过多年发展，专利年申请量呈现相对稳定或下降趋势，表明已经处于技术成熟或衰退阶段；相比之下，中国专利年申请量呈现快速上升趋势，表明尚且处于技术发展阶段。H04N和H04L技术领域专利申请量均较少，表明均处于技术萌芽阶段。G06Q和G06T领域技术在美国专利申请时间较早，但是专利年申请量较少，表明美国对其关注度不高，技术应用范围有限；相比之下，在中国专利申请时间较晚，但是专利年申请量自2012年起一直呈现快速上升趋势，表明中国对其关注度不断提高，技术应用逐渐扩展。统计结果表明，中美两国对人工智能技术的关注度以及技术成熟和市场需求方面存在一定的差异。

表3-3　美国历年排名前十的人工智能IPC技术领域专利申请量

年份	G10L	G06F	G06N	G06K	G06Q	H04N	A61B	H04L	G06T	H04M
2000	30	6	6	8	6	3	4	4	4	11
2001	285	87	28	31	79	38	18	24	29	48
2002	210	88	40	56	51	29	18	18	22	52
2003	222	98	28	42	46	25	18	20	25	43
2004	235	118	28	63	33	27	23	27	22	43
2005	278	159	36	87	30	28	24	14	14	34
2006	224	150	31	95	40	19	26	21	14	33
2007	248	216	34	100	42	39	29	9	9	31
2008	212	172	52	109	30	28	22	15	10	26
2009	180	167	57	89	29	40	18	8	10	16
2010	165	180	52	102	37	44	28	12	5	11
2011	166	189	62	96	55	49	35	8	7	12
2012	265	204	111	102	58	66	32	16	16	12
2013	306	190	147	106	62	43	26	24	38	20
2014	318	202	249	138	63	56	43	62	49	16
2015	277	240	361	146	71	56	49	76	65	12

年份	G10L	G06F	G06N	G06K	G06Q	H04N	A61B	H04L	G06T	H04M
2016	265	288	494	184	72	43	55	69	69	24
2017	150	169	268	118	66	25	45	42	49	13

表 3-4　中国历年排名前十的人工智能 IPC 技术领域专利申请量

年份	G06K	G06F	C10L	G06T	C06Q	G06N	G05B	H04L	H04N	G01N
2000	3	16	48	1	0	4	2	1	2	2
2001	13	23	39	1	0	3	1	3	3	4
2002	19	32	55	4	0	8	2	4	9	7
2003	26	41	60	7	0	7	6	3	11	13
2004	36	40	88	11	1	5	3	9	8	17
2005	50	51	52	7	10	6	11	15	13	14
2006	58	61	54	12	14	12	14	28	35	28
2007	71	57	50	12	8	19	28	14	28	31
2008	100	78	52	37	8	29	32	25	35	44
2009	101	97	46	46	14	23	42	20	34	57
2010	136	150	61	57	21	36	56	38	38	50
2011	181	165	93	59	25	57	47	241	43	57
2012	245	250	176	80	57	53	70	87	66	84
2013	318	443	185	119	108	88	117	65	94	113
2014	445	450	208	178	150	123	136	78	127	77
2015	690	695	376	215	275	181	233	94	153	132
2016	1336	1196	524	437	431	380	276	183	197	161
2017	1831	1416	483	706	598	511	303	254	202	163

（4）创新主体比较分析

对中美两国人工智能技术主要创新主体的专利申请数量进行统计，其结果如表 3-5 所示。从表 3-5 中可知，截至 2017 年年底，在美国国内申请人工智能专利的前 15 名创新主体均为企业，其中涉及不少日韩企业；在中国大陆申请人工智能专利的前 15 名创新主体没有国外机构，并且绝大多数是高校，只有 3 家企业，表明中美两国人工智能技术创新主体存在巨大差异。在美国以企业为主导，技术创新更加贴近市场需求，从而推动人工智能产业不断发展。随着人工智能产业的快速发展，不断吸引日韩等国的优秀企业到美国市场进行专利技术布局，以求未来能够占据一定份额的市场。相比之下，在中国以高校为主导，其发展目标定位与追求经济利益的企业存在巨大差异，导致其技术创新缺乏与市场的有效结合，对人工智能产业化将会产生不利影响。❶

表 3-5   中美两国人工智能专利申请量排名前 15 的专利权人分布情况对比

中国		美国	
专利申请人	数量	专利申请人	数量
百度公司	577	IBM（Us）	811
浙江大学	403	MICROSOFT CORPORATION（US）	550
天津大学	333	SAMSUNGELECTRONICS CO.，LTD（KR）	366
电子科技大学	316	GOOGLE INC（US）	347
清华大学	313	NUANCE CUMMUNICATIONS，INC（US）	152
上海交通大学	292	MICROSOFT TECHNOLOGY LICENSING LLC（US）	150
华南理工大学	285	QUALCOMM INC（US）	148
北京工业大学	252	AT&T INTELLECTUAL PROPERTY I，L. P.（US）	130
国家电网公司	252	KABUSHIKI KA1SHA TOSHIBA（JP）	121
中国科学院自动化研究所	249	CANON KABUSHIKI KASHA（JP）	113
西安电子科技大学	238	FUJRRSU LIMITED（JP）	109
北京航空航天大学	233	SONY CORPORATION（JP）	105
北京光年无限科技有限公司	214	NEC CORPORATION（JP）	83
东南大学	213	ELECTRONICS AND TELECOMMUNICATION RESEARCH INSTITUTE（KR）	83
江苏大学	199	INTEL CORPORATION（US）	65

3.3.3.4   建议对策

针对以上技术专利分析结果，本案例提出以下建议对策，旨在促进国内人工智能技术研发与产业发展快速推进。

（1）不断强化人工智能基础研究力度与质量，鼓励多学科交叉性和创新性研究，注重市场需求导向型应用研究，加强研究团队的协作性和研究方案的科学性，为人工智能产业化发展不断夯实基础。

---

❶ 陈军，张韵君，王健.基于专利分析的中美人工智能产业发展比较研究 [J]. 情报杂志，2019，38（1）：41-47.

（2）协调整合产学研用相关资源，重新构建人工智能技术研发体系。设立重大科技计划项目，以企业为主导整合相关高校和科研院所资源，联合攻关研发人工智能的基础性、前沿性、应用性技术。

（3）借鉴相关行业经验，加强相关政策、管理体制、市场机制等创新，努力构建良好的人工智能产业发展环境。

（4）深化人工智能领域国际合作，构建人工智能的国际技术和社会规范联盟，加大人工智能专利全球布局力度。

（5）从学校、企业和政府的角度，通过专业设置、课程规划、实操实训、学科竞赛等，加强人工智能领域高层人才培养。

问题与思考

当前，随着大数据、云计算、人工智能等现代信息技术的发展革新，各个领域的信息分析需求日益迫切，信息分析与咨询服务产业发展不断推进。随后根据美国一家知名咨询公司调查可知，目前信息分析师和数据分析师是未来前景最好的职业之一。随着社会信息化步伐的不断加快，信息分析的应用领域逐渐广泛，相关职业和人才需求不断增强，社会各个行业对信息分析相关专业人员的素质要求越来越高。结合当前信息社会发展形势，请思考未来信息分析专业人员需要具备哪些职业素质和能力，需要掌握哪些分析方法和工具，同时如何做好个人职业发展规划，才能适应未来信息社会的发展需要？

参考文献

[1] 文庭孝.信息分析 [M].北京：机械工业出版社，2017.

[2] 王伟军.信息分析方法与应用（第二版）[M].北京：清华大学出版社，北京交通大学出版社，2014.

[3] 沙勇忠，等.信息分析（第二版）[M].北京：科学出版社，2016.

[4] 查先进.信息分析 [M].武汉：武汉大学出版社，2011.

[5] 夏立新，等.信息分析理论、方法与应用 [M].北京：科学出版社，2022.

[6] 陈军，张韵君，王健.基于专利分析的中美人工智能产业发展比较研究 [J].情报杂志，2019，38（1）：41-47.

第4章　信息组织

信息社会中信息数量庞大，复杂多变，动态性增强，分布更为分散，信息污染越来越严重，而人们对信息的需求也更加专业化，要求信息内容精良，获取时间快捷。庞杂的信息与用户需求之间的矛盾只能通过信息组织这个桥梁来有效地解决。

信息组织就是把采集到的信息进行科学整序，并组织成一个信息检索系统的活动过程。信息组织活动在信息管理学中起着承上启下的作用，处于关键节点的地位。信息只有经过有效合理的组织序化，才能更高效地被人们检索和利用，从而提高信息服务水平，促进科学技术的发展。

4.1　信息组织概述

20世纪科学技术迅猛发展，文献数量、类型等急剧增长，互联网的普及使信息量呈指数级的增长，人们形象地称之为信息爆炸。其中，不乏大量无用信息和不良信息，即信息污染。这种现象的出现给研究人员有效利用信息带来巨大的阻力与不便，使查找有效信息犹如大海捞针。一般在这种形势下，信息资源的合理组织与高效利用就显得尤为重要。

4.1.1　信息组织的含义

"组织"可以是名词，也可以是动词。作名词时，它指一个团体或集体，如社会组织；作动词时，它有安排、整理的意思，如组织一次活动。信息组织一词里的"组织"显然是个动词，是指对信息的整理和整序。信息组织是建立信息系统、进行信息管理的最基础性工作，其质量直接影响着信息系统为信息用户服务的效果。

信息组织历史悠久，最早来源于图书馆的纸质文献的管理。信息组织就是对信息资源的整序，是利用信息组织的特定规则和方法，通过对信息源外部特征和内部特征的序化处理，使海量的信息资源从无序到有序，以方便信息用户对所需信息资源的有效获取和高效利用。

4.1.2　信息组织的内容

信息的可加工性和客观性特征，为信息组织活动的开展提供了可行性。信息组织的主要内容包括信息描述规范，信息描述工作，信息主题的分析和标引，信息分类和主题语言，分类主题一体化语言，数据库和数字图书馆的信息组织，Web 的信息组织，知识组织等。信息组织的内容具体可归纳为以下五个方面。

（1）信息选择

信息组织是对有用信息的组织，因此信息组织的第一步就是要从大量的杂乱无序的信息源中甄别出符合采集原则的有用的信息，剔除无用和不良的信息，为信息组织的后续工作提供有效的信息源。

（2）信息分析

信息分析是按照一定的规则和方法，对已选择的信息资源进行特征分析，包括信息资源的外部特征分析和内容特征分析。信息分析的目的就是要提供能够有效揭示信息源的主要特征。它是信息描述与揭示的前提和基础。

（3）信息描述

信息描述是在信息分析的基础上，严格依照有关规则，对信息源的形式特征和内容特征等进行分析、选择和记录的过程。目前，国际上主要有三种信息描述格式：ISBD 模式、MARC 格式和 DC 格式。信息描述格式要与信息检索的要求保持一致。

（4）信息揭示

信息揭示是对信息资源的内容特征进行深层揭示并转换成分类号和主题词为主的标识系统的过程。它需要依据编制好的词表，遵循一定的标引规则对信息资源的内容特征进行转化，即由自然语言转化为规范的控制语言。

（5）信息序化与存储

信息序化与存储是指将经过加工整理的信息按照一定的格式和次序进行排序，并将序化后的信息资源存储在特定的载体中。这样就构建起一个个信息检索系统，信息组织的过程完成。

信息组织是一个循环往复的过程，从数量、范围、类型、广度和深度等，不断增加、补充、完善和提高的过程，从而使人类的信息资源总库不断地得以完善和补充。

4.1.3 信息组织的类型

按照信息载体类型、加工程度和传播载体，信息组织可以划分为不同的类型。

4.1.3.1 按载体类型划分

为满足不同信息利用者的不同需要，同一种信息内容可以采用不同的载体类型。最常用的载体有文字、语言、图形、图像、音频和视频等。按信息的载体类型划分，信息组织可分为文字信息组织、图像信息组织、音频信息组织和视频信息组织等。

4.1.3.2 按信息的加工程度划分

按信息源的加工程度划分，信息组织可分为零次信息组织、一次信息组织、二次信息组织和三次信息组织等。

4.1.3.3 按信息的传播载体划分

按照信息的传播载体的不同，信息组织可分为文献信息组织和非文献信息组织（网络信息组织）。

文献是用文字、符号、图像和音频等方式将知识和信息记录在一定的物质载体上而形成信息源。文献信息组织就是对以文献为载体的信息源选择、分析、描述、揭示和序化等信息组织工作。

非文献信息源，是指除了文献的其他形式的信息源，包括口头信息源和实物信息源，如实物信息、谈话、讨论、会议、讲演、调查和访问等信息类型。在网络环境下不以传统文献载体形式出现信息源，如程序代码、网页、超文本、超媒体、数字图书馆、虚拟图书馆等网络信息源，也是非文献信息源。这类信息的组织就是非文献信息组织。

4.1.4 信息组织的层次

按照信息组织与描述的不同对象，信息组织可以分为文献组织、信息组织和知识组织三个层次。

4.1.4.1　文献组织

文献组织是在纸质文献占主体时代的信息组织形式，是将一次文献转化到二次、三次文献的过程，是为了应对随着社会发展而出现的文献数量的快速增长而采取的信息组织形式。根据文献的形式特征和内容特征，通过编制目录、索引、文摘等方法，可将文献按不同文献标识组织成一个有序化的文献信息系统。文献组织不涉及文献的信息内容，只针对传统的文献实体，对文献进行形式上的加工整理，也是对信息资源的载体进行组织。通过文献组织可以实现文献由分散到集中、由杂乱无章到系统化。文献组织是为了满足读者检索需求的一种初级的信息组织形式，是传统图书情报机构的信息组织的核心业务工作。

4.1.4.2　信息组织

信息技术的快速发展，社会信息化程度越来越高，人类的信息活动已逐渐从以纸质文献信息为主转向以数字信息和网络信息为主。新的信息载体不断出现深刻改变了社会信息环境，而快速发展的信息处理手段和信息利用模式则深刻改变了人们的生活方式，信息组织的对象、形式和内容都发生了根本性的变化。信息化发展的前所未有的变化，使文献组织到信息组织成为一种必然发展趋势。网络信息资源和数字资源在社会信息总量中所占的比重呈快速上升的趋势，因此，信息组织的工作对象重点是网络信息资源和数字资源。信息组织除了对文献实体进行组织，还要对信息内容进行挖掘组织。

4.1.4.3　知识组织

随着科技的发展，尤其是信息技术的快速发展，信息用户对信息资源的需求是如何获取解决问题的知识内容，而不是一般层次的文献服务、信息服务。因此，需要信息机构和信息工作者通过对信息资源的深层次开发，将分散在不同领域的专门知识加以集中，对文献信息的隐性知识进行再开发和重组，从中提炼出对用户有用的"知识基因"，供其使用。这就是知识组织。

知识组织的出现是信息组织发展到一定阶段，用户的信息需求和技术发展两个因素推动下的必然产物。信息组织的对象是显性知识，知识组织的对象则扩展到隐性知识，其目的是直接给用户提供系统化知识。它是关于知识的组织与检索系统，是网络信息环境下获取知识与利用知识的所有手段、技术的总和。知识组织要根据不同的信息载体，采用相关的知识组织技术，如文本映像、摘要整理、概念聚类、语义索引和语义网络等。

4.1.5　信息组织语言

信息组织是通过对信息源的规范性描述与标引，进行信息源的科学整序的过程。为实现信息描述的规范性，在信息资源组织、整序的过程中，需要利用信息组织语言对信息资源进行标引和检索。

信息组织语言是指信息描述语言和信息标引语言，是一种人工语言，是根据信息组织与检索的需要创造出来的，是在信息管理工作中用于描述、揭示信息特征和表达信息检索提问的一种专用语言。它依据一定的规则对自然语言进行规范控制并编制成表，编制成词表，作为信息技术的依据。其表现形式是各类词表，如分类表、标题词表、元词表和叙词表等。标引时，把表达信息资源主题概念及其相互关系的词汇转化为词表中的分类标识和叙词并进行排序，这样一来就可以把所有的信息资源纳入词表所揭示的知识体系中去。

广义的信息组织语言包括描述文献外表特征的语言和揭示文献内容特征的语言两种。外表特征语言有题名语言、著者语言、序号语言和引文语言等，如题名索引、著者索引、序号索引和引文索引。内容特征语言主要包括分类语言、主题语言和代码语言，如分类号索引、标题词索引、单元词索引、叙词索引和分子式索引和结构式索引等。

狭义的信息组织语言特指内容特征语言，主要是分类语言和主题语言两种。借助这两种语言来组织信息资源，能够形成两种信息资源组织的常用方法，即分类组织法和主题组织法。

4.1.6　信息组织的作用

信息组织就是通过一定方法对数量巨大、无序、散乱、良莠混杂的信息进行整序的过程，通过信息组织建立起不同的信息检索系统，方便人们快捷、高效地检索所需信息，从而创造出更多的信息产品和信息技能，促进社会的进步和发展。具体地说，信息组织的作用有以下几方面。

4.1.6.1　使社会信息流规范有序

大量混乱无良的信息不但不能对研究者有所帮助，反而会影响和阻碍人们对有用信息的吸收和利用，干扰人们正常的研究活动和决策活动。信息组织工作通过对信息资源的分析、选择、处理和序化，有效减少社会信息流的混乱程度，控制信息的数量、质量、流速和流向，促进信息资源的合理利用，发挥信息资源的最大效益。

4.1.6.2　提高信息产品的质量

信息组织的过程是对信息产品加工和开发的过程。通过信息组织不仅能进行新的信息产品的开发，还能有效提高原有信息产品的质量，从而更好地满足社会信息需求。

4.1.6.3　降低信息利用成本

通过信息组织工作，使信息产品实现有序化、系统化、规律化，能够有效解决信息分布广泛性和信息效用个体性之间的矛盾，从而达到甄别信息，精化信息，方便信息的存储、传播、检索和使用等，可以有效节约信息用户在信息查找、信息收集时所花费的人力、物力和时间成本，从而节省社会信息活动的总成本。

4.2　信息组织方法

信息组织方法主要有信息描述、分类组织法和主题组织法，也包括网络信息资源的基本组织方法。

4.2.1　信息描述

信息描述，也称为"信息资源描述"，是为了充分揭示信息源，对信息源的学科属性、内容主题、外在特征进行分析、选择和记录，从而形成元数据的过程。信息组织就是利用描述结果中某些重要的、有检索价值的特征对信息源进行排序，使所描述的信息源组织成一个高效的信息检索体系。信息描述与揭示是信息组织的主要内容，信息描述与揭示质量直接影响信息组织工作效果。

信息描述与揭示主要有著录和标引两种类型。著录主要是描述信息源的外部物理形式特征，标引主要是揭示信息源的内部的学科内容特征。信息描述的结果是有关该信息源的数据记录，它由若干信息描述项组成。因此，信息描述实质是一个按照一定规则分析、选择和记录数据的过程。

4.2.1.1　MARC

MARC（Machine Readable Catalogue）是当前信息著录通用的一种信息描述格式，是机器可读目录的简称。机读目录的每一条记录、每一项数据都应按一定格式存储才能被计算机识读和查找。为了便于书目数据的交流和共享，要求统一机读目录记录格式，使之标准化。1973 年，国际标准化组织（ISO）在美国国会图书馆 MARC Ⅱ格式基础上制定并分布了《文献工作——书目信息交换用磁带格式》（ISO—2709），它把书目记录的总体结构定义为记录头标区（Leader）、地址目次区（Directory）、数据字段区（Data File）及记录分隔符四部分。一条机读目录的主体是数据字段区，用于记录有关文献的各种信息，它由若干个字段、子字段及指示符组成。字段通常由三位阿拉伯数字组成，子字段由两个字符组成，指示符由两位数字或字母组成，用来指示某些数据的操作信息。

CN-MARC 是中国机读目录（China Machine-Readable Catalogue）的标准格式，由中国国家图书馆于 20 世纪 70 年代研制，1990 年试验发行，1991 年 2 月正式出版《中国机读目录通讯格式》。CN-MARC 著录标准规范，是建立中国文献数据库、开展检索服务和国际书目信息交换的重要数据资源。CN-MARC 可用于中国国家书目机构同其他国家书目机构及中国国内图书馆与情报部门之间，以标准的计算机可读形式交换书目信息。它能够减少文献情报机构的大量重复劳动，提高信息描述的质量和工作效率，对文献情报工作的标准化和图书馆工作的自动化起到了积极的推动作用。

中文（普通）图书 CN-MARC 著录格式规定的字段及其含义：标识块、指示符和文字数据，如表 4-1 所示。

表 4-1　CNMARC 图书著录格式

标识块	指示符	文字数据
头标区	无标识字段号、指示符、子字段标识符，定长 24 个字符	
001 记录控制号（必备字段）	记录标识号：无指示符、子字段标识符，本字段数据为 10 个字符长	

续表

标识块	指示符	文字数据
010 国际标准书号（ISBN）		@a ISBN 号 @b 装订方式 @d 获得方式和 / 或定价 @z 错误的 ISBN 号
100 一般数据处理（必备字段）		@a 通用处理数据，定长 36 个字符
101 作品语种	0	@a 正文语种 @b 中间语种 @c 原作语种
102 出版国别		@a 出版国代码 @b 出版地区代码
105 代码数据字段：图书		@a 图书编码数据
106 编码数据字段：文字资料形态特征		@a 文字资料代码—物理形态标志
200 题名与责任者项（必备字段）	1	@a 正题名 @b 一般资料标识 @c 另一作者的正题名 @d 并列题名 @e 副题名及其他说明题名的文字 @f 第一责任者 @g 其他责任者 @h 分册（辑）号 @i 分册（辑）名 @v 卷册号标识 @z 并列题名语种
205 版本项		@a 版本说明
210 出版发行项		@a 出版、发行地 @b 出版、发行者名称 @d 出版、发行日期
215 载体形态项		@a 页数或卷册数（数量及其单位） @c 其他形态细节 @d 尺寸或开本 @e 附件

标识块	指示符	文字数据
225 丛编项		@a 正丛编题名 @d 并列丛编题名 @e 丛编副题名及其他信息 @f 丛编责任者 @h 分册（辑）号 @i 分册（辑）题名
300 一般性附注		@a 一般附注内容
327 内容附注		@a 附注内容
410 丛编	用来连接本著录实体所从属的丛编的有关数据，设子字段 @1	
606 普通主题		@a 主标目 @x 主题复分 @y 地区复分 @z 年代复分
690《中图法》分类号		@a 分类号 @v 版次
701 人名——等同责任者	0 或 1	@a 人名—等同责任者 @b 名称的其他部分 @f 年代（包括朝代） @4 著作责任
702 人名——次要责任者	0 或 1	@a 人名—次要责任者 @b 名称的其他部分 @f 年代（包括朝代） @4 著作责任
711 团体名称——等同责任者	0 或 1	@a 团体名称—等同责任者 @4 著作责任
712 团体名称——次要责任者	0 或 1	@a 团体名称—次要责任者 @4 著作责任
801 记录来源字段		@a 国家代码 @b 机构名称代码 @c 处理日期 @g 编目条例代码
905 馆藏信息		@a 收藏馆代码 @k 复本数

　　MARC 格式是一种计算机可读的书目格式，著录信息丰富，能够实现文献描述的规范控制，便于用户的访问，方便计算机对数据的处理，并实现资源共享，从而提高文献单位的工作效率。但 MARC 格式对编目人员的专业素质要求高，需要经过长时间

培训的专业人员来操作；MARC 格式的著录单元的限制较多，各个数据单元的专指性强，而且字段众多，定义严格，这造就了 MARC 格式的烦琐与复杂；MARC 标识系统的字段、子字段采用了代码标识，这种标识系统不够直观，一般用户难理解；对图像、音频、视频等多媒体信息描述深度不够。因此，它不适用对新形势下的数量巨大、内容庞杂、类型复杂多样、动态性增强的网络信息资源的描述。在这种情况下，一种结构相对简单的专门用来描述网络电子资源的 DC 格式应运而生。

实例如下：

```
000  00750nam0 2200277 450
001  0000416457
005  20070704161400.0
010  __ |a 7-80703-216-2 |d CNY16.00
099  __ |a CAL 012005022499
100  __ |a 20050314d2004 ekmy0chiy0121 ea
101  1_ |a chi |c jpn
102  __ |a CN |b 310000
105  __ |a a z 000yy
106  __ |a r
200  1_ |a 生物的超能力 |A sheng wu de chao neng li |f（日）太田次郎著 |g 邱璐译
210  __ |a 上海 |c 百家出版社 |d 2004
215  __ |a 171 页 |c 图 |d 21cm
606  0_ |a 生物学 |A sheng wu xue |j 普及读物
690  __ |a Q1-49 |v 4
692  __ |a 58.11059 |v 3
701  _0 |a 太田次郎 |A tai tian ci lang |4 著
702  _0 |a 邱璐 |A qiu lu |4 译
801  _0 |a CN |b FDU |c 20050314
905  __ |a USTCL |d 58.11059/12
920  __ |a 234030 |z 1
998  __ |a FDU
```

图 4-1　CN-MARC 示例（录自中国科技大学图书馆书目系统）

4.2.1.2　DC

DC 是 Dublin Core Element Set（都柏林核心元素集）的简写，它是国际组织 Dublin Core Metadata Initiative（都柏林核心倡议）拟定的用于标识电子资源的一种简要目录模式。DC 是由 15 个 Metadata 标记元素组成的 Metadata 系统，用简单的元数据记录来描述电子资源。非专业信息管理人员也能够使用这种著录格式来描述和检索网上资源。

表 4-2　Dublin Core 的 15 个 Metadata 元素

序号	元素	中文含义
1	Title	资源文件名
2	Author of creator	资源作者或创建者
3	Subject and Keywords	资源的主题词或关键词
4	Description	资源简要描述
5	Publisher	出版者
6	Other Contributors	其他对此资源有贡献的人
7	Date	时间
8	Resource Type	资源类型
9	Format	资源格式
10	Resource Identifier	资源标识
11	Source	来源
12	Language	语言
13	Relation	与其他资源的关系
14	Coverage	覆盖范围
15	Rights Management	版权管理

DC 与 MARC 相比，描述项目和标识更加简洁、通用、灵活。经过多年的实践发展，利用 DC 能够实现对网络信息资源的发现、控制和有效管理，满足网络资源的信息组织需要，世界各国普遍采用 DC 进行元数据记录扫描。尽管 DC 简便易学，而且它在提高检索准确率方面有明显效果，但是它的利用仍并未普及，甚至说还比较低。❶

4.2.2　分类组织法

信息管理学中的信息组织方法一般特指语义上的信息组织方法，即分类组织法和主题组织法两种。

4.2.2.1　分类组织概述

类是指一组具有某一共同属性的事物对象的集合。"物以类聚""人以群分"，其中

---

❶ 都柏林核心元素集 百度百科 [EB/OL]. [2023-07-20]. https：//baike.baidu.com/item/ 都柏林核心元素集 /12425331?fr= aladdin.

的"类"和"群"就是指具有某一共同属性的事物对象的集合。类，既可以表示具体的事物对象，也可以表示抽象的现象、概念等。

分类组织是依照类别特征组织信息对象的方法。分类组织法是普遍使用的一种信息组织方法，历史悠久，效果显著，广泛应用于现代社会生产、生活的各个领域。

4.2.2.2 《中图法》简介

《中图法》是《中国图书馆分类法》的简称，是我国目前通用的类分信息资源的一部分类法，原称《中国图书馆图书分类法》。它是我国编制出版的一部具有国家标准性质的大型综合性信息管理分类工具，目前国内各类图书馆普遍采用的分类法体系。《中图法》第 1 版诞生于 1975 年，1999 年第 4 版出版时改为现用名，2010 年出版了第 5 版。为快速检索类目，便利使用《中图法》，2001 年《中图法》第 4 版电子版问世，2009 年《中图法》（第 4 版）Web 版被包含在《中分表》（第二版）Web 版中试用发布。

《中图法》根据图书资料的特点，按照从总到分，从一般到具体的编制原则，确定分类体系，在 5 个基本部类的基础上，组成 22 个大类。标记符号采用英文字母与阿拉伯数字相结合的混合号码。5 个基本部类分别是马列主义和毛泽东思想、哲学、社会科学、自然科学以及综合性图书。

表 4-3　《中图法》22 大类列表

A 马克思主义、列宁主义、毛泽东思想、邓小平理论	N 自然科学总论
B 哲学、宗教	O 数理科学和化学
C 社会科学总论	P 天文学、地球科学
D 政治、法律	Q 生物科学
E 军事	R 医药、卫生
F 经济	S 农业科学
G 文化、科学、教育、体育	T 工业技术
H 语言、文字	U 交通运输
I 文学	V 航空、航天
J 艺术	X 环境科学、安全科学
K 历史、地理	Z 综合性图书

《中图法》作为等级列举式分类法的典型代表，它的类目体系按学科的隶属关系展开，比较系统直观，分类结构直观，易于把握，方便按学科、专业进行分类标引。它的标记符号简明，适用于分类排架和组织分类检索工具，适合信息资源实体的分类排序，但类目表具有一定的固定性，不便于调整检索途径和多角度检索。

4.2.2.3　分类标引

分类标引是以信息分析标引对象的学科属性特征为基础、以分类标引工具为依据，确定标引对象的分类标识的工作。分类标识是分类法中用于标识类目的代号，即分类号，是指由数字、字母、字母与数字结合或其他符号来区别或聚集事物的基本标识。

信息资源经过准确的分类标引，就可以被纳入相应的学科门类信息资源体系中，建立起一个分类检索体系。同时，用户也可以根据信息资源的分类标识从信息系统中检索出相关的信息资料。分类标引工作是对信息资源进行分类组织的基础和前提，对信息资源的开发和利用具有重要的意义。

分类标引的过程中需严格遵守分类标引规则，正确使用号码配置的方法，确保不同标引人员、在不同时间、对同一种信息资源分类标引结果的统一和一致。这样才能保证构建起来的检索系统有更好的族性检索效果，提高检索系统的检全率和检准率。

4.2.3　主题组织法

分类组织是从信息资源学科体系角度进行信息标引，主题组织法则从信息主题角度组织信息资源的方法。

4.2.3.1　主题法概述

主题法是用主题词表中能够准确表达信息资源主题内容的语词做标识，以标引出的主题词的字顺为排序依据，并通过参照系统等方法揭示词间关系的信息资源标引方法。主题词是主题法的核心和关键，各种类型的主题词表是主题法的主体，信息管理机构通过对信息资源的主题标引，实现信息资源的有效组织。

4.2.3.2　《汉语主题词表》和《中国分类主题词表》

在我国，目前编制出版了多种主题词表，主要有《汉语主题词表》《中国分类主题词表》《教育主题词表》《中国档案主题词表》《国务院公文主题词表》等。其中,《汉语主题词表》《中国分类主题词表》最为常见和普及。

《汉语主题词表》,简称《汉表》,是我国第一部大型的具有国家标准性质的综合性叙词表,由中国科技情报所和原北京图书馆(现国家图书馆)1975 年开始编制,1980年正式出版。它分为社会科学、自然科学和附表 3 卷,共 10 个分册。全表收录主题词108568 个。其中,正式主题词 91158 个,非正式主题词 17410 个,词族数 3707 个,一级范畴数 58 个,二级 674 个,三级 1080 个。1991 年自然科学部分出增订本,增补新词 8221 条,删除不适用词 5434 条。《汉语主题词表》是一部显示主题词与词间语义关系的规范化动态性的检索语言词表。它是沟通情报文献工作者与情报用户之间的思维桥梁,是自然语言与情报系统语言之间的媒介,同时又是人与计算机之间在进行情报存储与检索方面的联系工具。❶

《中国分类主题词表》,简称《中分表》,1994 年出版的一部大型信息标引工具书,包括《分类号——主题词多应表》和《主题词和分类号对应表》两部分。它是在《中图法》第 3 版和《汉表》的基础上,将《中图法》的类目与《汉表》的题词对应起来,实现分类检索语言和主题检索语言兼容互换的信息标引工具书。例如,《中分表》之《分类号——主题词对应表》中 G254.928 网络搜索引擎(《中图法》分类号、类目)对应《汉表》中的主题词"搜索引擎""元搜索引擎"。通过分类主题词表的使用,可以有效实现分类主题一体化,降低信息标引工作难度,提高信息标引工作效率。

4.2.3.3　主题标引

主题标引是依据特定的主题词表,按照主题标引规则,在对信息资源进行主题分析的基础上,将信息资源中具有揭示其主要特征的语词转换成主题词表中相应的 3~5个主题词,给出信息的语词标识,完成信息资源标引的过程。

使用词表的主题标引,依据特定主题词表赋予检索标识的,称为"受控标引"。随着信息技术的发展和智能化系统的使用,主题标引也出现了直接采用自然语言语词进行标引的自由标引。受控标引在传统的手工检索系统中使用较多,自由标引则在计算机检索系统中使用较普遍,如关键词检索和任意词检索。

---

❶ 中国科学技术情报研究所,北京图书馆 . 汉语主题词表 [M]. 北京 : 科学技术文献出版社,1980.

4.2.4 网络信息组织方法

网络信息资源是指对网络环境下的数字化的信息资源，包括文本、图像、音频和视频等多种形式的信息。对它们进行分析、描述和组织，能使信息用户更加方便和快捷地检索和利用信息资源，提高资源的利用率。

4.2.4.1 网络一次信息的组织方法

（1）文件方法

以文件名标识信息内容，用文件夹组织信息资源。一般用于局域网内的非结构化信息组织，简单方便，通过 FTP 协议进行传输，缺点是以文件为单位共享和传输信息会使网络负载越来越大。

（2）自由文本方法

主要用于全文数据库的组织，对非结构化的文本信息进行组织和处理；用自然语言深入揭示文献的知识单元；能够完整地反映一次文献信息的全貌，通过计算机自动对文献进行处理和组织，适用全文检索需要的网络信息资源组织。

（3）数据库方法

指将所有获得的信息资源按照固定的记录格式存储，用户通过关键词及其组配查询，就可以查找所需信息线索。它一般用于结构化、规范化信息的组织，对非结构化信息处理难度大，是当前最普遍使用的网络信息资源组织方式。

（4）主页方式

将有关某机构或个人的各种信息集中组织在一起，是对某机构或人物等各类对象的全面介绍。

（5）超文本方法

超文本是用超链接的方法，将各种不同空间的文字信息组织在一起的网状文本。日常浏览的网页上的链接都属于超文本。超文本方法提供了信息的非线性排列，非顺序浏览的功能，使信息组织的形式更加多样化。

4.2.4.2 网络二次信息的组织方法

（1）搜索引擎方法

互联网上有多种专门提供信息查询服务的搜索引擎，如百度、谷歌等。它们利用

Robot、Spider 等自动化处理软件，定期或不定期地通过访问网络中公开区域的每一个站点，对网络信息资源进行收集，然后利用索引软件对信息进行自动标引，创建一个详尽的、可供用户进一步按关键词查询的 Web 页索引数据库。搜索引擎方法收集的信息内容丰富，数量宏大，但质量良莠不齐，需要进行认真的信息筛选，查准率较低。

（2）主题树方法

主题树是一种可供检索的等级式主题目录，它是以人工方式完成网络信息收集，根据用户的信息需求确定特定的概念体系，将信息资源按照这种概念体系分门别类地逐层加以组织，信息用户可通过浏览的方式找到所需要的信息线索，再通过信息线索连接到相应的网络信息资源，如雅虎和搜狐等。

主题树方法比较适合专题指引库的建立，但不适合综合性的网络信息资源系统。它提供的是一个基于主题树网络信息检索与利用界面，简单易用。信息用户根据自己的信息搜索需求在信息体系中逐级查看，按图索骥，针对性强，查准率高。

（3）指引库方法

指引库也称导航库，只对有关主题的数据库和服务器的地址等信息进行组织，而不存储其实际信息资源，为用户指定特定的网络地址以获取所需的特定信息。

4.2.4.3 网络三次信息的组织方法

通过一次和二次信息组织，可以实现网络数字信息资源的序化与优化，有效提高信息用户的信息采集与利用，但不能满足人们对信息的精约化与集成化的需要。针对网络信息资源特点，对网络二次信息资源进行组织与控制，能够形成"目录之目录"的三次信息资源组织，便于用户更加快捷地找到需要的搜索引擎、目录指南或指示数据库。典型代表是多元搜索引擎中的搜索引擎目录，如搜魅搜索。

搜魅网（So Me Ta）集合了百度、谷歌、搜狗、雅虎多家主流搜索引擎的结果；抓虾网聚搜是将百度、谷歌两家算法各异的搜索巨头的搜索结果去重，然后呈现到用户面前，方便用户使用。

4.3 信息组织的发展

当前，信息技术的快速发展为信息组织的发展提供了技术保障。随着信息资源的多样化，信息组织为更加方便和快捷地满足用户的信息需求而不断发展。信息构建是解决网络信息利用的有效方式，而知识组织是信息组织的高级阶段，是更高层的信息组织。信息构建和知识组织的核心和本质都是信息组织，所以信息构建和知识组织是信息组织发展的重要趋势。

4.3.1　信息构建

信息构建是简化信息获取过程，便捷信息理解方式的信息管理工作，是信息组织的重要形式。

4.3.1.1　信息构建的含义

"信息构建"一词最早由美国建筑师沃尔曼提出。1975年，沃尔曼将信息的收集、组织和表示与建造建筑物所要解决的问题进行比较后发现，客观知识空间的有序化与建筑物设计时的物理空间的有序化之间有着共同之处。因此，他将信息的序化问题视为一种服务于特定目标的建筑设计工作，创造了一个新词汇"Information Architecture"（信息构建）。

信息构建是对信息集合生成一个信息结构，并在特定的信息空间中展示这种信息结构的过程。其主要活动是组织信息内容、生成信息结构和设计信息界面，包括调查、分析、设计和执行过程，内容包括组织、标识、导航和搜索系统的设计。其目标是建立一个清晰的、易于理解的信息结构；目的是帮助人们成功地发现和管理信息，为信息用户提供一个良好的信息空间环境。信息构建过程中通过对信息集合中信息内容的组织和信息形式的表达，形成有条理性强、逻辑规范、主题明确、关系清晰的信息结构体系。

信息技术极大地方便了信息的提取，同时也带来了信息的过量和信息的混乱。由于信息资源分布不均，信息数量巨大，传输速度快、造成信息污染和信息获取障碍，信息用户不能有效地获取自己所需要的信息。现在信息用户对信息产品的要求提高了，人们获得信息的信息场景也不断变化。面对没有见到过的现实和虚拟的信息环境时，陌生的信息环境使信息用户更难获取有效的信息。各种信息系统的开发和设计都需要在复杂的信息中筛选、取舍和安置，信息社会时代的信息处理需要更加科学的方法和工具，而信息构建的出现正是解决这一社会矛盾的直接措施。

4.3.1.2 信息构建的主要内容

信息构建强调让信息可理解，其核心内容包括建立信息的组织系统、标识系统、导航系统和搜索系统。

（1）组织系统

它负责信息的分类，由它确定信息的组织方案和组织结构，对信息进行逻辑分组，并确定各组之间的关系。组织系统的工作是收集信息、分析信息关系、筛选信息、分组信息，确立信息组织的标准和方案以及为信息编制索引等，生成一个科学的信息体系结构，将信息的内容块组成一个科学的有机整体。

（2）标识系统

标识系统负责信息内容的表述，为内容确定名称、标签或描述，其中所选用的标引名称可以来源于控制词表或词库、专家或用户、已有的标识实践等。标识系统的工作是创立一套标识系统，确定信息标识的工具或技术，如受控词表或元数据等，目的是为每一类信息确定一个合适的名称。这个名称既要符合人们的使用习惯，又要囊括该类下的所有项目的内容、能区分其他类的所有项目。此外，建立信息的导航和搜索系统在某种程度上要依赖标识系统的效果。

（3）导航系统

导航系统负责信息的浏览和在信息之间移动，通过各种标志和路径的显示，用户能够知道自己看到过的信息、自己所在的位置和可以进一步获得的信息内容。导航系统主要回答四个问题："我在哪里？""我去过哪里？""我还能够去哪里？""我如何去那里？"网站要回答这样四个问题，除了专门的导航功能设置，实际上网站信息的组织系统、标识系统、搜索系统与导航系统一起，同样可以起到这样的作用。

（4）搜索系统

搜索系统负责帮助用户搜索信息，它通过提供搜索引擎，根据用户的提问方式，按照一定的检索算法对网站内容进行搜索，并提交给用户搜索的结果。搜索系统强调检索的结果数量适当、相关性强、查准率高，还强调检索界面友好，并提供用户自我修正检索机制的途径。

当然，以上四个系统之间并不是孤立的，它们之间有着密切的联系。如果在信息构建过程中处理好它们之间的关系，就会为信息用户提供一个高质量的信息获取与利用系统。

4.3.1.3　信息空间优化

信息空间优化指信息构建过程中，利用一系列科学手段和技术措施，构建出用户信息利用的轻松空间，减轻用户信息认知的心理压力，提高其信息感知和信息获取的能力，在提高信息利用效果的同时，促进用户对信息的接受和利用。

实现信息空间优化须解决以下三个方面的问题。

第一，信息构建是在一定的社会背景下的特定社会空间进行的，用户的信息需求有特定的时代特点，信息构建的目的是为用户提供信息利用空间，所以针对信息用户的文化程度决定的信息利用习惯，最大程度在方便用户的信息获取，即信息构建要实现信息发送空间和信息接收空间最大程度的一致性。

第二，不同的信息载体类型需要不同的传输要求，而且有些类型之间的差异比较大，为实现信息建构中的信息空间优化，就要对不同信息类型做不同的技术处理。

第三，信息空间优化是要在信息密集环境下为信息用户提供一个轻松空间，这个空间大小是以满足用户的信息利用为依据，没有统一的体量标准，只要便于用户的信息获取和利用，这个信息构建的空间优化就是成功的。

信息组织与信息构建相比，信息构建适用于任意的信息集合，而信息组织只适用于网络信息或者信息机构存储的信息；信息构建的主要活动是信息系统的设计和结构的建设，信息组织的主要活动是信息加工、整理、标引、著录，并使之有序化、系统化和规范化；信息组织强调信息的序化，追求系统化的信息集合，信息构建则注重有利于用户理解和使用信息结构以及表达信息结构；信息组织是为了解决信息服务机构如何科学有序地管理信息的问题，以便用户获取使用信息；信息构建是为了解决大量信息如何科学地表达，以便用户理解和获取信息的问题，需要设计信息空间、信息环境和信息体系结构，为用户提供一个便利的信息获取环境。信息组织更强调信息的序化管理，信息构建更强调信息的有效表达；信息组织更强调科学性和权威性，信息构建更强调用户体验和交互设计。

4.3.2　知识组织

1999 年出版的《辞海》对知识的定义：知识是人类认识的成果或结晶。按反映对象的深刻性，知识可分为生活常识和科学知识；按反映层次的系统性，知识可分为经验知识和理论知识；按具体的来源，知识可分为直接知识和间接知识。❶ 从信息管理的角度看，知识是高于信息的，知识比信息更具有系统性与概括性，因此知识组织成为信息组织发展的必然趋势。

4.3.2.1 知识组织

知识组织是知识的组织与检索系统，是现代信息环境下获取知识与利用知识的所有手段、技术与能力的总和，是信息组织发展的高级阶段。知识组织是对包括显性知识因子和隐性知识因子在内的知识单元的充分揭示，深入挖掘知识间关联的行为，其目的是对知识的有序化，快捷地为用户提供有效知识，以方便人们对知识的获取。

信息组织的对象从信息单元到知识单元的发展趋势，使知识或知识单元成为的知识组织的核心对象，越来越多的信息组织工作是对知识进行的整理、加工、引导、揭示和控制等一系列组织化过程，知识组织成为智能程度更高的信息组织形式。知识组织系统可以根据用户指令形成信息的数据链接，而这些专指性数据链接形成以特定知识或由知识单元构成的知识系统。知识组织是根据用户的信息需求而建立的特定知识和信息之间的关联关系，便于特定用户的信息利用。❷

随着信息化、网络化、数字化的发展，信息组织对象正从封闭对象转变为开放对象，从静态对象转变动态对象，从孤立对象转变为相互连接、融合与相关应用环境的关联对象。知识组织克服了信息组织对这些信息处理的局限性。信息组织仅局限于对已存在的信息的组织，对于存储于人脑中的隐性知识则无能为力。知识组织则不仅对显性知识进行组织，还主动去探索人类的精神世界，并力图从中挖掘出对社会发展有价值的隐性知识，以实现知识的全面共享，促进知识创新。

4.3.2.2 知识组织的基本原则

知识组织的基本原则指以知识组织活动的根本特性为基础，反映知识组织各方面和全过程的客观要求，对知识组织具有普遍指导意义的基本准则。知识组织的基本原则主要有整体性原则、层次性原则、关联性原则和动态性原则。

（1）整体性原则

整体性原则强调知识资源系统的有机关联性，主要体现在系统内部空间的整体性、时间的整体性和逻辑的整体性。

---

❶ 辞海 [M]. 上海：上海辞书出版社，1999：4537.

❷ 李印结. 信息组织与知识组织比较研究 [J]. 图书情报工作，2012，56（S1）：278-281.

（2）层次性原则

层次性是指知识资源系统内部各要素的构成关系及其所形成的纵向上不同质态的排列次序。系统的层次性大致包括时间关系层次、空间关系层次、逻辑关系层次和数量关系层次。知识组织系统层次的数量、质量、顺序及层级关系对系统整体功能具有重要的影响。

（3）关联性原则

关联性是整体性的延续。知识组织系统的关联性体现在三个方面：一是要体现知识概念的关联性，以保持知识体系的完整性和系统性；二是体现不同系统间的关联，以保持人类知识体系的整体性；三要注意知识组织系统与信息环境的关联，以促进社会大环境中的知识的共享和交换。

（4）动态性原则

动态性是指系统处于一种运动、变化和发展的状态之中。知识是动态变化的，知识组织系统的要素、要素间的关联、系统的结构、系统的功能、系统与环境的关系等，应该随着时间的推移而不断发展。

4.3.2.3　知识组织的工具

知识组织的工具主要有以下四种类型。

（1）知识仓库

知识仓库是一种特殊的信息库，其拥有更多的实体。它不仅仅存储着知识的条目，而且存储着与之相关的事件、知识的使用记录、来源线索等相关信息。正确理解并运用知识，在需要人们了解表示知识的信息、数据的同时，还需要了解与之对应相关的语境。因此，提高人们利用知识的有效性上，知识仓库要比数据库更有意义。

（2）主题图

主题图（Topic Maps）是利用可视化方式描述信息资源中主题概念间相互联系的技术与方法，即用主题、关联及呈现三个核心概念，涵盖其广度、深度以及相互关系，利用概念间的关系，提供智能化检索。它是电子化的主题索引，架设在 WWW 环境，利用 XML 语义标准及 DTD 定义来提供运用，将资源内容所代表的主题及领域，呈现在同一层级上。

（3）知识门户

学科信息门户（Subject Based Information Gateways）又称学科门户、主题网关，是经过组织、有序化和人工处理、专家排选、定期检查处理的学科信息导航系统。它是针对特定学科或主题领域，依据特定的选择标准、资源描述规范和组织体系，对具有知识性强的信息资源进行收集、选择、描述和组织，并为用户提供信息浏览、检索和导航等服务的专门信息网站。

信息门户是对知识信息保存和传播的信息资源平台，是人们在现实和虚拟环境中，进行学术交流，促进知识共享的智力库。信息门户致力于用户定制和智能化、个性化需求的开发，是直接面向用户，对用户需求的各种反应、个人喜好和需求、创造、构建、定制他们的信息，维系着实体和远程信息资源的链接，满足用户个性化需求的信息系统。知识门户是在信息门户的基础上发展而来的，两者的区别在于前者侧重的"信息"，后者强调的是"知识"。

满足用户的需求是信息服务的终极目标。只有面向不同用户在不同时期的不同需求，构建智能化、个性化的信息门户，为用户提供便捷快速的信息服务，才能真正做好信息服务工作。对于知识管理而言，知识门户的建立是促进知识交流和传播的一个最重要的环节。建立各种知识服务平台、构建各类知识门户是提高个性化信息服务质量的重要措施。

（4）专家系统

专家系统是以计算机程序为核心，由知识库、推理机制、知识获取和用户界面组成的，模拟人类专家水平去解决某领域复杂问题的计算机系统。它用一定的知识和推理过程去解释通常需要人的知识和经验才能解决的复杂问题。

案例一：大数据时代下的电商平台信息组织现状分析——以淘宝网为例 ❶

一、淘宝网的现状概况

淘宝网近年来的发展速度令人惊愕，2016 年天猫"双 11 购物节"在开始 6 分 58 秒之后，天猫交易额超过 100 亿元。天猫"双 11 全球狂欢节"开场仅仅 10 分钟，又一次刷新了世界支付纪录。商品数量庞大，数据繁多，淘宝网站的分类和标引体

---

❶ 徐博. 大数据时代下的电商平台信息组织现状分析——以淘宝网为例 [J]. 现代经济信息，2017（13）：303.

系也在网站发展过程中不断进步和完善，逐步成为电子商务网站的领头羊，开启了电子商务网站商品分类和标引体系研究的热潮。淘宝网商品种类涉及日常生活中的方方面面，要想让用户在这海量的商品信息中找到自己喜欢的商品，淘宝网便需要将繁杂的商品信息进行选择、处理、序化。

二、淘宝网信息组织特点分析

（一）类目列表

淘宝网按类目列类的信息组织方式注重以事物为主题设置类目，强调类目设置的针对性，具体来说有如下特点。

1. 类目列表不要求笼盖所有小类范围及所有信息，但是需要有很强的针对性，将淘宝网的主要访问人群作为视角，与用户生活紧密联系的事物作为重要类目，排列在网站的重要位置上，重点满足淘宝网使用用户注重生活、注重品质、注重风格的新时代需求。

2. 类目设置的动态性很强，根据当下的热门商品及时调整类目设置。例如，刚刚结束的巴黎时装周，开始流行新品"玛丽珍鞋"，淘宝网便在"鞋靴"类目中马上推出"玛丽珍鞋"小类，便于女性用户搜索与查找，紧跟潮流热点。在过季后则会撤销这一类目设置，这种类目设置的方式符合淘宝网便民、快捷、以用户体验为中心的特点。

3. 类目定名通俗简洁，汇集大众化的词汇，没有专业性很强的用语，因而契合使用者层次差异的需求差异。例如，女性时尚类用词；男性健身运动用词；在小类目过于繁多时，用红色标记最热门的类目，以便于老年人查找。进而也说明淘宝网在类目上的种类齐全，排列有序。

（二）话题聚类

淘宝网站的页面上有大量的主题关键词模块，是针对一些特定人群用户。通过关键词话题聚类的方法，整合所有同类的商品信息，这些有吸引力的话题让用户能够更快捷地查找感兴趣的商品。多种话题组合的方式使得用户在使用淘宝网的时候更加有效率，更能提高对用户的吸引力。另外，淘宝网将不同的话题信息划分在不同的数据库中，使信息在组织的时候更加条理化。

由此可见，话题聚类的信息组织的核心理念依然是以区分不同的消费群体为主，通过平台的话题分类、筛选及用户间基于相同兴趣爱好和关注点，同主题、同类别的话题被聚合在一起，从而使信息从无序走向有序，即自组织的状态。

（三）个性化服务

在繁杂的商品信息中使用户更加快速方便地挑选更有价值的商品，也是现今淘宝网发展中的最大优势之一——个性化服务，网站凭照用户的浏览记录以及购买历史，在用户浏览网站中强调用户感兴趣的商品以及栏目推荐。个性化的信息不仅在页面内容上丰富多样，在使用者界面上也全面体现人性化。

使用者在寻找自己需求的商品时，通常会利用"关键字"检索的方式来查找商品，这样极大地方便了用户搜索，或者用户在主页里进行搜索的时候可以进行标签的搜索，这种功能是淘宝网在用户进行信息组织时所使用的，也为商品信息的获取提供了方便。

三、淘宝网信息组织的评价

综合以上分析，淘宝网的信息组织方式多样，信息资源丰富饱满，商品信息分类明确，信息标识明确，用户使用功能愈加完善，基本能够满足商品信息的迅速引导。虽然淘宝网的信息组织能力整体不低，但还是存在需要完善的地方。

（一）商品分类信息过于庞杂，有些类目划分不明确

淘宝网的类目划分略显复杂，过度地强调类目的生活性、娱乐性，把所有的分类聚集在一起。每一个大类下会有几十种小类，类目的引导功能不足，从而增加了用户在网站上检索商品的难度，影响使用效率。另外，类名名称没有科学的标准，通常是从日常习惯开始，予求予取地设置，导向性不足，缺少规则。现今互联网上的众多电子商务平台，采取的类目划分规则并不一样，通常都是自成一家，在类目的命名、分类、排序、设置基本结构等方面差异较大，导致很多用户渐渐只习惯应用于某一种平台，从而限定了用户的信息获取途径。

（二）商品需要著录的信息过多，易造成与实际信息不符

一件商品的大量信息均由商家用户提供，这就容易造成商品信息的虚假，向用户隐瞒商品真实信息，所以会出现商品退换，商家投诉等情况，可能还会导致更为严重的后果。现在淘宝网商品种类过于庞杂，对商家用户的使用方式没有严谨的标准，商品描述不统一，商品信息不够规范。

（三）搜索排名杂乱、缺乏公平性

搜索系统在淘宝网上使用率较高，很多用户进入网站会直接在搜索栏中进行所需商品的检索，此时检索下方会出现对检索商品的排名。但部分排名情况十分杂乱，不仅没有按照类目排名，也缺少导向性，让人眼花缭乱。而有些排名不仅没控制住虚假商品的滋生，还扼杀了很多新加入的商家用户，尤其一些商家用户没办法做付费搜索。这严重影响了平台的公平性，也阻碍了商家用户店铺的发展。另外有些商家用户的新加盟，一开始交易少量，本金少，需要扶持，但是上传的商品基本都会石沉大海，还有些商家为了店铺的浏览量苦苦研究，其实这都严重影响了公平竞争，严重损害了中小企业的利益。

案例二：图书馆隐性知识管理案例研究（节选）[1]

1. 图书馆隐性知识管理案例介绍

（1）美国俄亥俄州立大学图书馆隐性知识管理实践。俄亥俄州立大学位于俄亥俄州哥伦布市，俄亥俄州立大学图书馆（Ohio State University Library，OSUL）是北美最大的图书馆，其图书馆知识管理主要体现在知识库的建设中。该知识库是一种3层客户/服务器的跨学科多媒体知识资本仓库（如图1所示）。该知识库不但促进图书馆隐性知识的共享，也为其他图书馆隐性知识管理起到了示范的作用。2002年，俄亥俄州立大学图书馆联合大学教师以及图书馆学方面的专家一起研究协作，然后将研究的结果形成文件放在互联网上。这无疑是一种隐性知识外化与共享的过程。教职员工每年都需要为知识库提供教学研究报告和服务活动报告，从而逐渐建立综合的、系统的教职工出版物列表，并实现全文链接。此外，图书馆也会举行一些活动，鼓励、帮助员工创建共享空间，提供隐性知识的交流氛围。

（2）上海图书馆的实践。图书馆知识管理专家、美国俄亥俄大学图书馆名誉馆长李华伟博士曾说，在知识管理实践方面，上海图书馆在国内是首屈一指的。因为上海图书馆在图书馆领域内率先明确提出并具体实施知识管理方案，与此同时还具有一套优秀的知识导航服务。上海图书馆的知识管理实施方式主要有以下三种：一是时时重视形象识别系统，创建有益于知识管理的图书馆组织文化。二是创建了专

---

[1] 董玉萍，武婷婷.图书馆隐性知识管理案例研究[J].科技情报开发与经济，2015，25（1）：65-67.

门组织，对在上海图书馆实施的知识管理进行可行性分析。三是在一些研究部门事先试用了知识管理，在共同工作、分类文件等方面实施分开管理。隐性知识管理方面，上海图书馆已与 OCLC（Online Computer Library Center）签订协议参加 CORC（Cooperative Online Resource Catalog）项目。因此，图书馆员可以将知识管理的经验上传于网上，同时馆员可以收集符合本职工作需求的质量较高的网络资源，进而使全世界图书馆的知识得到最大化的共享，促进了显性知识向隐性知识的内在化。

※联机出版资料	※员工研究目录
·电子图书、电子期刊政府文献、手册	※数字机构资源库
※联机参考工具	·数字专业馆藏多媒体
·自录索引词典、百科全书、姓名地址录	·数据集与文档
※联机信息服务	·论文/学位论文
·学者门户、毕业生门户、聊天参考、在线指南、电子预约、电子课程包、技术帮助中心	·员工出版物、预印出版物、工作文件
	·教育资料
	·学习对象
※电子记录管理	·课程预约/电子课程包
※管理数据仓库	·课程网站
※数字出版助手	※信息政策
·出版前服务	※数字信息服务的研究/开发
·电子图书电子期刊支持	·用户需求分析
·网站开发与维护	·应用最佳实践
	·技术转让帮助

图 1　俄亥俄州立大学数字知识库框架

（3）深圳南山区图书馆的实践。深圳南山区图书馆在管理方法的探索上，力图通过文化和精神因素等主观因素实施管理，使员工自觉地发挥自身的才能成为自我价值的体现者和追求者，使实施 L-KM 充满了充分的人文气息和主观意愿。该馆建立的图书馆文化指导思想：营造图书馆聚合力的气氛；鼓励馆员积极创新的精神；建设人文气息浓郁的环境。并在此基础上规定了一些管理制度和措施：在人为主观因素方面，人力资源管理部门实施全体员工竞争上岗，签订试用合同，确立目标，实施岗位责任制。每年制定一些培训规划，馆内轮流参与主讲，同时也聘请专家讲座，促进馆员隐性知识的共享，鼓励馆员学习隐性知识，建立多种方式来激励员工知识创新和隐性知识的流动，促进显性知识与隐性知识之间的流动与转换。在知识信息管理和知识信息交流方面，要一并重视图书馆内部知识流动与外部知识交流，制定实现馆内工作规则，让馆员将心得体会等上传到馆内 Intranet 网络或者馆刊"南图时空"；通过学术讨论活跃馆内学术气氛，激励所有的图书馆人员创新思维。在业务管理方面，采用 ILAS 系统进行业务管理，并在网站上建立海天南山文库、世界期刊博览中心、网络视点、博士论坛、特色数据库和休闲书屋等。

2. 图书馆隐性知识管理案例带来的启示

通过分析上述案例可以看出，图书馆隐性知识的管理主要是客观因素的实施和主观因素的克服。客观因素的实施决定隐性知识的交流渠道，主观因素的克服决定馆员之间隐性知识的流动与共享，前者的决定性因素是图书馆的责任，后者的决定性因素是馆员。潜藏在馆员脑海中的隐性知识是隐性知识资源体现价值的关键，是服务于读者和为读者解决问题的重要因素，也是图书馆隐性知识管理的核心环节。隐性知识在管理中投入得越多，增值的幅度才会越大。因此，在图书馆的隐性知识管理中，必须把客观因素和主观因素有机地结合起来。只有二者相辅相成才能使图书馆保持一定的竞争优势，图书馆才能得到更好的发展。另外，信息技术的合理运用、文化氛围的营造，也是促进馆员隐性知识外化与共享、进行隐性知识管理的必要条件。图书馆应在营造知识交流的文化环境上下功夫，只有所有的馆员都愿意贡献自己的隐性知识，才会使知识和技术真正用于图书馆隐性知识管理，实现隐性知识的流动与转化。

3. 结语

图书馆隐性知识管理对图书馆的生存发展和核心竞争力的构建起着重要的作用。虽然目前我国不少图书馆对隐性知识管理的重视程度不够，有关研究还处于萌芽状态，发展缓慢，且面临着较多的困境，但随着新技术的发展，知识的快速增长，人们对知识认识的逐步提高，对图书馆隐性知识管理的实践和研究会得到长足发展。图书馆隐性知识管理是一个高度复杂并且抽象的问题，需要资深专家的研究、探讨与实践，本文的研究还有许多不足的地方，希望与致力于图书馆隐性知识管理实践的学者们共同探讨。

问题与思考

　　信息不等于信息资源，信息经过组织才有可能转换为信息资源，信息经过序化，才能方便人们的利用，信息组织在信息管理的各个环节中起着重要作用，请思考信息采集、信息检索和信息服务与信息组织之间联系与影响。

参考文献

[1] 马张华. 信息组织（第 3 版）[M]. 北京. 清华大学出版社，2008.

[2] 司莉. 信息组织原理与方法 [M]. 武汉. 武汉大学出版社，2011.

[3] 周宁，吴佳鑫. 信息组织（第四版）[M]. 武汉. 武汉大学出版社，2010.

[4] 周晓英. 信息组织与信息构建 [M]. 北京. 中国人民大学出版社，2011.

[5] 柯平，高洁. 信息管理概论（第二版）[M]. 北京：科学出版社，2007.

[6] 马张华. 分类标引与主题标引异同辨析 [J]. 图书馆工作与研究，1991：58-62.

[7] 叶继元. 信息组织（第二版）[M]. 北京. 电子工业出版社，2015.

[8] 李鹏. 关于信息组织与知识组织的比较研究 [J]. 传播与版权，2015（11）.

[9] 李印结. 信息组织与知识组织比较研究（增刊）[J]. 图书情报工作，2012.

第5章　信息服务与用户

随着科技、经济发展和社会进步，信息服务在产业结构中的比例和作用越来越突出，信息服务研究在学界也取得了一定进展。

5.1　信息服务概述

明确信息服务的概念、特性和原则等问题，是对信息服务开展深入研究的基础性工作。

5.1.1　信息服务的含义

信息服务产生于社会生产的许多领域，定义这一名词是构建信息服务理论的根本需要。对于信息服务这一概念，目前国内外的文献还不多，已经出现了几个比较具有代表性的界定。经过分析比较，本书引用岳剑波在《信息管理基础》一书中关于信息服务的定义。他认为："广义的信息服务概念泛指以产品或劳务形式向用户提供和传播信息的各种信息劳动，即信息服务产业范围内的所有活动，包含信息产品的生产开发、报道分配、传播流通及信息技术服务和信息提供服务等行业。狭义的信息服务概念，是指专职信息服务机构针对用户的信息需要，及时地将开发加工好的信息产品以用户方便的形式准确传递给特定用户的活动，也称信息提供服务。" ❶

通常开展信息服务需要考虑信息服务内容、用户、服务提供者及信息策略与方法四个方面。信息服务内容是指信息服务者在信息服务活动中为用户提供的特定的服务和产品。需要强调一下这里的产品，不是一般意义上的信息产品，而是因特定服务所

---

❶ 岳剑波. 信息管理基础 [M]. 北京：清华大学出版社，2022.

需为信息用户定制的产品，一般称为信息服务产品。信息服务提供者是指提供信息服务的组织或个人，其劳动是一种集生产、服务和管理于一身的创造性劳动。

5.1.2　信息服务的特性

各行各业均存在信息服务，虽然各行各业的信息服务活动各不相同，但是仍能发现信息服务的许多共同特性。

（1）用户导向性

信息服务提供者应根据用户的实际要求、认知水平采取相应的策略，提供符合用户的服务和产品。这要求信息服务不仅要以用户为中心，帮助用户解决问题，还要充分调动用户的积极性。

（2）专业性

信息服务是一种知识密集型服务，信息服务的各个环节和服务方式都需要专业技术支撑。信息服务要求服务人员和用户同时具备专业知识和相对全面的信息素养。

（3）交互性

主要指信息内容、信息用户和信息服务提供者之间的相互交流和关联。通过交互，服务提供者和用户之间可以更准确、及时、全面地了解对方，这样可以使供需更接近最大价值。

（4）动态性

信息服务提供者在提供信息服务过程中，要依据服务策略及用户的信息需求的变化进行服务活动的动态调整，信息的时效性是信息的显著特点，过时的信息提供将产生负面效应。相比较其他行业，这一特点比较明显。

（5）实效性

这一特征是信息的结果特征，主要指信息服务对实际效果的追求。相对于直接提供实际产品的其他行业而言，信息服务的结果表现为需求的满足、问题的解决、效益的获得等方面，这就更需要对服务的实际效果进行评价。

（6）用户体验性

用户体验是指用户使用产品时的心理感受，信息服务领域的用户体验包含功能体验、技术体验和美学体验等。随着社会发展，未来信息服务更加强调用户体验，理想的用户体验是用户感到高兴、满足、骄傲，甚至是爱上这款产品或者服务。要达到这种境界，需要充分了解目标用户及其需求，并围绕核心任务展开服务。

5.1.3　信息服务的原则

虽然信息服务千差万别，但在信息服务活动中还是应该遵循以下一些原则。

（1）针对性原则

信息服务是针对某一具体信息寻找确定用户并让其效用最大化；同时针对具体用户寻找确定信息以满足用户具体需求，使信息服务内容与用户达到最佳匹配状态，最大限度地满足用户需求。这说明信息服务并非漫无目的，它是一种针对性极强的服务活动。

（2）及时性原则

信息的时效性决定了以信息为主的信息服务要保证向用户提供的信息是及时的，否则就没有价值。同时，信息的及时性原则也体现为信息服务者应随时追踪用户需求的变化以及时提供服务。

（3）易用性原则

穆斯在研究用户利用信息检索系统时发现："一个信息检索系统，如果对用户来说，取得信息比不取得信息更伤脑筋和麻烦的话，这个系统就不会得到利用。"这表明用户使用信息时受到了可获得性与易用性的影响。信息服务提供者要为用户提供最便捷的信息获取条件，因此信息服务业也有其发展空间。

（4）效益性原则

信息服务必须同时注重社会效益和经济效益。信息服务提供者和用户应共同努力，提高工作效率和服务效益，降低服务成本，在保证用户收益的前提下，求得服务提供者自身的利益，最终实现社会效益和经济效益双赢。

5.2　对信息用户的研究

信息用户是信息服务的对象，因此对信息用户的研究是极其必要的。

5.2.1　信息用户及分类

广义地说，凡是具备信息资源使用条件的社会全体成员均属信息用户范围。具体来讲，信息用户就是所有从事技术、管理、科研、生产、文学艺术及其他一切社会活动使用信息的人与群体。信息用户和信息之间具有一一对应关系。可按信息分类来划分信息用户，现列出一些主要用户划分方法。

第一，根据用户从事的劳动进行科学分类。社会科学用户包括进行社会科学研究、教育和管理的人，也包括在文化和艺术领域工作的实际人员。自然科学用户，包括基础科学和应用科学研究者以及工农业生产技术人员和医生。有相当数量的用户属上述两种类型。

第二，根据用户的职业划分。可分为国家领导人、决策管理人员、科学家、工程师、医生、作家、艺术家、生产技术人员、军事人员、商业人员、教师和学生等。

第三，根据用户信息服务方式，可将其划分为借阅用户，检索用户，咨询用户和定题服务用户等。

5.2.2　用户的信息需求

信息机构要按照用户的需求，以某种方式向用户提供信息服务，这种信息服务可能是某种或者几种乃至全方位的。用户需求是信息服务方向与层次的核心因素。

5.2.2.1　用户对信息需求的特征

（1）信息需求是客观存在的

用户的信息需求是客观的，它是由用户、社会和自然等因素决定的。信息需求受到社会和自然等因素影响，与用户的思想行为和生活，职业工作及社会化活动等有着内在的联系。

（2）信息需求量多质高

社会的不断发展和进步，使现代人对信息的需求比过去任何时代都要大。网络用户对于信息的需求已经不仅仅满足于单纯地提供信息，而更多的是向信息深处挖掘知识内容并加以开发利用，要求服务部门为用户提供集成化、专深化的知识服务。

（3）信息需求交互多元

网络技术发展到今天，用户可以直接通过信息查询系统实现实时交互，检索途径的多样化和信息资源的多元化等等都给用户自我服务带来现实可能性。与此同时，这使图书情报部门不仅有机会提升自身形象，还面临其他信息服务行业之间的竞争，可谓挑战和机遇并存。

但信息需求存在一定复杂性与随机性，在新的环境中对信息需求产生新的阻碍。例如，网络资源具有动态性，易变性和无序性，以及网络信息质量良莠不齐，网络传输速度慢、费用高、语言障碍等，使部分对网络信息检索不熟悉的用户在面对纷繁复杂的信息系统时束手无策，导致用户信息需求障碍。

5.2.2.2　影响用户信息需求的各种因素

用户对信息的需求是受多种因素影响的，大致可划分为社会因素、个人因素和自然因素三个方面。社会因素应全面考察社会政治、经济、文化、科技、宗教信仰、法律、教育和军事等因素对用户信息需求的作用。一般说来，社会政治、发展国民经济和科学技术的方针政策决定一个国家的广大信息用户信息需求的一般特点及其总的发展趋势。例如，在第二次世界大战中，参战国因战争需要都采取了优先发展军事科学、重视军工生产等政策。在此背景下，世界各国科学家和工程技术人员最关心的自然就是关于工程技术的资料了。再如，在市场经济中，国内大多数用户对信息的需求已由简单的科学信息转向经济信息、市场信息和管理信息等也充分说明这个道理。在个体因素上，应分别考察用户自身的专业及工作任务，责任及角色，教育及知识素养，个人兴趣，信息能力及智力发展对信息需求产生的影响。例如，同样都是教师，但是因所教课程不同，对信息的需求也不相同。自然因素要充分考虑自然资源状况、地理位置和地貌、自然环境等对信息需求的影响。例如，部分石油资源丰富的地区，对石油开采技术、石油化工等信息的大量需求。

5.2.3　用户信息行为

5.2.3.1　内在因素

（1）用户背景

用户的年龄、擅长领域、学习能力、兴趣爱好不同，会对用户信息行为产生直接的影响。比如，高校教师所擅长的专业不同，对信息的需求、范围也不相同，某些学科领域对信息资源获取了解的程度较深，信息活动开展得也会相对频繁；年轻的师生对信息的查询行为高于年长的教师；高校师生的学习能力不同，对信息资源的查寻、吸收、利用等行为也会存在一些差异。学习能力较强的人对信息的吸收利用较强，学习能力弱的人对信息的吸收利用能力较差。信息用户的性格、经验阅历、身份地位不同，也会造成用户信息行为的差异。一般来说，性格开朗的人，获取信息资源的能力较强，对信息的交流也更频繁，对信息的利用也更高效。

（2）用户知识能力

用户的知识能力是指用户对知识进行获取、检索、选择、吸收和利用的能力，是用户进行信息活动的基础。知识的获取是知识利用的基础。最基础的知识能力就是传统的听、说、读、写的能力，只有具备良好的阅读、听说能力，才能快速准确地从海量信息中提取出有效的信息。理论知识能力也是知识能力的一种，理论知识能力包括专业的知识能力和信息知识能力，具有扎实完备的专业知识基础，对信息的查询、选择较为容易，对信息的吸收利用也较强，开展信息活动也相对较多；信息知识能力能帮助用户在海量的信息资源中识别自身所需的信息资源，它包括对信息方法和原则的理解认识等，信息知识能力是展开信息活动的基础。知识能力还包括技能知识，如信息技术的原理、信息技术的作用、信息技术的发展等。

（3）用户动机

用户的动机是一种根据自身的信息需要，为达到特定的目标，激发出的一种心理活动或内部动力。用户的信息行为都是有目的性地发生的，这种目的分为内在原因和外在原因。内在原因能促成信息行为的产生，强调用户在进行信息活动中的自主性。比如，高校教师希望在教学以及科研上有所成就，对相关领域最新的论文及科研成果进行学习归纳。外在原因是用户进行信息行为不是出于自身的兴趣，而是注重对结果的获得，从而开展的信息活动。比如，高校学生为获得某种奖励而进行的信息行为。由此可见，用户动机和信息行为密不可分，用户动机决定用户信息行为，用户信息行为反映用户动机。

（4）用户体验

所谓用户体验是指通过平等自由地提供信息服务给用户带去的一种感觉。信息服务提供者通过提供个性化和多样化的信息服务，帮助用户迅速地获得其需要的信息或解决其遇到的难题，从而给用户以心理上的满足。用户体验包括环境体验、内容体验和功能体验。环境对用户的信息行为有着重要的影响，比如，图书馆舒适的环境、个性化的信息服务都会在一定程度上吸引着高校师生进馆学习，也在一定程度上刺激着用户的信息需求，拉近图书馆和用户之间的距离。所谓内容体验，就是服务者所提供信息资源的完整、精准和多样化程度。信息资源的完整和丰富及信息资源的可信度将显著地增加用户对信息的查询和获取行为，并增强其满足感。功能体验就是针对用户不同的信息需求而进行多样化和个性化信息服务。例如，北京科技大学图书馆引入 3D 打印技术，给图书馆用户带来更大参与度和创造性的学习机会，通过介绍先进科研技术成果、发掘学生创造力、锻炼学生动手能力等，启发不同研究方向的学生的设计潜能及创新思维，同时提高图书馆的资源利用率和服务水平，从而提高图书馆的总体竞争力。

（5）用户信息素养

在信息环境中，用户需具备信息知识、信息意识、信息能力、信息道德等方面的信息素养。用户的信息素养决定着用户能否高效率地通过信息查询、检索等信息行为获取信息，从而满足自身的信息需要，以及用户是否能合理有效利用所获取的信息。信息知识指的是和信息有关的理论知识和应用方法，是信息素养的基础。为了能够更好地获取、选择、利用信息，用户必须具备一些与信息相关的认知。在发展用户信息素养之前，须先发展其信息意识和敏感程度。信息意识关系到用户是否能迅速地对自己所需的信息进行分辨和选择，进而影响用户的信息行为的有效性。用户信息能力指的是用户开展信息行为、获取、选择和利用信息的能力，是信息素养的核心。信息能力是可以通过外界的训练、经过长期的努力、经验积累出来的。信息道德指的是在信息领域中，用户获取、发布、应用信息应该遵循的相关规范。在信息环境中，信息道德可以规范用户信息行为，提高信息的准确性、可信度。上海交通大学图书馆就十分注重提高图书馆用户的信息素养。首先，在新生入学阶段，图书馆会举办有关信息查询、检索的讲座，帮助新生了解相关的数据库使用方法。其次，学校会开设有关信息检索的相关课程，提高用户进行信息检索的效率。上海交通大学图书馆还通过设立专栏，发布一些专业讲座的通知；提供一个社交平台，促进高校师生之间的信息交流。

5.2.3.2　外部因素

（1）任务目标

用户根据具体的任务目标合理有效地进行信息查询、选择和利用。任务可分为三种类型：事实型任务、信息扩展型任务、决策型任务。事实型任务是对事实的一种信息查询，答案是正确唯一的。比如，某同学想了解什么是 SWOT 分析，而进行的信息查询行为。信息扩展型任务指的是对某一主题的相关信息进行查询、归纳整理，所获得的答案不是一个具体确定的答案。比如，某学生想要了解某专业学科领域的相关知识而进行的信息查询、信息选择和信息吸收等活动。决策型任务指为解决某一问题而在若干方案中优选出最佳解决方案，从若干种方案中选择最优的解决方案，需要用户了解决策的内容、信息和后果。比如，某同学为制订一个健身计划而进行的信息查询行为。

（2）需求结构

用户信息需求内部结构主要包含以下几个方面：一是生活中的、职业化中的及社会化过程中的信息需求；二是信息需求的基本状态；三是信息需求的种种不同表现形式。用户需求结构存在差异，最终会对其信息行为产生影响。

（3）资源环境

资源环境包括信息环境、职业环境和社会环境等。用户所面临的资源环境是信息行为引发的外部条件，进而决定了用户的行为过程。比如，网络技术为用户进行信息查询提供了很大的方便，打破了传统服务空间在时间上、地域上的局限，使用户可以随时随地开展信息活动，信息服务活动的方式、用户的行为也随之变化。

（4）交互关系

交互关系包括用户与服务提供者的交互、用户之间的交互、服务者提供者的交互等。首先，用户与用户之间的交互能大幅度地提高信息资源的利用程度，从而推动信息资源和用户之间的交互。其次，用户不仅是信息资源的使用者，也是信息资源的创造者。用户与用户之间的交互能更加有效地产生新的知识资源，促进用户的信息查询行为、信息吸收行为、信息利用行为。

5.2.3.3　用户的主要信息行为

（1）信息需求的认识与表达行为

信息需求是指用户对于某种信息资源的需要和利用，是一种期望状态，能够促进用户积极地开展信息活动。用户的存在为信息活动的开展提供基础依据，用户研究理论也会随着信息服务的发展而不断完善充实。影响用户信息需求的认识与表达的因素有三个方面：一是信息源与信息检索系统。信息的组织是否序化、信息机构是否适合存储用户需要的信息、检索界面是否容易操作等，都是影响用户信息需求的认识与表达行为的因素。二是信息服务机构。机构提供的信息服务的准确性、速度与效率、收费情况等,也在一定程度上影响着用户信息需求的认识与表达行为。三是社会信息环境。社会信息环境包括社会的经济与科技的发展、体制与管理、社会信息产业环境、服务环境。

（2）信息浏览行为

分析用户信息资源使用情况,最主要的方面之一是研究其信息浏览行为。用户在进行信息浏览行为时是不具有特定的目标的。也就是说,用户在进行信息浏览行为时没有明确的信息需求,但是具有目的性,用户通过浏览信息资源在有意识或无意识中不断汲取知识,达到自身的知识储备需求。影响用户浏览行为的主要因素是用户的生理基础,即用户的视觉器官、阅读范围和速度、理解能力等。视觉器官影响着用户的视阈和阅读速度,用户对信息的理解能力影响着用户信息行为的开展情况。

（3）信息查询行为

信息查询行为是一种具有目的性、计划性的为满足自身需求的信息行为。信息查询过程包括信息浏览和信息检索两个方面。用户想增加对某种学科的理解认识,可以通过对该学科领域的信息进行查询,来获取所需知识,满足自身的信息需求。信息查询的影响因素包括用户差异、信息需求差异、信息环境差异三个方面。用户差异是指用户的信息意识、知识体系、个人信息素养的差异,也包括用户性格、情感方面的差异。信息意识与用户和用户所处的信息环境具有直接联系,它指的是用户对信息的认识和所处信息环境的认识,而信息意识对于用户的信息查询行为有重要影响。用户的知识体系与用户进行信息查询行为时的侧重方面和具体方式有关,不同知识体系进行信息查询的方式和目的不同。个人信息素养是指用户能否正确、有效地进行信息查询,从海量的文献中获取自己所需的信息资源。信息素养的高低决定了用户能否合理有效地开展信息查询。用户的个性与情绪同样会影响信息查询行为。有的用户比较喜欢探索自己未知的其他领域的专门知识,有的用户比较想继续学习他们熟悉的有关专业领域的资料。信息需求差异可归纳为用户信息需求方向不同与用户信息需求强度不同两个方面。用户信息需求方向上的区别,是指在不同学科领域中用户对信息有着不同的需求;信息需求强度的差异体现在部分用户对信息需求较为迫切,部分用户对信息需求强度较弱,强烈的信息需求更能激发用户进行信息查询行为。信息环境差异还会影响用户信息查询行为,如社会文化,信息系统、网络配置、安全性、检索费用等因素影响信息查询行为；高校图书馆员知识体系、专业素养等因素影响高校图书馆用户信息查询；信息资源是否完备，可信度如何影响用户的信息查询等。信息环境为用户提供了查询与交互信息的平台，信息环境的好坏直接影响到用户查询信息的行为，而用户信息需求等信息行为又会在信息环境中不断演化与发展。人类信息价值认同、用户动机、信息获取成本等因素均影响着用户信息查询行为。此外，用户个人的信息意识、信息能力及用户所处的文化氛围等内在因素，以及信息环境、工作环境等环境因素，也都影响着用户的信息查询行为。信息意识越强，用户进行信息活动就越频繁。

（4）信息选择行为

用户信息选择行为就是用户在掌握了其信息需求及相关专业知识基础上，从已经查询出的大量信息资源中，判断筛选出跟自身信息需求相匹配的信息，从而选择过滤出最为有用的信息资源。用户的信息选择行为分为两个阶段：一是在查询过程中的信息选择，二是了解到已查询的信息后再次选择。在查询过程中的信息选择是指，在查询过程中，选择跟用户自身信息需求相关的信息，筛选出和信息需求学科领域相关联的信息，过滤掉不相关的信息。了解到已经查询的信息后再次进行信息选择是指，从已经筛选过的信息中，根据自己对学科的了解和需求，选择有用的信息来满足自身的信息需要，将大量纷繁复杂的信息转化为所需的精练准确的信息。用户过往的经验、对学科的认识理解是影响信息选择行为的重要因素。用户对某专业学科的知识的认知程度深，在信息的选择中就可以更准确、快速地筛选出所需要的信息。用户对信息选择的经验丰富，可以帮助用户快速地在海量信息中挑选出自己所需的信息。

（5）信息吸收及利用行为

在信息浏览行为和信息查询行为中就蕴含着信息吸收行为。信息吸收行为是指用户依据自身学习能力和知识结构，对获取的新的信息资源进行筛选、做出理解和总结，是将获取的信息资源从浅层次到理解的深层次转化的过程，也是对新知识进行加工的过程。兴趣、意志和情绪都是影响用户信息吸收行为的重要因素。信息与信息环境因素，如信息的不同会影响信息吸收准确性，而易于获得且精准的信息会正向影响用户信息吸收行为。所谓信息利用行为，就是用户在获取信息的基础上，对其所面临的问题进行求解的行为。信息利用行为包含信息利用、分享、发布信息等行为，其实质是对有关问题的解决。

5.3　信息服务主要内容

用户的信息需求千变万化，所以信息服务也是多种多样。依据不同服务视角可以将信息服务划分为许多不同类型的服务。根据用户的不同，可将信息服务分为单项信息服务与多项信息服务；按信息服务能动性可分为主动服务与被动服务；按服务收费可分为无偿服务与有偿服务；根据服务发布或者提供信息的种类，可将其划分为实物信息服务、口头信息服务、文献信息服务和数据信息服务；根据信息服务方式的不同，可将信息服务分为文献提供、宣传报道、信息检索、咨询服务和信息代理等。

5.3.1　信息提供和保障服务

5.3.1.1　信息提供服务

它是从信息源出发，按照用户对某种客观信息的要求，选择性地收集信息，并通过一定的处理、加工程序，在一定范围内向用户提供情报和获取信息的手段，供其选择和利用的一项基本服务业务。信息提供服务既包括文献信息提供服务，又包括非文献信息提供服务。"文献服务是传统信息服务的主要形式，是专门的信息服务机构利用像图书馆、资料室、档案馆等固定的文献保管场所向用户提供记录在一定载体之上的信息的一类信息服务方式。"❶文献服务主要是利用阅览、外借、复印、参考咨询等多种手段向用户提供文献信息服务。在网络不断发展的今天，文献所提供的服务内容及效率都有很大提高。非文献信息提供服务主要包括实物信息提供服务和交互信息提供服务。

信息提供服务涉及范围非常广泛，该服务开展过程中要关注以下几个方面：提供内容的完整性，提高技术的适用性，信息来源的可靠性，信息提供的及时性，信息提供的规范化，信息提供的易用性。

5.3.1.2　信息保障服务

信息保障服务就是以信息提供为基础，以系统化信息提供服务为主要内容，以满足用户从事某项工作或者业务活动为主要目的，对其业务工作或者活动环节进行追踪，

---

❶ 刘红军. 信息管理基础 [M]. 北京：高等教育出版社，2004.

并通过各种方式和手段提供全方位的信息以及信息获取、传输工具等专门化服务来保障用户的工作或者业务活动开展。❶

信息保障服务通常可以通过项目服务法、用户跟踪法、综合保障法、系统组织法等方式来实现。项目服务法就是围绕研发项目发展提供全方位信息保障的一种方法。该方法对项目进行跟踪和保障，重大科研项目通常都会使用该方法。所谓用户跟踪法，就是以用户从事科研和开发工作为中心，以业务信息需求为导向，以信息保障为目的，长期稳定的信息保障方法。这种方法跟踪的不是用户参与的项目，而是用户从事研究与开发的主题或领域。项目服务法和用户跟踪法应用于信息保障各有利弊，故而将二者结合起来考虑，形成了综合保障法。综合保障法将项目与用户结合起来，从多角度开展信息保障工作。所谓系统组织法，就是在科学研究开发过程中，以用户为中心，以其课题所担负的需求为导向，有计划地收集、开发和整理信息，并运用计算机信息处理及信息传递技术，为科学研究开发建立一个专门的信息保障体系，从而实现多角度全方位的系统保障信息。系统组织法注重运用网络技术，实施全方位系统保障。

5.3.2　信息发布、传递和交流服务

5.3.2.1　信息发布和传递服务

它主要是指信息机构对所收集的信息资料进行加工整理与分析综合，以便以各种形式主动、及时地向广大信息用户传递，从而引导信息产品的有效利用。❷信息发布传递服务包括面向社会大众公告性传播（如科技成果公报、专利报等）、新闻传播、网上信息发布等。信息服务者不论以何种方式发布和传递信息，都必须按照用户要求对有价值信息进行选择性加工和整理，使之形成不同广度或深度的二次、三次、高次出版物，以达到发布、传递和交流信息的目的。

5.3.2.2　双向信息传递和交流

信息在传递过程中容易出现偏差和误解，信息的传递就必须进行确认和校正，这样才能实施有效的信息交流。在政府机构内加强双向信息交流可确保公职人员充分分享组织信息；高效、快捷地进行双向科技信息交流有助于加快科技成果和科技、经济

---

❶ 陈晴光.电子商务信息服务模式研究——基于临港制造业需求 [M].浙江大学出版社，2018.
❷ 郭秋萍.信息管理学 [M].北京：化学工业出版社，2011.

密切结合。信息双向交流是企业公共关系的十分重要的一个环节。为了让企业和社会公众之间能够彼此实现全面理解，必须让企业和公众进行交流。一些企业非常强调情感投入，并通过在企业和社会公众之间构建友善关系来获得公众的谅解和信任。一些企业主动树立起符合自然和社会经济发展的经营理念，然后通过交流来获得社会认同和支持。

5.3.3　以检索为基础的信息服务

5.3.3.1　信息检索服务

信息检索服务就是应用户需求，有专人协助或替代用户寻找信息，并向其提供检索结果的信息服务工作。进行信息检索服务通常有以下几个环节：提出分析、制订检索策略、执行检索及检索结果输出及评估。

信息检索服务有以下几个方面特点。

（1）信息检索服务的包容性强

由于信息用户范围较广，用户的知识结构、知识能力、受教育程度不同，这使他们在问题的理解和分析上出现一定的差异。在对检索词和检索方式上产生较大的不同，这使得信息检索服务就应具有一定的包容性。

（2）信息检索服务的多用户性

在网络环境下，信息检索服务不再是传统意义上的一对一服务，而是由现实查找、线上咨询等组成的多维度服务，因而当今的信息检索服务是面向所有有需求的信息检索用户的，针对不同的用户开展不同的服务。这是一个面向多用户的服务体系。

（3）信息检索服务的亲和力高

自信息检索系统诞生之日起，直至信息检索服务终止，均以向用户提供信息检索服务为目的。整个信息检索的流程都是以用户为中心的，用户是信息检索活动的主导者，系统和用户的交互达到认知上的统一，因而信息检索服务会在很大程度上去贴合用户，从而具备对用户的亲和力。

（4）信息检索服务的更新能力快

在大数据背景下，信息检索服务越来越精确，个性化的定制色彩越来越明显。越来越多的信息检索系统利用人工智能等现代化技术，由系统去分析并模拟用户的信息检索行为，尽可能达到认知上与用户的统一。对信息检索系统的数据库进行不断的扩充，可达到不断满足用户需求的目的。

（5）信息资源服务的资源多样化

信息资源载体多元化直接导致信息用户的需求多样化，用户要求的结果不再是简单的文字，更多的是音频、图片、刻录光盘或其他载体形式。

5.3.3.2　定题信息服务

定题信息服务也叫信息的选择性传递（Selective Dissemination of Information）。它指信息工作机构以特定范围用户在某一方面的信息要求为基础，制定服务主题，再以主题为中心，收集、甄别和整理文献信息，并通过定期或者不定期的方式向用户提供服务的业务。❶

首先，定题信息服务具有主动性。在市场经济体制中，面对信息服务机构鳞次栉比的竞争态势，专业信息服务机构信息资源与服务越有特色，竞争优势越强，已成为信息服务行业发展的一种共识。开展定题信息服务把信息服务工作者推到主动服务前台以满足用户信息需求。因此，在定题信息服务工作中，工作人员应时刻关注专业领域的发展动向，及时掌握有关方面的最新消息，积极掌握科研课题情况以及科研人员对信息的需求，对选题开展调查、预测等前期准备工作；同时也要及时倾听信息用户反馈信息，一改过去等待用户登门服务的传统模式。这一主动服务特色在提升信息服务水平的同时也改善了用户体验。

其次，定题信息服务也是个性化的服务。就是针对不同科研课题和不同用户需求，有针对性地提供服务，让服务具有更加个性化的特征。工作人员可对定题用户进行数据库建设，并将定题用户作为服务主体为定题用户开通个人数据库平台并提供个性化数字化资源。定题用户还可根据自身需求与兴趣进行独立操作。与此同时，信息服务工作人员还可随时为定题用户进行建议与更新提示。定题服务更是一种知识型的服务。定题信息服务是附加了大量的知识劳动的一种知识服务，为解决具体问题而提供知识增值。知识经济时代，情报知识增值服务的一个重要方面是把隐性知识变为显性知识，并通过系统地收集、挖掘和处理信息资源，开展知识再创造过程并获取再创造知识产品。

通常定题信息服务有如下工作内容：①调查研究。②定题。③确定服务范围。

---

❶ 胡昌平 . 信息服务与用户 [M]. 武汉：武汉大学出版社，2013.

④确定定题服务所包括的信息源。⑤确定信息服务的报道方式。⑥选择和确定信息检索语言和体制。⑦组织开展定题信息服务的人员、设施和经费，制定服务规则。⑧组织定题服务文献的编制业务。⑨向用户提供服务。⑩保持经常"用户反馈"。以科研项目为例，定题信息服务可以在选题论证阶段提高用户的研究起点，在课题研究过程中有效保证课题质量，在终结阶段推动课题顺利通过鉴定。

5.3.3.3　查新服务

科技查新，简称"查新"，是将文献检索和情报调研相结合，为避免科研课题重复立项和客观正确地判别科技成果的新颖性、先进性而开展的一项工作。它是通过检出文献的客观事实来对项目的新颖性做出结论。查新信息服务主要由科技成果水平检索和专利查重两部分组成，其共同点在于通过检索来证实成果和专利是否具有新颖性、层次水平和优先权等。❶

我国建立科技查新服务的初衷是避免重复研究项目，确保这些研究项目不会在科学研究上浪费金钱，并且对科学研究结果进行公平和公正的评估。建立科技查新服务能为我国的科学研究和发展提供更加正规保证，提高我国科研人员的整体水平，促进我国科学技术水平的不断提高。查新既能为科技成果鉴定、评价、验收、转化和奖励等提供了客观依据，又能为科技人员从事研究开发工作提供可靠和大量的资料。一般查新信息服务的程序：①接受服务；②拟订计划，确定路线；③进行信息检索；④进行课题文献分析并得出结论；⑤编制报告并提交研究结果。

5.3.4　咨询服务

刘红军这样定义咨询服务："咨询服务是咨询受托方（咨询人员或咨询机构）根据委托方（客户）提出的要求，以专门的信息、知识、技能和经验，运用科学的方法和先进的手段，进行调查、研究、分析、预测，客观地提供最佳的或几种可供选择的方案或建议，帮助委托方解决各种疑难问题的一种高级智能型信息服务。"❷咨询业务一般分为文献信息咨询、科技研究与开发咨询、工程项目咨询、业务管理与综合决策咨询、法律咨询、商务咨询等。

---

❶ 胡昌平.信息服务与用户 [M].武汉：武汉大学出版社，2013.
❷ 刘红军.信息管理基础 [M].北京：高等教育出版社，2009.

无论咨询服务是何种类型，咨询服务都具有如下特点。

（1）咨询内容具有系统性

能提供咨询服务的机构首先要掌握着丰富且系统的资源，因而才能提供咨询服务。例如，图书馆拥有大量的书籍资源和电子图书资源，这些资源都进行了系统性的分类和整理，用户可以咨询相关专业的信息资源，服务工作者应提供相应的咨询内容。

（2）服务对象具有指向性和多元化

不同类型的咨询服务机构的服务对象不同，服务对象的不同及所咨询信息的不同，需要服务工作者采用合适的服务方式提供最适宜的服务工作。例如，在高校图书馆信息咨询服务对象是教师和大学生，图书馆信息服务工作者就要为他们提供专业性强的信息。

（3）咨询过程具有复杂性

咨询过程中会遇到各种各样的咨询问题，服务范围也越来越广泛，不再只是简单问答式咨询，还需要咨询服务工作者掌握相应的技能。这就要求信息服务工作者提高自己的文化素质和能力素养。

（4）咨询结果具有针对性

咨询服务旨在为用户解决问题，服务工作者提供的答案要有针对性，不能模糊不清。要针对用户的问题进行完备、系统、准确、及时、精练的解答。

（5）服务质量参差不齐

我国加入 WTO 后，海外咨询机构迅速涌入中国市场，他们凭借资源和经验的优势不仅吸引大批精英人才进入外企工作，更是占据了大部分中国咨询服务业的市场。中国本土的信息咨询服务企业普遍规模较小，管理模式及市场体系不健全等缺点，还在不断发展完善中。就咨询工作而言，尽管各种咨询业务内容和用户需求各异，难度也千差万别，但从程序到方法都是一致的。除了简单的咨询（对于用户提出的问题，可以进行一次简单答复的咨询），较复杂的咨询一般应按下列程序进行。①受理咨询；②拟定咨询计划；③收集、识别和整理咨询信息；④分析研究；⑤制作咨询报告，结果论证；⑥提交咨询报告和项目归档。

5.3.5 网络信息服务

胡华指出："网络信息服务是指在网络环境下信息机构和行业利用计算机、通信和网络等现代技术从事信息采集、处理、存储、传递和提供使用等一切活动，其目的是给用户提供所需的网络信息产品和服务。"❶对于信息服务而言，互联网环境不只是一个技术环境，更是一个信息、文化、经济、政治的大环境。相对于过去仅能在科学技术领域和依赖专家协助下进行计算机联机信息检索而言，互联网技术更为丰富，程度更为民用和商用。不管是谁，只要有意愿就能利用，并且互联网技术在通信速度与范围、信息搜索与处理能力方面均为空前的；互联网的产生也使信息的可获得性与易接近性极大提高，即人们所能获得的信息与可获取的信息不断增加，信息环境也发生了本质的变化；无独有偶，互联网的出现也随之带来了所谓"网络文化""网络经济""网络政治"等网络产物，它们将给信息服务带来多重冲击。

和传统信息服务相比较，网络信息服务还表现出很多新的特征：资源服务的范围越来越大，由以往的纸质型向数字型资源方向发展；服务手段更现代化，大量先进信息技术得到充分运用；服务方式从被动型到主动型；服务领域日益扩大，从传统的信息服务转向崭新的网络信息服务这一新领域；服务时间从定时到不受时间和空间限制；以特殊用户个性化需求为导向，进行独具特色的个性化信息服务。同时，由于互联网的信息传播容量巨大、形态各异、快捷便利、全球覆盖、自由互动，使其兼具报刊、广播与电视这三种主要传媒的所有表现形式，一改过去大众传媒信息单向传播、观众被动接受的弊端，使大众传媒控制权从传播者转移到用户手里，信息传播也从发布转变为服务。用户借助互联网能在其方便的时间内选择接收并发布信息，增强对信息的处理、储存及自由交互等的能力，信息服务也会变得更便捷、更高效。❷

网络信息服务包括信息加工整理，信息供给，信息储存获取，网络增值服务，信息咨询服务等。

5.3.6　信息集成服务

在信息服务领域中，许多专家学者深入探讨了信息集成服务的概念。这里引用陈建龙提出的概念："信息集成服务是基于以用户为导向的理念、原则和问题解决模式的专业化、综合性、整体式信息服务。"❸信息集成服务内涵主要包括以下三个方面

---

❶ 胡华.现代信息管理 [M].杭州：浙江大学出版社，2007.

❷ 郭秋萍.信息管理学 [M].北京：化学工业出版社，2011.

❸ 陈建龙，申静.信息服务学导论 [M].北京：北京大学出版社，2017.

内容：①信息集成服务是信息服务理论和实践发展到一定阶段而出现的专业化程度较高的新形式，要更加自觉地坚持以用户为导向的理念，更加坚定地遵循用户导向原则，更加深入地运用问题解决模式，实现功能更强、效率更高、效益更好的专业服务，而不是自我、粗放、低效的一般服务。②信息集成服务具有综合性，应充分发挥信息用户与服务者双方积极性，确保信息用户在服务者的提示、引导等帮助下更加全面和准确地认识到问题实质并表达出信息需求，确保服务者始终围绕信息用户有待解决的问题来组织合适的服务内容并制定合适的服务策略，以实现更有针对性地帮助用户解决那些开放的、复杂的、巨大的问题的综合服务，而不是孤立、离散、浅层的单一服务。③信息集成服务是整体式信息服务，要在具体的信息服务项目中把各种要素汇聚在一起，组成统一的项目整体，可谓"汇集成体"，以获取信息服务的整体效应；在实际的信息服务业务中把多种有效的服务模式交聚在一起，构成独特的业务形式，可谓"交集成形"，以获取信息服务的完形效应；在从事的信息服务产业中把可能的服务业务类别聚集在一起，形成有机的产业生态，可谓"齐集成态"，以获取信息服务的生态效应，从而实现在信息服务实践中统一、独特、有机的整体服务，而不是拼凑、脱节、无序的异构服务。可见，信息集成服务重在集成，旨在服务。

按信息集成服务的出发点与侧重点可以划分为如下四类。

5.3.6.1 以资源为中心的信息集成服务

它以信息资源为对象，以信息资源发现、收集加工与整合为服务工作中心，提供信息集成服务。❶例如，科技档案信息资源集成服务的基础是数据资源的集成，而数据资源的集成则是运用各种技术手段将各种类型数据源的数据资源进行重组与优化，补充和更新，形成一个系统或物理实体，使用户准确、高效、深入地获取相关信息。每个使用者登录信息资源集成服务系统，系统会对使用者进行识别，为用户提供如集成检索服务、信息定制与推送服务、交流讨论咨询等各种服务，还可通过帮助为用户提供使用介绍，为用户提供最需要的信息集成后的服务。

5.3.6.2 以技术为中心的信息集成服务

这一类的信息集成服务是面向技术集成的信息集成服务，它主要是关注信息的技

❶ 查先进 . 情报学研究进展 [M]. 武汉 : 武汉大学出版社，2007.

术方面。信息技术又能分为好多种不同的种类，如网络技术、数据库技术等。这类信息集成服务是围绕着信息技术开展来进行工作的，它的侧重点及关注点一般都是在信息系统、平台、软件及数字化分布式中，一般很少能关注到用户的信息和服务等需求。这就使很多用户的使用次数及对其满意度大大下降。因此，更应该重视用户，不能一味地追求信息技术方面而忽略了用户的反馈。要知道用户在信息集成服务里是非常重要且必须被重视起来的一部分，没有用户的使用作支撑，就算技术方面再好也不会长久生存下去。在当今社会，信息技术发展迅猛，交替迅速，尤其以知识管理系统的开发及利用为主，知识管理系统的发展远远领先于其他方面，进而引发了重技术的信息服务模式，我们需要清楚地知道技术固然很重要，但是我们更要注重用户的体验及满意程度。

5.3.6.3　以机构合作为中心的信息集成服务

此项信息集成服务的核心是机构间的协作，其协作形式有很多种，通过不同机构组织间的协作来实现其服务技术上的分享和整合，包括服务人员和信息资源的共享与整合。比如，以机构合作为主体的信息融合都能够融入高校图书馆的信息集成服务中，还提出了一种全新模式的数字图书馆信息集成服务模式。通过对高校图书馆建立知识信息集成服务模式，以开展为社会用户的服务，分别构建以机构合作和资源共享互助为中心的知识信息集成服务模式来提升社会服务的层次，这也是高校图书馆向社会开展服务的根本目的。各机构所提供的信息服务功能各不相同，信息集成服务途径也存在多种方式，应该寻找多方位的合作机制，积极争取各个目标组织和机构的团结协作，集成的信息资源服务，努力构建一站式信息集成服务平台。这是未来增强各个服务机构服务能力的一种典型方法。

5.3.6.4　以用户为中心的信息集成服务

它是一种信息服务要素动态集成服务，主要面向个性化集成服务和用户个性化需要。❶ 比如，现代图书馆提供的 Mylibrary 服务系统。Mylibrary 系统为每一个用户建立了包括代表用户选择数字资源清单的参数，还非常人性化地包含用户账号，密码的参数。这个文件可以以 cookie 的形式被保护在用户所在的计算机中，十分安全。同时，

---

❶ 胡昌平 . 信息服务与用户 [M]. 武汉 : 武汉大学出版社，2013.

文件也可以保存在服务器端的数据库中。这样一来，就相当于有了双重保险，用户的体验感也会随之提升，安全系数也有了很大的提高，更有利于信息集成服务。以用户为中心的信息服务中用户的体验十分重要，不仅要留意用户的体验，还要留意用户的潜在信息需求。总而言之，这是一种比较具有个性化的信息服务方式。

信息集成服务并不是单一学科技术就能实现的，它需要不同的学科技术互补，一起协作配合，协同完成。信息集成服务同时也具有创造性。所以我们需要根据每一个使用者的不同使用需求，制定完全不同的系统集成服务。

5.3.7　移动信息服务

移动信息服务是指基于通信网络平台，通过各种移动设备，以无线接入网络的方式实现信息的双向传播。Fife 将目前的移动数据服务归为四类：交易、通信、信息和娱乐。国内移动互联网业界大致将其业务形态分为四类：移动社交（如收发邮件、用 QQ 和微信聊天等）、信息服务（如用手机观看新闻、使用 GPS 定位等）、娱乐（如利用手机玩游戏、听音乐、看剧等）、交易（如股票交易、手机银行业务等）。

随着移动信息技术的发展，高校校园开始流行和普及利用手机、电子书阅读器、平板电脑等终端设备进行移动信息服务，SMS 服务、移动参考咨询、图书馆 App、电子书外借服务等模式相继出现。

余世英在《移动信息服务在国内高校图书馆中的应用模式分析》中给 SMS 的定义如下："SMS（Short Message Service 短信服务）模式是指，利用手机短信功能实现图书馆信息系统的读者服务，尤其是通过与书目管理信息系统进行基于移动设备的信息交互，以实现 OPAC 移动查询、续借、催还提醒等功能。"移动参考咨询在手机等移动终端上使用非常方便，图书馆可以快捷回答用户的咨询。比如，通过微信关注图书馆公众号可进行移动参考咨询，实现查询馆藏、在线续借图书、座位预约、查询借阅信息、进行入馆培训等功能；也可以了解图书馆的最新状态，图书馆举办的各种活动等信息；如果一些问题或建议不容易解决，也可以给图书馆发邮件或者打电话进行交流。

App 是高校图书馆移动信息服务的一种模式，一些公司为高校图书馆专门开发一种 App，有效地支持信息通报、资源检索、互动交流等移动信息服务内容。例如，超星移动图书馆 App 和部分图书馆合作，用超星移动图书馆 App 进行一卡通绑定，识别高校学生信息。因该 App 对接了图书馆的 OPAC，所以可以进行查询纸本书目，完成自助预约、续借，同时也可以对接超星电子书和读秀学术搜索，随时使用海量电子资源。

电子书外借服务。例如，如今高校图书馆已经实现数字化，馆藏收入有电子版图书，可以通过移动终端在图书馆网页进行图书扫码，下载相应的 App 后可将该书电子版下载到手机进行阅读。如歌德电子书借阅机，只需用手指轻轻触摸显示屏即可实现借阅。

移动信息服务主要有以下几个特征。

5.3.7.1　服务的时效性和便捷性

以我国图书馆移动信息服务为例，它具有明显的时效性和便捷性。时效性体现为服务时间，便捷性体现为服务方式。像移动参考咨询——微信公众号的出现，大大提升了服务时间，极大提升了解决问题的时间。过往的模式只能找图书馆服务人员解决问题，现在一个微信公众号就能解决多半问题。服务方式也从面对面的方式，逐步变为面对面方式结合移动参考咨询的方式。这一服务模式是以互联网技术为依托，无线移动技术等为手段进行协调合作，受益于图书馆现代化服务平台建设。这个模式在推动数据资源共享顺利实施的同时，也给用户带来了数据资源服务，使图书馆服务不受制于种种客观因素，增强图书馆服务的时效性，对于图书馆建设发展至关重要。这种受益于现代化移动终端所提供的服务，不仅从时效性上来说要比传统图书馆所提供的服务节省时间，从便捷性上来说也比传统图书馆提供的服务方式要方便快捷。

5.3.7.2　资源的移动性和广泛性

对于图书馆移动信息服务来说，资源移动性就是通过现代化技术使服务也具有移动性，广泛性体现在可以将移动图书馆看作是传统图书馆的拓展，让数字图书馆资源包含传统图书馆资源。例如，App 是高校图书馆移动信息服务的一种模式，能有效地支持信息通报、资源检索、互动交流等移动信息服务内容。移动信息服务的出现后，这种资源移动性和广泛性的特性最大限度使图书馆的发展走上现代化的进程。

5.3.7.3　信息服务的个性化

图书馆移动信息服务突显信息服务的个性化特征。电子书借阅机，图书馆 OPAC 系统，SMS（Short Message Service 短信服务）模式，这些都是个性化的体现。这些个性化服务的出现不仅可以使图书馆移动信息服务的效率提升，而且可以使用户的信息服务体验更加良好，从而提高图书馆的信息服务满意度。信息服务的个性化可以有效地推动移动信息服务的发展。

诚然，移动信息服务发展迅速的同时，伴随而来的也有一些矛盾。对用户个人信息是否有安全保障仍然是当今信息时代的主要问题。不可否认，移动信息服务现今可以说是如日中天，但是科技高速发展与用户素质不对等的矛盾有待解决。从某种意义上来讲，是因为用户的素质问题及社会利益交错而形成的安全问题，其中的关系错综复杂。移动信息服务造就了丰富多彩的现代生活，其带来的问题也是必然的。如何解决问题、化解矛盾也成为研究的问题之一。

5.3.8 信息服务评价

我国的信息服务行业在近些年迅速崛起。任何行业都不是一成不变的，尤其是服务行业，它们更需要符合用户或者顾客的需求，因此需要及时地进行调整，而调整恰恰需要建立在评价环节上。信息服务评价环节是进行信息服务必不可少的重要环节，一个完整的信息服务流程：了解服务对象（即用户）的需求、为满足其需求制定的信息服务方案、与用户交流最终得出最合理最满足其需要的方案并加以实施、信息服务评价及反馈。信息服务评价其实就是对上述信息服务流程做出总结和反馈，找出环节进行过程的问题所在，及时进行调整、改进。在信息服务评价环节中，这是一项主要工作。信息服务评价就是以某种价值观为导向，采用特定的方法与技术收集某一侧面或整个服务系统中的信息，对获取的信息进行评价，对基于服务目标对服务效果与服务过程进行客观测量与价值判断，为持续完善自我和服务决策奠定基础的一个过程。

对信息服务的评估，可通过经济、技术两方面的分析来实现。一方面，从技术上看，信息服务的评价内容可以通过系统性能分析，从信息系统功能的范围及层次，服务系统总体的水平、质量、安全及保密性能，以及信息资源开发的范围与深度等方面深入了解。另一方面，从经济上看，可以通过对系统的效果和收益进行分析。这主要包括直接评价和间接评价两个方面：直接评价的内容有系统的投资成本（包括投资金额和运行时所需的费用），系统在运行的过程中所带来的经济效益和投资回收期；间接评价的内容有对服务机构的改观、用户素质的提高，同时也对信息服务机构的组织机构与体制的改革，管理流程的优化等方面起着决定性的作用。

信息服务评价的特点如下。

（1）信息服务评价具有公共性和公益性

信息服务评价是人们自愿进行的、能够被他人广泛知晓的一种行为。以高校图书馆为例，图书馆内的信息服务评价具有独特体系，面向广大学生和教师，且进行评价不为谋取利益。只为提供更好的服务，而建立在消费基础上的服务。虽说具有公共性，但公益性程度极小。

（2）信息服务评价具有时效性

因为信息服务评价只有及时进行、及时采纳、及时优化，才能保证后续信息服务流程进展顺利。

（3）信息服务评价具有开放性

因为信息服务评价面向群众，评价者有所依据地畅所欲言，能够帮助服务人员更全面地掌握用户心理，从而更好地开展信息服务。

总之，信息服务评价的最终目的就是提升信息服务质量。在信息服务评价过程中，要不断研究评价的方法和体系，以期更加真实地反映用户的期望，从而不断提升服务质量。见案例一至案例四。❶

案例一：广州图书馆健康信息服务项目

广州图书馆是我国较早开展健康信息服务的公共图书馆。2007年，广州图书馆于官方网站推出"健康小知识"栏目，正式开始为民众提供健康信息服务。具体而言，其健康信息服务项目囊括了四方面内容：①建设健康类馆藏资源，广州图书馆共有医药卫生类纸质馆藏369747册（件），运动保健类纸质馆藏50307册（件），养生食疗类纸质馆藏97078册（件），心理健康类纸质馆藏145303册（件），有着较为丰富的健康信息资源。②开展健康宣传，在借助微博、微信平台进行健康信息推送的同时，也以线下派发宣传单、悬挂海报等方式开展宣传。③开展以"广式生活·健康人生系列讲座""健康大讲堂"为代表的主题宣讲活动，其中"广式生活·健康人生系列讲座"由广州图书馆主办，与广州市各三甲医院等医疗机构合作，进行基础健康养生知识的宣讲；"健康大讲堂"则由广州图书馆文献流通部和南方医科大学第三附属医院联合创办，主要宣讲专业性较强的健康知识。

---

❶ 案例来源于庞春梅、严则金在2020年《情报科学》上发表的《广度＋深度：健康信息服务供给的优化路径——基于国内外公共图书馆的多案例分析》。

案例二：英国公共图书馆"阅读疗愈处方图书"项目

2013 年 6 月，英国公共图书馆推出了"阅读疗愈处方图书"（Reading Well Books on Prescription）项目。这一项目是在阅读疗法的理论基础上，由地方卫生部门出资购买图书，患者依据模块化的图书处方到图书馆借阅制定的处方图书。这一项目的运行是模块化的、针对广泛群体的心理健康需求而设立的。具体而言，这一项目主要服务于遭遇各类心理困境、精神性疾病的成年人、痴呆症患者、青少年、慢性病患者等，提供了上百种书单集。这一项目的主要切入点在于各类服务主体之间的整合，地方卫生行政部门取代图书馆行使了健康信息资源的建设工作，医院担负起开具阅读疗愈处方，将患者向图书馆引流的工作，公共图书馆的地位反而有所下降，主要依据处方所指的书单提供模块化的健康信息服务。同时，这一项目得到了大量的基金支持，包括英格兰艺术委员会、大彩票（Big Lottery）、惠康信托基金会等在内的机构均对其进行资助，有效推动了项目运行。

案例三：美国公共图书馆 WIC 项目

WIC 项目，意即"Women, Infants and Children"，是一项由美国联邦政府资助并管理，为母亲、婴儿以及 5 岁以下儿童提供各项针对性健康信息的服务。近年来，美国各地的公共图书馆纷纷加入了这一计划，将公共图书馆作为项目的施行者和场地提供者，推动该项目取得了长足发展。这一项目的服务内容较为精准，且有图书馆员的广泛参与。纳什维尔图书馆在 WIC 项目实施过程中，在图书馆范围内开辟 WIC 诊所，由 WIC 工作人员向来访的母婴群体提供个性化的需求解决方案，图书馆员则主要承担起联络来访者、推广图书馆其他服务的工作。为其提供诊疗场地，并将图书馆会议室提供给来访的母婴群体进行必要的活动。巴尔的摩图书馆则更进一步，派驻图书馆员进驻 WIC 中心，为来访的母婴群体提供个性化的读书指导、婴幼儿识字指导以及其他的图书馆服务措施，取得了很好的效果。

案例四：日本致道图书馆身体馆癌症信息站项目

致道图书馆，是由庆应义塾大学鹤岗市日本山分校区和形县鹤岗市政府共同成立的图书馆，后有东北公益文科大学加入，并将其作为公益文科大学媒体中心鹤岗分站。2006 年，日本制定《癌症对策基本法》后，在庆应义塾大学尖端生物科学研究所的主导下，致道图书馆开展了"身体馆癌症信息站"项目，其经费主要由研究所的项目预算进行负担。身体馆癌症信息站主要面向癌症病人，同时也为普通民众提供以癌症为中心的健康信息服务。具体而言，其服务包括以下 4 个方面：①提供健康信息文献。包括医疗专业书籍、患者经历和思想记录、患者会议通讯录等，同时还可根据来访者的实际需要，由庆应义塾大学教职工、医院及其他地区的医院图书馆以针对性的文献传递提供居民健康的支持服务。例如，2011 年身体馆癌症信息站推出了"戒烟计划"，通过馆员与戒烟者的多次面谈和长期线上随访，提供个性化的戒烟服务。②举办参与式健康学习会，通过自导自演方言短剧、进行健康实验等方式真正解决民众的健康信息需求。③为特定患者提供交流学习的平台，如身体馆癌症信息站在每月第一个周五举办地区内癌症患者"微笑俱乐部"活动，以近似于真人图书馆的方式促进患者之间的需求对接与解决。④支持科学研究，一方面满足医学专业学生了解特定病患的需求，另一方面依托庆应义塾大学的科研资源支持科学研究，取得了显著的效果。

📖 问题与思考

农业农村部《关于全面推进信息进村入户工程的实施意见》指出要抓住"互联网＋农村、农业、农民"机遇，实现信息走入农家，在农户中开展农业信息服务，以发展农村经济。目前，在乡村很多家庭都是中青年在城区工作，老年人仍旧是农村的"主力"。然而，农村老年人的文化程度普遍不高，信息素养也很低。这导致信息下乡、进村、入户的最后一个环节极难推进。事实上，农民在现代社会信息环境下对信息和信息技术的需求却极为迫切，农村信息服务的发展潜力也是巨大的。如何让农户使用信息？如何让村里的中老年人体会到信息化的益处？如何在乡村中开展信息服务？请结合所学思考上述问题。

📖 参考文献

[1] 胡昌平，胡潜，邓胜利 . 信息服务与用户 [M]. 武汉：武汉大学出版社，2015.

[2] 陈建龙，申静 . 信息服务学导论 [M]. 北京：北京大学出版社，2017.

[3] 初景利 . 网络用户与网络信息服务 [M]. 北京：海洋出版社，2018.

[4] 陈惠月 . 论网络环境下高校图书馆的信息服务工作 [J]. 文化创新比较研究，2019（22）.

[5] 王栋臣 . 高职图书馆定题服务的特点和原则探析 [J]. 科学大众（科学教育），2018（10）.

[6] 张国祥，我国图书馆移动信息服务的现状与发展对策研究 [J] 江苏科技信息，2018，35（10）.

[7] 李小燕 . 高校数字图书馆信息检索用户认知模型研究 [J]. 图书馆学刊，2016（7）.

第 6 章　信息经济

信息经济是当今经济发展的重要组成部分，它以信息作为关键要素推动经济增长。在这一章，我们主要从信息经济的产生与发展、理论体系、研究内容等方面进行阐述，以全面了解信息经济的内涵及其基本情况。

信息经济学的研究内容广泛而丰富，既包括信息商品、信息市场，也涵盖信息资源配置、信息产业经济、国家信息经济等诸多方面。这为我们全面系统地学习信息经济知识奠定了基础。

6.1　信息经济基础

信息经济学的发展经历了一个从萌芽到成熟的过程。早在 20 世纪初，一些统计决策和信息经济思想就已经出现。到了中后期，信息经济学作为一个学科开始形成并得到迅速发展。各类重要的信息经济理论也在这一时期产生。

在信息经济学的理论框架方面，学界形成了"三分法"和"二分法"两种主要的观点。前者将信息经济学分为微观层面、中观层面和宏观层面；后者则从市场不确定性角度将其分为微观和宏观信息经济学。

6.1.1　信息经济的产生与发展

6.1.1.1　初始阶段（1919—1959 年）

贝叶斯时代的 18 世纪，统计决策已经为信息经济学的发展播下种子。索尔斯坦·凡勃伦在 1919 年的《资本的性质》一书中，深化了对知识增长作为财富增长关键因素的理解。数年后的 1944 年，冯·诺依曼和摩根斯坦恩共同提出了被广泛应用的期望效用理论。进入 1959 年，杰拉德·德布鲁进一步扩展了这个领域的理论，他提出了在面临不确定条件下的选择理论。与此同时，美国芝加哥学派的奈特作为其中的一位重要创始人，在 1921 年的作品《风险、不确定性和利润》中，详细探讨了将不确定性理论作为公司利润的基础，以及不确定性与知识传递之间的联系。奈特强调了商业运营过程中信息的重要性，并认为信息无疑是社会商品的一种。

6.1.1.2　形成阶段（1959—1969 年）

1959 年，一篇题为"信息经济学评论"的文章，标志着信息经济学的初露锋芒，这篇文章出自马尔萨克之手。他在文章中深入分析了后验条件分布与先验分布的差别，揭示出这种差异实质上就是获取信息的成果。随后的 1961 年，施蒂格勒在他的《信息经济学》中，对信息的成本和价值，以及信息如何影响价格、工资和其他生产要素进行了深入探讨。到了 1962 年，马克卢普的研究使信息经济学领域又有了新的突破，他的《美国的知识生产与分配》为宏观信息经济学开启了新的篇章。

6.1.1.3　进步阶段（1970 年至今）

在 1970 年，阿克洛夫首次提出了著名的"柠檬"理论。1971 年，赫什雷弗首次引入了"信息市场"的概念。同年，阿罗发表了名为"信息价值与信息需求"的研究论文。1973 年，他又进一步推出了《信息与经济行为》及《高等教育的筛选作用》。同一年，斯彭斯发表了论文《劳动力市场的信号发送》，并在次年又提出了《市场的信号发送》。自 20 世纪 70 年代末至 80 年代初，信息经济学开始迈向理论的系统化和逻辑化阶段。这一阶段的标志性作品包括 1982 年乔治·斯蒂格勒的《信息经济学》（1982 年）及麦考尔的《不确定性与信息经济学》。1979 年，赫什雷弗和赖利更进一步强调，市场的不确定性和技术的不确定性是微观和宏观信息经济学形成的推动力。到 1984 年，来自澳大利亚国立大学的经济学者兰伯顿，在《信息经济学的出现》及《组织与信息经济学》中对微观和宏观信息经济学的发展进行了全面性的论述。1986 年，澳大利亚昆士兰大学的尼尔卡卢纳尔顿，对微观信息经济学和宏观信息经济学的范畴和主题进行了深入的研究和解析。

6.1.2　信息经济的理论体系与研究内容

6.1.2.1　广义信息经济学知识体系

一些研究者认为，信息经济学的探究领域在广泛意义上不限于传统的信息经济学，还应包括信息科技、信息策略及相关的学科领域。信息科技主要涵盖现代化的通信技术、互联网技术、信息系统技术和电脑技术；信息策略主要指国家的大体策略、相关的产业策略及微观经济策略。相应的学科则主要包括制度经济学、不确定性经济学、信息社会学、发展经济学及情报学等。

广义地说，这些研究领域都可以被归类为信息经济学，如图 6-1 所示。

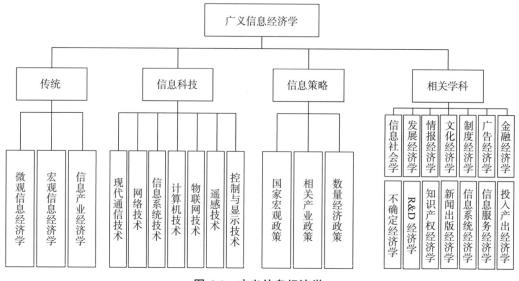

图 6-1　广义信息经济学

广义信息经济学的知识架构非常广泛，涵盖了多种学科和技术。然而，在现实的信息经济学课程学习中，主要专注于传统的信息经济学内容，也就是狭义信息经济学。

6.1.2.2　狭义信息经济学知识体系

对于狭义的信息经济学知识体系，当前主要采取两种构建模式：一种被视为信息经济学的"三分法"，另一种是"二分法"。

（1）信息经济学的"三分法"

"三分法"依托现代西方经济学的标准框架，将信息经济学分成微观信息经济学、宏观信息经济学和产业信息经济学这三个部分。微观信息经济学主要源自斯蒂格勒的研究成果，而宏观信息经济学和产业信息经济学则大多依赖马克卢普的研究。关注信息产业作用的研究可以独立出来，形成中观信息经济学或信息产业经济学，如图 6-2 所示。

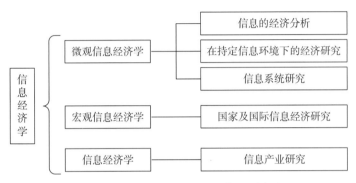

图 6-2　信息经济学"三分法"理论框架

微观信息经济学聚焦于单一的市场参与者，研究的是信息市场的均衡、劳动力供应、消费者行为及市场机制等微观经济问题的影响。它关注的是信息资源如何配置和微观信息市场的效率问题。具体来说，它可以进一步划分为"信息的经济分析""在特定信息环境下的经济研究""信息系统研究"。

从国家和全球经济的宏观视野，宏观信息经济学是针对信息对总体供需影响的研究，以及信息与财政方案和金融框架的关联。它还探究了信息在塑造宏观经济策略时的关键角色，以及国际与国内信息经济的相互关系。而产业信息经济学集中在信息产业分析上，探讨包含信息技术产业化、信息产业的基本构建、国际化的信息产业，以及信息资源在经济扩张中的影响等主题。

（2）信息经济学的"二分法"

信息经济学的"二分法"以市场不确定性为基准，将信息经济学分为微观信息经济学和宏观信息经济学。在此分类下，宏观信息经济学和产业信息经济学被认为是宏观信息经济学的部分内容。在这方面，宏观信息经济学涵盖信息产业经济学及各类信息社会的经济思想，基于信息技术的不确定性，分析信息技术对经济的多元影响和福利效应，有效地展示了信息产业在信息经济学研究中的重要地位，如图 6-3 所示。

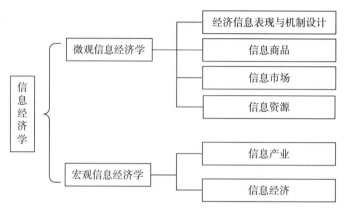

图 6-3　信息经济学的"二分法"进行划分

6.1.3　信息经济学的主要研究内容

信息经济学的研究着重探讨以下五个方面内容。

（1）经济行为在特定信息环境中的研究

这一类研究的重点是理解信息如何对经济参与者产生影响，包括不对等信息下的分析模型、代理人理论、逆向选择与道德风险、广告模型、市场信号模型等。这一视角把信息视为传统经济学框架的一个组成部分，从微观层面上探讨掌握或未掌握信息的经济参与者间的互动，以及信息对资源分配的影响。

（2）信息的经济分析

这一领域的研究将信息视为商品或资源，强调经济参与者如何利用信息。主要探讨信息市场的运营机制、信息商品的需求和供应、信息商品的定价，信息的产生、分布、交换和消费，信息资源的分配和管理，以及信息的成本和价值。

（3）信息资源和信息系统的研究

这类研究关注信息与经济参与者之间的交互。从广义系统的角度看，研究内容包括信息资源的配置和管理，信息系统运行和管理效率，信息系统管理的目标、内容和方式，信息系统的经济评估框架和方法，信息系统的成本与收益，以及信息系统的最优的抉择。

（4）信息产业的研究

此类研究注重信息产业经济，涵盖信息产业的基础和发展、信息投入产出模型、信息部门和信息工作者的构成和发展、信息产业政策及其福利分析、信息经济结构和规模、信息技术的产业化和社会化、信息服务的经济分析等。

（5）国家和国际信息经济的研究

这类研究着眼于国家社会信息经济，甚至全球信息经济，探讨其发展规律和基本原则。研究内容涵盖信息社会经济的基础和基本特性、信息财富理论、信息力量与国家竞争、信息社会经济行为的一般理论、全球信息经济的发展动力和环境、信息技术与国际贸易、信息竞争力与国际信息贸易等。

6.2　信息商品

信息商品是信息经济的核心要素之一，它以其独特的商品属性在信息市场中发挥着重要作用。在本章中，我们主要从信息商品的概述、价值与价格、流通等方面进行阐述，全面解析信息商品的内涵、特征、分类、定价策略等内容。

在这一章节我们明确了信息商品的内涵，它是一种用于交换的信息产品，具有商品和信息双重属性。与传统商品不同，信息商品具有非物质性、共享性、时效性等明显特征。我们还剖析了信息商品的多种分类方式。我们会讨论信息商品的价值形态和影响价格的诸多因素。信息商品的价格应通过差别定价策略来确定，这是实现最大经济利益的关键。最后，我们将探讨信息商品流通过程中的供求关系、交易方式，以及信息商品交易中存在的各类问题。这些内容系统阐释了信息商品流通的全貌。

6.2.1　信息商品概述

6.2.1.1　信息商品的内涵

在市场经济的大环境下，商品的形式越来越多样化，信息商品是社会经济和信息时代发展的必然产物。商品是用于交换的劳动产品。起初商品大多是物质商品，随着脑力劳动和体力劳动的逐步分离，信息商品所占的比重越来越大。

信息商品，其主要目的是满足有信息需求的消费者进行交换的一种商品，它是一种特殊的全新的商品形态。也就是信息经过人们的搜寻、整理、储存和加工后，使其具有使用价值，然后用于交换的一种商品。由于信息商品具有不同于其他物质商品的特性，信息商品的交易与流通等过程也与其他商品不同。

信息要成为商品必须具备以下几个条件。

（1）信息商品应是具有价值的劳动成果

信息商品就是商品，拥有商品的基本特性。其价值体现在凝聚在其内的无差别的人类劳动，包括社会必要劳动时间和个体劳动时间。

（2）信息商品应具备使用价值

与其他商品一样，信息商品也应具备使用价值。但只有那些能满足消费者需求、具备使用价值的信息才能作为商品在市场上流通。然而，并非所有的信息资源都能被视为信息商品。例如，一些未经开发的原始信息和自然信息，如动物的叫声、植物发出的信号等，并不可被视为信息商品。

（3）信息商品必须用于市场流通

信息商品必须通过市场流通才能够实现它的价值和使用价值。没有用于交换就不能称为信息商品。例如，如果某团队开发了一款新的游戏，但是并没有将其进行市场流通，那么这款游戏软件就只是信息产品，而不是信息商品。此外，我们生活中有很多公共信息，如我们每天接收到的天气预报信息和交通状况信息，这些信息是公共信息，可免费获得的，它就不是信息商品。但是，如果将这些交通状况信息进行收集整理并且优化出几条具有特色的自驾游路线信息，并且将其进行交换，这时它就成为商品信息。

6.2.1.2 信息商品的特征

信息商品具有信息特性和经济特性。

（1）信息商品的信息特性

第一，非物质性。信息是依托于物质载体进行传递和流通的。信息商品的非物质性指的是信息商品依附于物质载体但与物质载体的具体形式无关的一种性质。例如，一首钢琴曲，可以通过磁带／光盘／移动硬盘／闪存盘／网盘等载体进行信息的保存与传递。钢琴曲的内容是一样的，并不会因为不同的载体导致钢琴曲的不同。人们在购买信息商品的时候，是对信息内容的购买。

第二，共享性。信息商品的共享性主要是由信息本身的共享性决定的。对于物质商品而言，一个消费者进行购买消费后，其他的消费者就不能够再对此商品进行购买消费。但是，信息商品在交易流通过程中，其信息内容并没有发生改变，只是其物质载体发生了转化或者改变。例如，A 消费者从 M 处购买一个具有价值的股评信息，然后将这条股评信息转卖给 B 消费者和 C 消费者，在 B 消费者和 C 消费者获得信息商品的同时，A 消费者依旧拥有该信息商品的信息内容。

第三，时效性。信息商品的时效性指的是信息商品在不同的时间段具有很大的差别，也就是说信息商品的价值和使用价值只能够在有效的时间段内得到体现，一旦错过这个时间段，信息商品将不再具有使用价值，从而不被消费者选择。由于信息本身的特性，一个信息商品的出现，会引发市场上同质或者高于该信息商品质量的商品出现，它很快会被替代。如果一个信息商品没有及时流向市场，那么它随时会失去其使用价值和价值。与此同时，信息商品本身也有随着时间的延续，其使用价值逐渐降低的特性。金融市场的信息，越早获得，该信息商品的价值就越大。专利保护及知识产权的保护都是有时间限制的，一旦过了保护期，该信息就会成为公共信息，任何人都可以免费获得。只有不断地保持信息商品的时效性，才能够实现最大化地实现信息商品的价值和使用价值。

（2）信息商品的经济特性

第一，外部性。信息商品的外部性指的是信息商品在经济活动中进行流通，除了对直接消费者有影响，对其他人也会有影响，会带来收益或者增加成本。这个影响可能是正面的，也可能是负面的。过量的垃圾邮件、拥挤的交通等，除了生产的直接成本，还附加了外部成本给其他人，减少了其他人的收益，这样的外部性称为负外部性。优秀的教育环境、基础医疗的建设等，除了给直接生产者和消费者带来收益，还能给其他人也增加收益，这样的外部性称为正外部性。不论是正外部性还是负外部性，都没有将其收益与成本计入社会收益机制和社会成本机制，因此经济活动的参与者所做出的决策，并不能够与真实的社会成本和收益相契合，从而产出的社会效益水平偏离市场的均衡状态。当然，正外部性和负外部性并不是绝对的。同样的一个信息商品，对于一些人来说是带来收益的，但是对于另外一些人则是增加成本的。

下面，我们就信息商品的正外部性和负外部性进行讨论。

当信息商品强加给那些没有该商品需求的人们时，信息商品就产生了负外部性。例如，生活中，我们会收到大量的电子邮件，很多是商家的宣传页面和产品的广告。对于一部分人来说，这些是有用的信息，但对于很多不想花时间来阅读的人来说，既要浪费内存去接收它，又要花费时间去删除它，这都增加了成本。对于邮件的发送成本，我们可以从两方面来计算：一方面是邮件的发送者，他通过收集邮箱地址进行邮件的发送，这既有邮件发送介质的成本，但更多的是发送人的时间成本；另一方面，对于邮件的接收人，尤其是对该邮件没有兴趣的人群，他们阅读邮件、删除邮件带来的时间成本，以及对心理造成的厌恶情绪的成本，都是额外的成本。

当然，信息商品除了负外部性，还有正外部性。例如，一幅优秀的书画作品、一篇优秀的文章，消费者在购买该商品的时候，所花费的成本是该商品的价格及欣赏该商品时的时间成本，但是它能够带给消费者更多知识的启发、精神的升华以及美学的感悟。同样，该商品也可以给其他人带来这种精神上的美好，这就是额外的收益。与此同时，良好的教育体系不仅能够培养出优秀的人才，为社会做贡献，而且对于整个社会都是有益的。

第二，准公共物品性。信息商品具有准公共物品特性，即在多个消费者消费信息商品的同时，并不会削减其他人消费或使用这一商品的能力。这个特性被称作准公共物品，是因为信息商品并非严格的公共物品。也就是说，它们不完全具有非排他性和非竞争性。有些准公共物品可能具有排他性却无竞争性，如消防设施或收费公路；另一些则可能具有竞争性而无排他性，如湖泊中的鱼或公共牧场。信息商品的共享特性是其被定义为准公共物品的原因。在非竞争性方面，当信息商品被大部分消费者使用时，并不会影响其他消费者的利益。比如，一份高质量的报告，无论多少人阅读，每个人都能从中获得知识，这并不会影响其他人的阅读收益。在非排他性方面，信息商品在被大部分消费者使用的同时，无法阻止其他消费者的使用，如免费的交通信息或天气预报。信息商品的初期制作成本可能较高，但是在后期复制传播时，成本会降至极低甚至无成本，我们称其为低边际成本。因此，更多的消费者期望在获取信息的收益的同时，尽可能减少甚至避免成本的支付，这也是知识产权和专利保护的主要驱动力之一。

第三，垄断性。信息商品的垄断性分为自然垄断和人为垄断。信息商品往往具有较高的初始成本和较低的边际成本。一款软件，它从研发、生产到投入市场进行流通，需要花费大量的人力和物力。如果该商品得到市场的认可，那么进行追加产品的生产需要的成本很低甚至为零。但是如果该商品得不到市场的认可，那么前期所有的投入都被认为是沉没成本，是不能够得到收益的。研究表明，一个软件的初始成本超过了总成本的70%，随着生产数量的增加，平均生产成本基本与边际成本相等。这一特性会导致企业大规模地扩大生产，从而会形成规模效应，进而形成了信息商品的垄断性。与此同时，随着企业的垄断，企业就更加具有竞争优势。一方面企业可以通过较高的定价来尽快收回资本，另一方面也可以通过较低的定价来阻碍其他竞争者的进入。这样一来造成了信息商品市场较高的行业壁垒，从而形成了自然垄断。

信息商品的人为垄断主要体现在针对信息商品的人为约定，如知识产权保护法和专利法。信息商品主要是体现在知识与信息方面的管理与创新，初期投入的成本较高，后期的边际成本较低，这些成本特性导致信息商品极其容易被复制。为了保护信息商品的生产者和所有者，需要人为地约定一些条约或者法律来保护他们，使得信息商品的生产者具有更多的生产创造的动力。然而，信息商品的垄断性会导致效益的损失和社会福利的降低，从而导致信息市场失灵。

6.2.1.3　信息商品的分类

信息商品按其生命周期的长短分为长期型信息商品、短期型信息商品和即时性信息商品。长期型信息商品指的是可以长期保存的信息商品，如书籍、油画、软件程序和数据库等；短期型信息商品是指商品的保存时间相对短一些，如商家的宣传页面、某次活动的宣传广告等；即时性信息商品是指信息商品的保存价值很低，几乎没有，在消费者购买该信息商品的同时也消耗掉了该信息商品，如某场音乐会、电影等。

根据信息商品产生的阶段，分为生产型信息商品和再生产型信息商品。产生于信息资源的生产阶段的信息产品为生产型信息商品；产生于信息资源开发阶段，也就是信息资源再生产阶段的信息产品为再生产型信息商品。

根据信息商品的功能可分为信息检索类商品，信息传播类商品，信息增值服务类商品和原始信息商品。

根据加工程度的不同，将信息商品分为一次信息商品，二次信息商品和三次信息商品。

根据商品的载体不同，将信息商品分为有形的信息商品和无形的信息商品。

6.2.2　信息商品的价值与价格

信息商品在社会层面上展现的属性是其价值，而在自然层面上表现的则是其使用价值。从商品属性的角度理解，信息商品和其他实体商品在本质上并无区别，都是基于劳动的双重性——不加区分的人类劳动。但是，从信息的视角出发，我们可以看到，信息商品呈现出的价值和使用价值特性与其他商品存在差异。

6.2.2.1　信息商品使用价值的特性

（1）知识创新性

信息商品的形成过程中，主要是生产者的脑力劳动，它是一种集知识性和创新性于一体的高知识含量的产品。信息商品是一种动态的知识成果形态，是生产者在信息资源和知识储备的基础上，进行信息资源的创新或再创新。它更多的是智力型创新的一种体现。当然，这种知识创新程度的高低与商品的生产者和使用者的素质能力高低均有关系。如果生产者本身的知识储备丰富、思维逻辑严谨有创意，那么信息商品的知识创新的基础能力就较高，但是同样的商品对不同的使用者而言，所产生的效果并不相同。高知识水平的使用者能够更好地使该信息商品发挥作用，甚至可以在此基础之上进行二次创新。

（2）共享性

信息具有共享性，同样，信息商品也具有共享性。也就是说，信息商品可以在相同的时间节点被不同的消费者使用。信息商品的购买方，通过失去价值（表现为货币支付或者其他物质交换）来交换信息商品的使用价值；而信息商品的卖方，在获得价值的同时并没有失去该商品的使用价值。信息商品的核心是其信息内容，通常买方购买的商品是承载了信息内容的一个媒介，如光盘/书籍等。商品损耗的也是商品固定的外在媒介，真正的核心内容并没有受到损害。卖方可以将该信息商品出售给多人或者多个机构，从而获得更多的价值。当然，也有的消费者在购买信息商品之后，会对其信息内容进行复制或者转售等行为，这一过程也是信息商品共享性的体现。

（3）时效性

信息商品的使用价值主要取决于使用者对信息内容的需求程度和效用程度。如果一个信息资源或者信息内容对于使用者而言是非常重要的，而且是迫切需要的，那么该信息商品的价值就会相应地增加。当然，这种需要的时间性也是有限制的，信息只在有限的时间内有用，过了这个时间节点或者时间段，其效用值很小甚至为零。因此，该信息商品的使用价值会降低或者为零，这就是信息商品的时效性。当今是信息时代，信息迭代的频率和速度越来越快，这就使信息商品使用价值的时效性体现得更加明显。

6.2.2.2 信息商品的价值

（1）信息商品的价值理论

关于信息商品价值的理论，主要有劳动价值理论、知识价值理论及效应价值理论。马克思的劳动价值理论强调商品中所包含的无差别的通用人类劳动产生了价值，商品在本质上是价值与使用价值的结合，而价值的量由制造商品所需的社会必要劳动时间决定。作为商品的一种，信息商品的价值也源于无差别的人类劳动。相对地，丹尼尔·贝尔（Daniel Bell）反对劳动是剩余价值源头的观念，他主张在特定交换过程中，知识是剩余价值的来源。约翰·奈斯比特则认为在信息社会，价值增长是通过知识，而非劳动实现的。效用价值理论持有的观点是，信息商品产生的效用是可以量化的。

（2）信息商品的价值表现形式

第一，效用价值。信息商品的效用价值指的是，信息商品在有信息产生的效用与其在无信息时产生的效用的差值比较。信息存在的意义就是能够减少决策的不确定性，在有信息的基础上做的决策所带来的效用，肯定大于在无信息时做出决策所带来的效用。例如，张三要去广州出差两天，他并不知道出差的这两天是否会下雨，因此他有两种选择：带雨伞和不带雨伞。在没有信息的情况下，默认为下雨和不下雨的概率各占一半，带对伞的效用为 10，带错伞的效用为 –10。在无信息的基础上，张三带伞与否，他的预期效用 $= 10 \times 0.5 + (-10) \times 0.5 = 0$；但是张三如果通过天气预报信息，得知未来两天下雨的概率为 0.7，不下雨的概率为 0.3，那么他的预期效用 $= 10 \times 0.7 + (-10) \times 0.3 = 4$。此时两种效用的差值 4 就是天气预报的效用价值。

第二，费用价值。根据劳动价值理论，我们可以用以下公式表示信息商品的价值：

$$W = C + V + M = C + V_{脑} + V_{体} + W \tag{1}$$

在这个公式中，W 代表信息商品的价值，C 代表信息商品的固定资本，V 代表信息商品的可变资本，$V_{体}$ 代表生产信息商品所消耗的体力劳动，$V_{脑}$ 代表生产信息商品所消耗的脑力劳动，而 M 则代表信息商品产生的剩余价值。因为信息商品的独特性，C 包含了更广泛的概念，如生产信息商品所需的实物化劳动投入、实验室使用费、实验设备折旧费用、国家基础设施公摊费用、知识积累时间消耗、培训分摊等预投入等。V 主要由 $V_{脑}$ 和 $V_{体}$ 组成，其中 $V_{脑}$ 代表了生产该信息商品的智力投入，而 $V_{体}$ 则代表体力投入。在通常情况下，智力投入的价值远大于体力劳动的价值。M 表示信息商品的生产者对社会贡献的剩余价值。由于信息商品具有共享性，它可以被多次利用，而具体使用次数难以计算，因此其产生的剩余价值也无法量化。然而，在当前的信息社会中，信息商品的剩余价值无疑是巨大的，能为社会带来显著的收益。

6.2.2.3　信息商品的价格

（1）信息商品价格的内涵

信息商品价格是其价值在信息市场上的货币体现。这是现代经济社会中的一个现象，反映了特定数量的货币所能交换的价值。但信息商品的价格并不等同于其价值。买卖双方的报价并不是信息商品的实际价格，只有使双方满意的价格才有意义。

（2）信息商品价格的特性

由于信息商品有别于其他商品的价值和使用价值特性，其价格也具有独特性。主要体现在以下几点：首先，同一信息商品，因信息内容的差异，导致价格的不同。消费者从信息产品中获得的使用价值越高，价格就越高，反之则相反。其次，相同的信息商品对不同群体的价格需求也会不同。因为不同群体对同一信息商品的需求不同。因此，相同的信息商品对不同群体的使用价值也不同，由此产生的价格也不同。最后，信息商品价格会随时间变化。信息商品的使用价值具有时效性。随着科技进步和社会发展，市场上很快会出现相同的信息商品，因此原有信息商品的使用价值可能大幅下降甚至消失，价格也会相应下跌。但并非所有信息商品价格都会随时间下降，如优秀的书画作品和工艺品，随着时间的流逝，其社会和历史价值可能会增加，相应的价格也会上升。

（3）影响信息商品价格的因素

信息商品价格的确定受到消费者因素、信息商品本身的因素、信息市场因素和宏观环境因素的影响。消费者的经济能力、购买偏好和支付方式都会对信息商品的价格产生影响。而商品自身的开发难度与风险、生产成本、独特性及时效性也是重要因素。此外，信息市场的供需关系、供求弹性及市场的完善程度，都会影响商品的价格。宏观环境，包括政治环境、法律政策及网络环境的优化和信息化程度，同样对价格有影响。良好的宏观环境有助于信息商品价格的稳定。

（4）信息商品的定价

采用差别定价策略是信息商品定价的核心思路。这需要企业具有对市场动态的敏锐洞察，通过综合运用各种定价策略，制定出适宜且有效的商品价格。这有助于企业推行差异化战略和低成本战略，进而实现竞争优势和最大的经济利益。

企业要实施价格差别化需要满足一些条件，例如，企业必须有一定的市场控制力，能够掌握不同级别的买家的购买愿望或能力方面的信息。

第一，个性化定价。个性化定价也被称为全面定价或第一阶段价格歧视，这指的是具有市场优势的企业精确地捕获买家的需求，为每个买家设置一个与其最大支付意愿相匹配的价格。一个典型的例子是"版本定价"，制造商基于不同的需求设立不同的版本并定价。例如，微软公司针对其产品，如学术版、家用版、专业版、企业版和终极版等制定不同的价格，让消费者能够选择适合的版本。

第二，数量定价。数量定价也被称为基于数量的定价或第二阶段价格歧视，这是企业根据买家的购买量设定不同级别的价格的做法。一个典型的例子是块定价法，其中的价格并不是线性增长，因为在块定价中厂商的收益并非销售数量的线性函数。一个极端的例子是一致定价法，也就是消费者购买第一单位产品时需要支付额外的入门费，如固定电话的安装费和月租费，或者手机的套餐费和额外费用。

第三，群体定价。群体定价也被称为基于身份的定价或第三阶段价格歧视，是企业根据消费者的身份特征设定不同价格的做法。例如，在电子商务中，网站通常会对会员和非会员设定不同的价格和服务套餐，非会员只能免费查看部分网页内容，而会员则可以享受更深入的服务。在这种定价模式下，厂商在价格弹性大的市场中通常会采取低价竞争策略。

在现实中，为了获取更大的流量和吸引更多的客户，企业通常会综合使用以上三种定价策略。例如，在群体定价的基础上，对消费者群体进行更深的细分，并在这些细分群体内部实行个性化定价或数量定价。

6.2.3　信息商品的流通

6.2.3.1　信息商品的需求与生产

（1）需求性质的信息商品

信息商品的需求是指在特定价格下，消费者对这种商品的渴求。这种渴求既包括购买的意向，又包括购买的能力。在确定的时间段内，消费者所愿意且能够购买的信息商品的数量，定义为信息商品的需求量。在对信息商品的需求进行分析的过程中，通常采用需求表和需求曲线这两种方式。

（2）信息商品的需求价格灵敏度

信息商品的需求价格灵敏度是指信息商品的价格发生变动时，需求量变化的相对幅度。也就是说，需求价格灵敏度 = 需求量变动的百分比 / 价格变动的百分比。

$$E_d = -\frac{\frac{\Delta Q}{Q}}{\frac{\Delta P}{P}} = -\frac{\Delta Q}{\Delta P} \cdot \frac{P}{Q} \qquad （2）$$

其中，E_d 表示弹性系数，主要有以下五种情况：

a. $E_d > 1$，称为富有弹性；

b. $0 < E_d < 1$，称为缺乏弹性；

c. $E_d = 1$，称为单位弹性；

d. $E_d = \infty$，称为完全弹性；

e. $E_d = 0$，称为完全无弹性。

对应的图像分别见图 6-4。

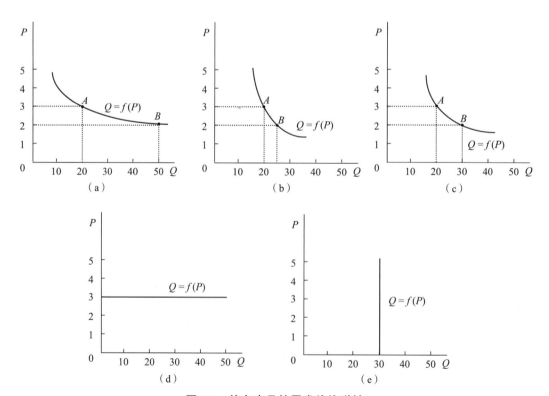

图 6-4　信息商品的需求价格弹性

6.2.3.2　信息商品的呈现

（1）信息商品的呈现

信息商品的呈现是指信息商品的提供者在确定的时间段内，以特定的价格将信息商品带入信息市场。一方面，提供者需要有出售这种商品的意愿；另一方面，提供者需要有能力以确定的价格销售该商品。通常，我们通过供应表和供应曲线进行信息商品的供应分析。

（2）信息商品的供应价格敏感度

信息商品的供应价格敏感度是指由于信息商品价格的变动而引起的供应量变化的相对程度。即供给价格弹性 = 供给量变动的百分比 / 价格变动的百分比。

$$E_s = \frac{\dfrac{\Delta Q}{Q}}{\dfrac{\Delta P}{P}} = \frac{\Delta Q}{\Delta P} \cdot \frac{P}{Q} \tag{3}$$

其中，E_s 表示弹性系数，主要有以下五种情况：

a. $E_s > 1$，称为富有弹性；

b. $0 < E_s < 1$，称为缺乏弹性；

c. $E_s = 1$，称为单位弹性；

d. $E_s = \infty$，称为完全弹性；

e. $E_s = 0$，称为完全无弹性。

对应的图像见图 6-5。

6.2.3.3　信息商品的交易

（1）信息商品的交易成本

信息商品的交易成本指的是信息商品交易的双方为了完成商品交换所付出的费用，体现在整个信息交易过程中。信息商品交易前的成本主要是信息发布成本和信息搜寻成本；交易过程中的成本主要是交易双方的沟通成本和合同成本；交易后的成本主要有信息商品的转化成本、监督成本和运营成本。

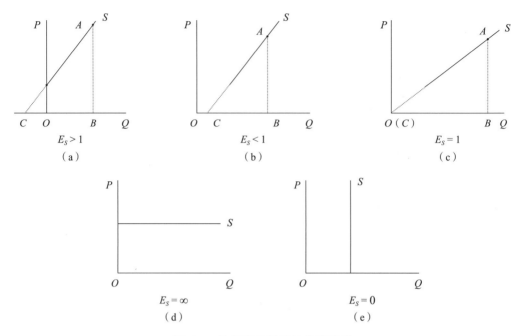

图 6-5　信息商品的供给价格弹性

（2）信息商品的交易方式

信息商品的交易方式主要分为独立交易和共享交易。独立交易指的是信息商品的供应方将该商品进行出售，购买方可以只购买商品的使用权，也可以完全买断信息商品的使用权和所有权。如果买方只购买了使用权，那么卖方可以将该信息商品出售给多个卖家。例如，计算机软件及电子书的出售就是这种情况。如果买方购买了该商品的使用权和所有权，卖方将丧失商品的所有权。例如，市场中对专利的买卖，对电影版权的买卖。共享交易指的是信息商品的供应方对该商品进行出租，购买方仅在一定的时间段内拥有该商品的使用权，如租赁图书和音像制品。

6.3　信息市场

信息市场是信息商品流通和交易的平台，是实现信息资源配置的重要环节。在本章中，我们将系统地探讨信息市场的内涵与功能、运行机制和管理策略等方面内容。

我们将阐明信息市场的概念、特点和分类，它不仅是一个商品交易场所，也涵盖信息服务和经济关系。信息市场具有产品多样性、创新性和竞争性垄断的特征。之后我们会详细分析信息市场运转的供求机制、价格机制、竞争机制和激励机制等，这些机制共同推动着信息市场的有序高效运行。最后，我们将讨论信息市场管理的内涵与手段，并提出通过整合运用经济、行政与法律手段，建立健全信息市场秩序。

6.3.1 信息市场的概述

6.3.1.1 信息市场的含义

在较狭义的理解中，信息市场可以看作信息产品交易的平台。也就是说，信息市场是将信息产品融入广泛的经济活动中，使其像其他商品一样流通和交易的场所。实际上，信息产品市场的范围不仅包括信息产品和信息产品交易的场地，还涉及信息生产者、运营者、用户及他们的经济行为和经济关系。

从更广泛的视角来看，信息市场不仅是信息产品交易的领域，还包括购买信息产品的消费者及他们与信息生产者、运营者之间的经济关系。这代表了信息产品供求关系的全貌，包括信息本体、信息服务和信息流通。

6.3.1.2 信息市场的特点

（1）产品多样性

假设一家公司在市场中与众多独特的产品竞争，它就必须为其数字信息产品增添价值，通过创新把不同的数字信息产品投放到特殊的市场细分中。这样可以实现与竞争对手的差异化，制定出适合自身数字信息商品的价格。市场中充斥着各式各样的产品是一种常态，市场领先者因此获得了丰厚的回报，这也吸引了其他竞争者的参与。

（2）创新性

数字信息商品的高固定成本构成了自然的屏障，竞争者只能通过创新来寻求突破。在现今网络技术迅速发展的网络经济时代，公司获得知识并创新产品的能力几乎不受物质条件的束缚。因此，不论公司的历史、规模和资本力量如何，都有可能进行创新。通过创新，将有区别的数字信息产品投放到特定的市场细分中，可以对产品价格产生决定性的影响，从而与市场领先者进行竞争。

（3）竞争性垄断市场结构

我们可以观察到竞争性垄断的市场结构的主要原因是，数字信息产品具有的高固定成本和低边际成本、产品技术的不可互换性、正反馈效应的广泛作用及消费者在产品消费过程中产生的"束缚"效应，这些因素使网络经济中的垄断现象成为常态。然而，由于信息市场的开放性较强，进出市场的障碍较小，竞争规则更易于发挥作用。因此，只要新的技术或产品具有技术优势并能够获得市场的接受，就有可能取代其他技术和产品，从而占领整个市场。这实际上孕育了一种独特的市场结构，即竞争越发激烈，越易形成垄断。

6.3.1.3　信息市场的分类

信息市场可以基于信息产品的类别划分为两大区块：一部分是聚焦科技、经济、政策、行政管理和商业等信息产品的市场。这些产品可能以实体形式存在，也可能以数据或信息形式存在，或者是这两者的结合。另一部分主要涉及艺术和视觉艺术信息的市场。

根据信息产品的层次性，信息市场可以被细分为一级、二级和三级信息产品市场。一级信息产品市场主要涉及科研、制造和管理成果的交易。例如，技术市场，它供应各式各样的技术产品和服务，这是最典型的例子。二级和三级信息产品市场，则主要关注信息工作成果和信息系统产品内容的交易。

根据交易的特性和形态，我们可以将信息市场区分为产品类型市场和服务类型市场。产品类型市场提供具有特定形态的信息，而服务类型市场则主要提供知识性的劳务。

根据信息产品的交易时期和地点，我们可以将信息市场划分为永续性市场和短期性市场。短期性的信息市场没有固定的时间和地点，它会根据需求和便利性临时建立。然而，永续性的信息市场则使信息产品的交易变得更加规范、稳定和商业化，这也是信息市场的发展方向和趋势。

6.3.1.4　信息市场的功能

信息市场作为商品和信息流通的通道，具有双重特性。这意味着我们可以从两个角度来理解其功能。就整个经济运行和市场系统而言，信息市场有资源配置和调节功能，推动技术创新的功能，以及作为利益分配信号的功能。对于信息服务行业来说，信息市场有媒介功能，存储和排序功能，审查、评估和监管功能，以及传播和传递的功能。

6.3.2　信息市场的运行机制

信息市场运行的机制是对信息商品价值规则的应用，其由信息商品的经济行为决定，并作为信息市场系统的传递模式。在一个更广的层面上，信息市场的运行机制可以视为信息商品经济行为的内在法则，主要对市场的经济过程施加限制。这是由商品价值规则、竞争法则、货币循环法则等经济法则的交互影响形成的。在一个更具体的层面上，信息市场的运行机制涉及信息商品供应与需求关系，以及信息价格波动对信息交易的影响，这进一步对信息商品的生产和消费产生正向或反向影响。

信息市场的运行机制是一个全面的系统机制，包括驱动力、传输、适应、调整和效应。其内在动力源自物质利益的差距，而经济信息的传播和商业服务则起到传输的作用。其中的影响因素包括信息商品的价格、税收、利率和政府补贴等，效应则体现在市场机制对信息商品生产、交换、消费和利润分配过程中所引发的各种经济变动。以下是我们对信息市场运行机制的一些分类。

6.3.2.1　信息市场的供求机制

信息市场中的供应和需求是两个相互联系但有所区别的概念。信息的供应基于需求的存在，而满足信息需求则取决于信息的供应。供应应与需求相适应，而需求也与供应相挂钩，二者相互补充，共同适应。当供应和需求达到一个平衡点时，信息市场就实现了供需协调；反之，若供需失衡，市场就会出现不协调的情况。信息市场的供需主要存在三种状态，即供应过多，供应不足和供需平衡。由于信息具有不易消耗和可共享的特性，一旦某种信息商品被创造，就可以在不同的时空进行多次交易，满足多重和持续的消费需求。因此，信息市场中通常不会长期出现供应过多或供应不足的情况。如果有的需求未被满足，则可能仅仅是因为缺少相应的供应（见图 6-6）。

图 6-6　信息市场上信息供应与需求之间的内在关系

（1）信息市场需求机制和供给机制

在信息市场中，需求机制涉及信息使用者对信息的内容、数量、质量和格式的需要，这也包含了对信息服务模式及服务质量的要求。需求在信息市场中通常具有可变、多元和平衡的特性。

供应机制是指向信息使用者供应以信息产品为主体的商品的过程。供应的核心是向社会和自身提供增值的信息产品。信息产品的制造不仅是供应的源头，也是信息市场供应的基础；而信息市场的供应是信息产品生产的驱动力和条件。

同时，信息产品生产与信息市场的供应互有制约。在产品类型、数量和质量这三个方面，信息市场的供应与信息产品生产存在一定的不同。整体看来，长期的观察显示，信息市场供应的产品类型通常少于信息产品的类型。

然而在短期内，信息市场供应的产品类型可能会多于或者少于同一时间段内生产的信息产品的类型。从数量角度看，一般来说，信息市场的供应量会大于信息产品的生产量。由于信息市场存在信息不对称，可能会出现价格离散的情况，因此可能会导致信息市场供应量小于信息产品的生产量。

从质量角度看，信息产品在生产阶段的质量往往高于其在市场供应时的质量。信息商品的供应和需求的弹性也同样复杂，必须找出导致供需不平衡的根源，并运用经济学的方法来解决供需不平衡问题。

（2）信息市场供求平衡的解决

在确保知识经济环境中供需稳定的过程中，我们必须清楚，供需关系是一种活动性连接，并需要科学预测等决策工具进行引导。对于知识产品具有可复制和低成本的特质，实施对知识产权的保护是必要的。在销售信息产品的全过程中，要全面监控各环节，包括制造、交易、存储及售后等各环节，以确保流程的完整执行。这也要求每一位知识产品生产者拥有优良的技术和素质。总体来说，如果在经济环境中某类信息产品出现供需失调，就应当制定并实施适当的策略，以解决和缓和这些问题。

6.3.2.2　信息市场的价格机制

价格机制体现了价格波动与市场供求之间的动态关系。在信息市场中，这个机制发挥着重要作用，其在不同层面上的功能也有所不同。对于生产同类产品的公司而言，价格机制是他们竞争的利器。为了在市场中赢得更多优势，他们必须在确保质量的前提下尽可能降低价格，以达到质优价廉的效果。而对于生产不同产品的公司来说，价格机制是一个指导他们调整生产方向和规模的指南针，它推动信息生产各环节按比例进行协调发展。价格并不是一直保持不变的，它会根据市场供求的变化而进行调整。

在信息商品的交易中，价格会随着市场供求的变化而上下浮动。在利用价格机制时，我们不仅要关注商品的供求关系，还要充分考虑商品的需求弹性。需求弹性实际上是描述需求对价格变化的敏感度。它提供了一种评估方式，以了解价格降低或提高一定比例可能会引发的需求量增加或减少的情况。对于不同的商品，价格变动所导致的需求量变化是不同的。如果信息商品的需求弹性较低，价格的升高会带来总收益的增长；反之，如果价格下降，总收益则会有所减少。

6.3.2.3　信息市场的竞争机制

信息市场的竞争可以从三个层次去理解。

首先，是信息生产者和销售者之间的角逐。这包含了同行业内信息提供者的竞赛，不同信息领域间的对抗，以及信息市场代理组织之间的斗争。

其次，是信息需求者之间的角力，这一环主要涉及信息产品的竞逐，如同信息市场与其他商品市场之间的抗衡。

最后，是供应端和需求端的争夺，主要围绕着货币的竞逐。

信息市场的竞争得以存在的条件，包括各类经济主体的共存以及其利益交织，竞争者的存在，信息的不均等导致的个体区别，以及资源稀缺性和需求满足的限度。

至于信息市场竞争的发展，它的必备条件包括一个完善的市场系统，由封闭市场演变成开放市场，政府与企业各自独立运营，企业享有充足的自主经营权。此外，需要有合理的定价机制，完备且正规的信息市场管理规则，有效的信息产品销售策略，以及信息产品质量的审核。同样，关键还在于及时把握信息产品市场需求和预测市场趋势。最后，选择联手强大伙伴的战略发展方式也是提升竞争力的有效手段。

6.3.2.4　信息市场的激励机制

（1）激励制约的内涵和关联

激励制约可以理解为依据组织目标和个人行为模式，运用各种方法来激发个体的内在动力和积极性，同时对个体行为进行控制，引领他们向组织所期待的目标前行的过程。尽管激励和制约各有各的作用，但两者却相互补充、相互依赖。优先的是激励，因为没有激励，个体的积极性将无法激发；缺乏积极性，任何经济发展都无法实现。同时，每个人都需要对自己的经济行为负责，也就是他的行为需要受到制约。在具体的工作中，应根据实际情况，在激励和制约之间做出恰当的选择。只有将这两者融合在一起，才能引发经营者的积极性，并与所有者的利益相一致，从而实现激励和制约的兼容性。

（2）激励制约的基础要素

激励制约是现代经济学和管理学的核心观念，一般包含五个基础要素：激励制约的主体、对象、方式、目标和环境条件。这五个要素解决了应由谁进行激励制约、激励制约针对谁、如何实施激励制约、激励制约应朝哪个方向以及在什么条件下进行激励制约的问题。正确理解和应用激励制约的五个要素，对于构建有效的激励制约机制至关重要。

第一，执行激励约束的主体，即激励约束的实施者。在各种类型的公司中，实施激励约束的主体可能会有所变化。例如，在国有企业中，可能是国资委；在股份制公司中，可能是股东等。

第二，激励约束的目标，即激励约束的焦点。他们的积极态度和行为规范度，体现了激励约束机制的优劣和成效。因公司类型的不同，激励约束的目标也可能会有所不同。

第三，激励约束的理想，即激励约束主体期望在特定时间段内，激励约束目标的行为所能达成的成果。激励约束的理想为激励约束主体和目标的行为设定了路线。

第四，刺激制约的环境，涵盖企业的内外环境。外部环境主要指公司所在的市场环境，如声誉机制、资本市场、产品市场、债权人、政府设立的规章，以及各种机构设定的自愿性公司治理规则等。内部环境则主要关注公司内部的组织架构、各类制度、产品设计、财务策略、股权结构及人力资源分布等。

第五，刺激制约的手段。有许多形式，根据不同的标准，可以划分为不同的类别。刺激手段主要包括精神刺激和物质刺激；制约手段主要涵盖企业内部制约、市场制约、法律制约、银行制约等。

在信息市场的刺激制约机制中，除了以上几个方面，还需要考虑特定的产品、市场管理模式、员工能力等因素。例如，可以通过物质奖励、专业技术人员的职位提升、行政管理人员的晋升、将产品质量或数量与奖金关联，以及实行多劳多得、对业绩优秀的员工进行特别奖励等方式。

刺激和制约需要同时进行，并保持平衡，这是确保信息机构执行适当信息行为的基础，会影响到信息机构的决策和行为。没有刺激的制约可能会抑制信息机构的生命力和活力，缺乏有效的制约，刺激也可能会导致信息机构的行为混乱。经济利益的刺激可以增强信息机构和信息人员的活力，激发他们的积极性和创新性，使他们生产的产品或服务在市场竞争中取得优势，获取更大的经济效益。同时，提高信息产品的质量和效益可以进一步刺激信息市场的活跃度。

6.3.2.5 信息市场的风险机制

（1）信息市场风险的含义

信息市场风险指的是一种由于各种不明确因素而可能对参与市场的个体利益产生不利影响的风险。这种风险主要在与其他市场机制的相互作用中呈现出来。受益潜力的吸引，使信息企业在生存、发展与破产的压力下必须作出运营决策。与此同时，信息市场及其操作机制、成分在持续的演变和改革中为风险机制的展开创造了条件。

信息市场风险是一个普遍现象，其存在的原因主要包括以下几点。

第一，信息产品的即时性强。信息产品在传递过程中的实际价值可能迅速低于其生产完成时的价值。

第二，信息市场价格的不稳定性和供求关系的不可预测性。这可能使信息产品的制造商和销售商在制定产品开发策略和市场销售决策时出现失误。

第三，信息产品生产的偶然性。对信息产品的投资者和生产者来说，他们可能会遭遇投入超过产出的风险。

第四，在信息市场中，各个经济体都面临着激烈的市场竞争，始终在生存、扩张与破产的压力下进行抉择，同时，也存在着获利和损失的风险选择。

（2）信息市场风险的特性

第一，客观存在。信息市场在其运营中会受到许多因素的限制与影响。这些因素及其转变能为信息商品的制造经营者带来一系列的风险，如市场价格的振荡、需求的频繁变动等。这种风险是客观的，无法完全根除，只能最大限度地减小其影响。

第二，不可预测性。虽然风险是客观存在的，但其发生的时机、场所、类别及损失水平都是随机的、无序的组合与不确定的结果。从理论上讲，只要信息商品的制造经营过程中的各种相关和影响因素存在，风险就会一直存在。

第三，可缓解性。风险的产生常常有一定的预警，只要关注并重视风险，就可以避免或减轻风险可能带来的损失。通过市场研究、探讨和分析，可以预见某些风险的发生，并通过采取各种有效的策略，如预防、控制、规避和管理，可以将风险降至最低。

第四，机会性。风险和机会共存，并能互相转换。通常，风险越大，发展的机会越多，盈利的可能性也越大。如果成功，则可以获得高额的风险收益。反过来，低风险的投入，只能带来低风险的收益。

信息商品的制造经营风险超过物质商品的制造经营风险，这主要是由于信息商品的偶发性和实时性。因此，信息商品的制造经营活动的收入，也应该高于物质商品的制造经营活动的收入。这既是由于信息行业的高增值，也是由于信息商品制造经营的高风险性。因此，我们既要正视信息商品的风险，又要敢于并善于冒险。只有持续努力进取的信息商品制造经营者，才可能在风险环境下获得发展并得到良好的回报。

（3）信息市场风险的承担者

第一，信息生产者面临的风险。信息生产者在制定产品策略时，往往会遭遇一些挑战。首先，他们需要预测信息商品的市场需求，这个预测并不总是准确的，因为信息商品的需求往往取决于社会经济的发展水平，是间接和潜在的。如果预测不准确，则可能会导致生产者损失严重，甚至可能面临破产。其次，信息研究方法本身就存在误差，任何预测都无法达到百分之百的准确度，预测方法需要大量的、完备的、准确的基础数据。最后，信息生产者的工作失误也会导致风险，如选用不当的方法、使用不准确的数据、报告提交晚等。

第二，信息中介承担的风险。信息中介在市场中起到疏通营销渠道的作用，他们的收益与交易成交额直接相关。因此，他们在经济活动中也承担着风险。中介人的风险来自供给方和需求方。在供给方时，如果需求方不能及时付款，中介人就可能无法及时收回资金，也就不能向供给方付款。在需求方时，如果信息商品的质量不高、效益不好，需求方可能会追究中介人的责任。此外，信息商品的转让与使用受到法律的约束，中介人可能需要承担一定的法律责任。

第三，信息用户面临的风险。信息商品使用者在购买信息商品时可能面临多种风险，如效用风险、利用风险和垄断风险。一方面，高价的信息商品可能并不代表其效用大，因此需求者需要具备鉴别能力，选择真正有价值的产品。另一方面，需求者是否能够有效利用信息商品也存在风险，因为信息商品的价值需要用户具备一定专业知识才能完全理解和运用。此外，由于信息商品具有共享性，需求者可能会面临垄断风险，即在发挥信息商品效用方面可能面临与其他需求者的竞争。

第四，信息市场风险的控制。在信息市场中，我们面临着各种风险。这些风险是必须被所有参与者面对和管理的，目标是去揭示并理解风险发生和变化的规律，从而能够准确评估风险可能带来的损害。合理选择处理风险的方式，可以最大限度减小或避免风险损失，确保信息市场的稳定运作。信息市场风险控制的主要任务就是深入研究各类不确定因素的变化趋势，判断未来可能出现的风险，并提出有针对性的应对策略，从而实现市场主体的运营目标。

风险控制主要采取以下四种方式：避免风险、控制风险、预防风险和转移风险。通过这些方式，我们可以实现风险控制的三个相互关联的目标：降低风险因素，减少风险事件的发生，以及减轻风险损失的程度。

6.3.2.6　信息市场的收益策略

收益不仅催生了企业进行生产和营运活动的决心，也构建了衡量这些活动结果的关键指标。它不仅对社会信息资源的利用产生了巨大的影响，同时也给社会收益的分配带来了深刻的变化。正是对预期收益的追求，激励企业展开创新和冒险，以此推动总投入和总产值的增加，对社会产生了正面效果。

收益策略是信息经济的驱动器，它描绘了收益的变动与生产者经济利益变动之间的互动关系。在信息市场经济中，平均收益率原则扮演了核心的角色，即在投入同样的资本的不同生产部门应获取等同的收益。这种均衡是通过部门间的竞争实现的，资本从收益低的部门流向收益高的部门，使各个部门的收益率趋向一致。因此，收益策略以平均收益为基准，通过运用收益策略，生产者可以达到生产规模的最优化，也就是实现最大化的收益规模。生产者追求的经济利益，无论是从总收入最大化，还是收益最大化或从最高的收益率出发，都依赖于收益策略的灵活运用。

收益是价格的组成因素之一，收益的变动无疑会影响价格，进一步影响供求状况。

信息市场监管就是对交易行为进行核查，以确定其是否符合已有的规划、预定的目标和规则，其主要目标是发现并纠正错误，以避免再次出现同样的失误。

6.3.3　信息市场的管理

6.3.3.1　信息市场管理的内涵

在信息市场的进展过程中，管理的含义主要指的是政府运用各种策略进行必要的规划、组织、监管和调控。这一切的主要目标是平衡信息产品从生产到供应，再到销售的各个环节间的关系，保障合法交易，防止非法商业行为，从而确保信息市场的健康和稳定发展。信息市场的管理主要聚焦在对交易实体的管理、对信息产品的管理及对市场交易行为的规范这三个重要领域。

6.3.3.2　信息市场管理的手段

在管理信息市场的过程中，应当全面调动经济、行政和法律的手段，并进行协调执行。在经济策略上，需要通过运用经济工具、经济责任制和经济计划，以组织、调整、约束及监督信息市场的运行；在行政策略上，依据国家的相关政策法规，对市场参与者进行引导和监管；在法律策略方面，需要通过建立相关的信息行业法律法规，以管理信息市场，推动市场参与者形成规范的市场行为，从而形成健康的市场秩序。

📖 问题与思考

随着信息化的高度发展，信息商品越来越丰富，其创建、分发和消费变得越来越便捷，消费者可以从各大电商平台和社交平台购买在线课程、电子游戏、视频、音频等信息商品。但是，信息商品的流通过程中所涉及的数字版权问题以及信息商品的质量问题逐步凸显。同时，信息市场现在是全球化的，是跨越地域和国界的，越来越多的公司开始依赖数据驱动的决策模型。但是，在信息市场中，用户数据被广泛地收集和分析，数据的来源和使用不透明，这必定会引发许多关于数据隐私和安全的问题。请结合以上材料，思考在当今信息化高度发展的时代，信息市场该如何健康茁壮地成长，信息商品怎样才能在不侵犯版权和高质量的前提下满足消费者的需求。

📖 参考文献

[1]　陈燕，屈莉莉 . 信息经济学 [M]. 沈阳：东北财经大学出版社，2017：5-9.

[2]　桂学文，杨小溪 . 信息经济学 [M]. 北京：科学出版社，2020：3-5.

[3]　马费成 . 信息经济学 [M]. 武汉：武汉大学出版社，2012：11-15.

[4]　靖继鹏，张向先，李北光 . 信息经济学（第二版）[M]. 北京：科学出版社，2007：15-17.

第7章 信息系统

随着当代信息技术的发展和广泛应用，人类已经进入了信息时代。在信息时代，信息渗透到人类社会生活的各个领域，信息已经作为一种资源，与材料、能源并称为现代社会发展的三大基础要素。信息也成为提高企业的管理水平和经济效益的重要工具，推动社会和经济信息化进程。这种发展进程对于信息系统的建设和应用产生了巨大的推进作用。

信息系统是融合计算机技术、通信技术、信息科学等为一体的一门新兴的学科。信息系统是企业现代化的重要标志，是企业发展的必由之路。对于企业来说，企业面临的目标、问题和挑战，可以通过信息系统利用一些技术实现特定功能，来帮助企业解决问题以达到企业目标。因此，信息系统的主要任务是利用计算机、网络通信技术加强企业的信息管理，以进一步认识信息、研究信息和管理信息。这也是我们学习信息系统这一章节的重要意义。

7.1 信息系统概论

现代社会是网络信息社会，单独依靠人工手段已不能有效保证企业的运作和管理，企业需要以信息技术为手段的信息系统辅助生产与管理。在人类的生产、生活中的各个方面都与信息系统有密切的联系，但要深刻理解信息系统还需要从基本概念开始介绍。

7.1.1 系统

7.1.1.1 系统的定义

系统（Information Systems，IS）应该算是人们非常熟悉的一个概念，如神经系统、生态系统、血液循环系统、地理系统和库存系统等。几乎任何事物都可以称为系统。系统无所不在，普遍存在于我们的社会、生活之中。

"系统"这个词最早出现于古希腊语，意为"部分组成整体"。目前，关于系统的定义学术界尚没有统一定论。一般认为，系统是由若干个相互作用、相互联系的部分组成以实现特定的功能和目标的一个整体。

可以从以下三个方面对系统进行理解。

（1）系统的组成

系统是由多个部分组成的整体，并且系统整体的功能大于各个部分功能之和。例如，小到一支圆珠笔，大到整个宇宙都可以称为系统。一个系统可以分解为若干部分（或称子系统），子系统可逐级分解下去。例如，一个企业的管理系统是由销售、市场、人事、财会和生产等子系统构成的有机整体。银行系统由人、计算机、网络设备等组成。医院系统由医生、病人、仪器和计算机等组成。

（2）系统的结构

系统的结构是系统内部各部分之间按照一定的规律和结构相互联系、作用和制约的内在方式。通过这种内在方式保持系统的整体性和秩序，可以高效地达到某种目的，完成特定功能。例如，北斗卫星导航系统由空间段、地面段和用户段三部分组成，每部分又是分别按照一定的方式和次序组成，把它们随意地装配是不能形成完整的北斗卫星导航系统的。财务系统中的人力、财务、信息等各种资源只有按照一定的秩序有条不紊地运作，才能对经营活动、财务活动进行有效反映、监督、控制、协调。

（3）系统的功能

系统是具有一定的功能的。系统的功能一般表现为系统与外部环境之间在相互作用中表现出来的效能。系统之所以能够存在，从某种意义上来讲，很大程度上取决于系统表现出来的强大功能。例如，信息系统的功能是通过对系统内外部信息的输入、储存、处理、输出和控制等操作，辅助决策者对企业进行管理和决策以帮助企业实现目标。生态系统功能主要是实现生物与环境能量流动，物质循环和信息传递，保持生物与环境之间在一段时间内相对稳定的动态平衡状态。

系统是由相互作用的多个要素组合而成，并且能够执行特定功能的集合体。这一定义表明，构成系统的必要条件：①两个或两个以上的元素组成，系统越庞大，构成要素越多，要素间的关系就会越复杂；②元素之间相互联系、相互作用，按照一定结构形成一个整体；③系统必须有存在的目的，即具有特定功能。

7.1.1.2　系统的特征

根据系统含义可归纳出系统的五个特征。

（1）整体性

整体性是系统的首要特性。系统以整体的形式存在，只有在系统发挥整体功能的前提下，系统各部分的功能才能展现出来。因此，系统及其系统内部各部分之间并不是孤立存在的。当系统任何一个部分或者若干部分停止运作时，系统的整体功能都会受到影响。不能离开整体去分析系统中的任何一个组成部分，否则可能是没有任何意义的。

（2）相关性

相关性是系统整体性的前提。系统的各组成部分之间具有的相互作用和相互联系的关系称为系统的相关性。如果系统中的各个组成部分之间是孤立的、没有任何联系的，也不可能构成一个整体的系统。例如，物流系统由人员、设备、材料和通信资源等部分组成，这些相互作用的动态要素构成了具有特定功能的有机整体以实现物流系统整体优化和合理化。

（3）目的性

目的性是系统之间相互区别的显著标志。系统的存在是有一定目的性的，系统不同所展现出来的目的也是不一样的。例如，教务系统的目的做好日常教务管理工作、提升管理效率，达到教育智能化和信息化。企业信息系统的目的是提高企业办事效率及企业对市场的响应速度，并且可以通过系统让企业合理利用信息资源以辅助管理者提升决策水平。

（4）环境适应性

任何事物都处于一定的环境之中，当然系统也不例外。系统需要适应外界的自然环境、社会环境和组织环境等，环境的变化会直接或者间接影响到系统的功能并且系统会受到各种环境的制约。因此，系统要具有一定的环境适应性，才会迸发出强有力的生命力。例如，"春捂秋冻"是一句生活谚语，但是体现出人体系统对环境的适应能力，是为了使人体系统逐渐适应外界气温的变化而做出的调整。

（5）动态性

任何系统都是一个动态的系统，处在运动变化和发展之中。首先，系统的一定功能和目的，是通过与环境进行各种形式的交换实现的。因此，各要素有组织运动，构成了系统活动动态循环。其次，系统作为一个具体的存在，也是有一定的生命周期的，系统的生命周期是指其产生、发展、衰退、消亡的整个过程。因此，对于系统应采用动态发展变化的眼光去理性分析，精准掌握系统发展的规律和特点。

7.1.2　信息系统

当前人们正处于一个信息时代，信息化时代是指计算机和网络将人类社会从工业化阶段带入一个以信息为标志的新阶段。它以互联网、大数据、云计算和人工智能为代表的信息技术，逐渐渗透到社会、生活和管理的方方面面。信息时代已经完全改变了人类的生活和工作方式，推动社会发展和人类进步。企业（组织）渴望通过信息技术提高自身的竞争能力，这就需要企业（组织）利用互联网等信息技术通过功能强大的信息系统实现。信息系统在企业中的主要功能是为企业提供管理和决策功能，对企业经营和管理方面的信息进行加工和处理。企业人员通过 ATM 查询个人银行信息、存储信息；通过交通管理部门的车辆管理系统查询有关车辆的信息等。这些都是信息系统在生活中的具体应用，都是通过信息系统创造价值的。

信息系统的概念范围很广。一般认为，信息系统是一个人造系统，由人、硬件、软件、数据资源、规程组成，目的是及时、正确地收集、加工、存储、传递和提供信息，实现组织中的各项活动的管理、调节和控制。[1]从系统的角度定义信息系统是由一系列相互关联的可以收集（输入）、操作（处理）、传播（输出）数据和信息，并提供控制和反馈机制以实现目标的元素的集合。系统角度的信息系统的组成如图 7-1 所示。

输入：从组织中或外界环境里获取或收集数据。

处理：转换原始输入数据为有意义的格式。

输出：把处理过的信息传递给需要使用的人或活动，以支持日常作业、管理与决策活动。

控制和反馈：系统根据输入、输出的数据信息能够实测企业的运行现状，并且通过数据信息对企业行为进行控制、监督，从而帮助企业实现规划目标。

---

[1] 黄梯云 . 管理信息系统（第三版）[M]. 北京：高等教育出版社，2009.

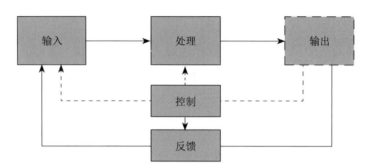

图 7-1　系统角度的信息系统构成

美国华盛顿大学戴维·克罗恩克（David M. Krenke）教授提出信息系统由人、硬件、软件、数据资源和规程组成的五要素框架结构，见图 7-2。

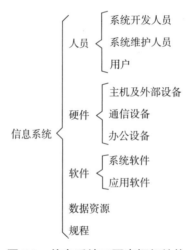

图 7-2　信息系统五要素框架结构

信息系统在我们的社会生活中有很多的应用，无论是简单的还是复杂的系统都具备这五个要素。支持采购的信息系统五要素见表 7-1。

表 7-1　支持采购的信息系统五要素

硬件	软件	数据资源	规程	人员
个人计算机； 外围设备	库存应用程序； 采购程序	库存数据库（数据、 实体、属性）	订单处理	采购员

在信息系统的五要素框架结构中，人是尤为重要的要素，是系统操作者，必须正确地使用系统并做出正确的决策，即使信息系统的功能和性能等各方面都非常完善，如果操作者不能对系统产生的数据和信息进行精确决策，信息系统的价值也不会全然体现出来；硬件系统包括计算机、通信设备、存储设备、显示设备等；软件系统是指各种应用程序，包括操作系统，网络软件等；数据资源是信息系统的血液，信息系统处理的就是数据资源，没有数据，系统将无法运行；规程是指对信息系统的操作流程。

在企业生产经营活动中，总是伴随着资金流、物流、事务流、信息流的产生。而信息流是伴随着资金流、物流、事务流的产生而产生。信息系统为了对信息进行管理和控制，就要对企业活动产生的信息流进行有效的组织和利用。

信息系统是人们以系统的观点、从信息的角度所观测的客观系统。信息系统是人们认识和把握客观系统的一种观点和方法。

7.1.3 信息系统发展规律

随着新兴信息技术的发展，信息系统也在不断变革和创新。信息系统在发展过程中始终遵循着一条客观的发展道路和规律：从手工信息系统发展到以计算机为基础的信息系统。诺兰阶段模型就是描述信息系统发展规律的一种重要模型。

7.1.3.1 诺兰阶段模型的含义

诺兰阶段模型是在 1973 年由美国管理信息系统专家诺兰（Richard L. Nolan）提出，诺兰通过对实际企业发展过程中对信息系统使用的实际经验总结，揭示出了信息系统发展的阶段规律。1980 年，诺兰进一步完善该模型，把信息系统的成长过程划分为六个不同阶段，称为诺兰阶段模型。

下面是对诺兰阶段模型的六个方面进行阐述。

（1）初装阶段

计算机刚进入企业，通常作为一种办公设备应用在财务部门完成报表统计工作。在这一阶段，企业管理者对计算机的性能和作用了解甚少，再加之此阶段信息技术落后，因此，计算机技术对于企业的发展和进步尚不明确。

（2）蔓延阶段

企业对计算机的应用逐渐普及，更多的是通过计算机解决工作中的数据处理问题。

例如，开发了大量的应用程序，给企业的事务管理工作带来便利。因此，管理者加大了对信息技术和信息系统（应用程序）的投入。但随着投入的增加也显现出一定的弊端，如缺少整体的规划，出现了盲目开发软件的现象，从而导致企业成本增加。由于此阶段没有出现数据库技术，也存在数据冗余性大、不一致、信息孤岛等问题。因此，只有一部分计算机的应用收到了实际的效益，整体效用无法体现。

（3）控制阶段

一方面，在蔓延阶段对信息技术和信息系统（应用程序）的投资过大，但是取得的效益却并不理想，于是在控制阶段开始从整体上控制计算机信息系统的发展。另一方面，由于在蔓延阶段缺少统一的规划设计，各应用程序之间数据难以共享，于是在此阶段开始利用数据库技术实现数据共享的难题。此阶段是实现从以计算机管理为主到以数据管理为主转换的关键。

（4）集成阶段

在控制的基础上，企业开始重新进行规划设计，建立基础数据库，并建成统一的信息管理系统。由于数据库和统一的信息系统的建立，实现了对人员、物料、设备等资源信息的集中管理和共享。❶

（5）数据管理阶段

通过信息能够实测企业的现状，辅助管理者进行决策。因此，信息资源也成为企业的重要资源。企业正在局部加大信息化建设的步伐。这一阶段中，企业开始选定统一的数据库平台和信息管理平台，实现对数据的统一管理和使用，各部门基本实现资源整合、信息共享。

（6）成熟阶段

到了这一阶段，信息系统已经发展到相对成熟的程度，可以满足企业低、中、高三个层次的需求，即支持从企业底层的业务处理到中高层的管理决策。信息系统成熟的标志还体现在企业和信息系统彼此相互依存，信息系统的目标能够与企业的发展目标相一致上。信息系统成为企业面对挑战和问题时的基于技术的组织和管理的解决方案。

诺兰阶段模型反映了信息系统从无到有发展的规律性，初装、蔓延和控制这三个

---

❶ 范玉顺，胡耀光.企业信息化战略规划方法与实践 [M]，北京：电子工业出版社，2007.

阶段反映了计算机时代的特征，集成、数据管理和成熟这三个阶段反映了信息时代的特征。图 7-3 是诺兰的阶段模型，横坐标表示信息系统的各个阶段，纵坐标表示预算费用。

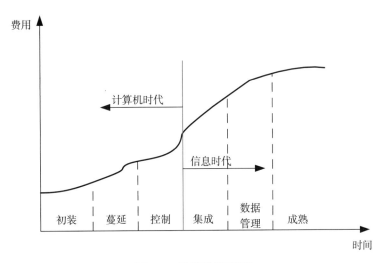

图 7-3　诺兰阶段模型

7.1.3.2　诺兰阶段模型的作用

诺兰阶段模型总结了信息系统发展的经验和规律，其基本思想对于信息系统建设具有指导意义。无论是在确定开发信息系统的策略，还是在制定信息系统规划的时候，都应首先明确组织当前处于哪一生长阶段，进而根据该阶段特征来指导管理信息系统建设。[1] 诺兰阶段理论有利于企业管理人员把握企业发展方向、充分利用自身优势、发挥 IT 潜力，是分析企业信息化历程的重要工具。

7.1.4　信息系统类型

信息系统的类型可以从不同的角度去定义和解释。

第一，按照组成系统规模的大小，可以把信息系统划分为局域信息系统、区域信息系统和国家信息系统。局域信息系统一般是指企业、学校、医院等所建设的信息系统。

---

❶ 李冬 . QBS 信息中心声像资料数字化管理研究 [D]. 成都：电子科技大学，2007.

区域信息系统则是由多个局域信息系统通过网络互连集成的信息系统。国家信息系统是在全国范围内统一组织协调信息工作的系统，可从横纵两个维度进行解读：横向联系工、商、农等各行业的信息系统；纵向联系各地区、各重点企业的信息系统，以保证最大限度地利用整个国家的信息资源，为促进国家技术、管理和经济发展服务。

　　第二，按照系统所面向的应用不同，可以把信息系统划分为行业信息系统，企业信息系统、事务信息系统、行政机关办公信息系统。行业信息系统从事特定行业的信息系统，如电力信息系统、医药信息系统、地理信息系统等。企业信息系统是包括整个企业生产经营和管理活动的一个复杂系统。该系统通常包括销售与市场、物资供应、人事管理、信息处理等子系统，目的是维持企业的正常运营与管理。事务信息系统是面向事业单位，主要进行日常事务的处理，如银行管理信息系统、图书馆管理信息系统等。行政机关办公信息系统是国家各级行政机关的办公自动化系统，对提高领导机关的办公质量和效率，改进服务水平具有重要意义，是组织内员工及管理者使用频率最高的信息系统。

　　第三，按照信息系统处理信息的方式不同，也能按成批处理、联机处理或联合处理（二者组合）来分类。在成批处理系统中，将各个独立的事务和数据先聚集起来，然后一次性进行处理。例如，银行业务员办理存储业务，一天输入了 50 张存储凭证，一天结束时，系统会自动、准确地将这些数据一次性地进行登记处理。联机处理分为实时处理和延迟处理。前者对输入的数据立即加以处理并得出结果；后者先将输入的数据存储起来，过一段时间以后再加以处理。例如，订票系统和银行 ATM 机都属于联机务处理系统。

　　第四，按照信息处理功能和辅助决策不同，可以把信息系统划分为电子数据处理系统、管理信息系统、决策支持系统等类型。自从 1946 年第一台电子计算机问世以来，信息系统经历了由数据处理到智能处理、由低级业务处理到高级管理决策、由电子数据处理系统到管理信息系统，再到决策支持系统。❶ 这几种类型是信息系统的基本类型。

　　（1）电子数据处理系统

　　电子数据处理系统（Electronic Data Processing Systems，EDPS），也叫业务处理系统（Transaction Processing Systems，TPS）。在 20 世纪 50 年代初期到 70 年代初期，电子数据处理系统面向企业底层的管理活动，如订单处理，应付（收）账款等。它是对企业每日运作的常规业务所产生的信息进行处理。它是运用计算机应用在经营管理工作中进行数据处理，目的是实现数据处理由手工处理向计算机处理的转变，加大数据处理的计算机化程度，以提高数据处理的效率。从发展阶段来看，电子数据处理系统可分为单项数据处理和综合数据处理两个阶段。

在单项数据处理阶段，计算机刚刚进入管理领域。人们利用计算机快速、有效的特点，把大量信息处理工作交由计算机来完成，用计算机工作代替手工劳动以减轻人工劳动强度，提高事务处理的工作效率。但是，此阶段系统处理的问题高度结构化、功能单一、涉及范围小，一般只能完成简单的统计、计算等数据处理工作。比如，美国的 Share 航空预约订票系统、库存物资统计系统、员工工资发放系统等。因此，电子数据处理系统一般仅仅具有信息处理和业务处理功能，不支持全面的组织管理和综合决策。

在综合数据处理阶段，计算机技术有了很大发展，出现了可对多过程业务综合处理的信息报告系统，如生产状态报告系统、服务状态报告系统等。20 世纪 50 年代，美国航空公司 SABRE 预约订票系统，能够及时更新各个售票点的销售信息和查询航班变动信息，实现各销售点之间数据的更新和传输。但是，这个系统不能提供预约、订票等功能。因此，系统只能完成数据更新、统计、查询等功能，而没有任何预测和控制作用。由此来看，EDPS 只能完成简单的数据处理工作，缺乏分析预测、控制功能，不能满足组织经营管理的需要。

电子数据处理系统是信息系统的最初形式，是伴随着计算机的诞生出现的最早的信息系统雏形，也是信息系统的基础和核心。管理信息系统、决策支持系统和智能决策支持系统等都是以信息处理为基础的，业务和信息处理是每一个信息系统必须具备的基本功能。

信息处理系统具有以下特点：处理的对象是组织中的业务和数据；面向低层次的信息处理，有单纯的数据处理功能，缺乏预测、综合控制等功能；面向结构化问题，功能单一。

（2）管理信息系统

电子数据处理系统没有支持企业的全面管理和辅助企业的决策功能，而企业的管理水平和决策对提高企业的综合实力和竞争力至关重要。在 20 世纪 70 年代，旨在支持企业全面管理的管理信息系统应运而生。

1967 年，美国明尼苏达大学卡尔森管理学院的著名教授高登·戴维斯（Gordon B.

Davis）创建了管理信息系统（Management Information System，MIS）学科，他深信计算机系统必将在管理领域发挥巨大作用。1985 年，戴维斯给 MIS 定义了一个非常经典的概念：它是一种以计算机为基础，用来提供信息，支持组织机构内部的控制、管理和决策的集成化的人机系统。在国家管理科学百科全书对 MIS 的定义是由人、计算机、通信设备等硬件和软件组成，能进行管理信息的收集、加工、存储、传输、维护和使用的系统。❶ 从以上定义可以看出，MIS 就是建立在计算机、通信网络等现代信息技术基础之上的面向组织的业务、管理和决策的综合信息系统。MIS 可以实测企业生产经营活动中的各种运行情况，并能利用历史的数据预测未来，能从全局出发辅助管理人员做出科学的决策，还可以利用信息控制企业的生产经营活动，并帮助企业实现规划目标。❷

MIS 具有业务处理、管理和支持简单决策的功能，为管理决策提供了许多及时、准确的信息。但在实际所开发系统的管理活动中，很少能够为企业决策提供强有力的预测和判断，尤其是高层决策。MIS 在决策支持上主要集中在结构化和半结构化的决策问题，而企业发展在很大程度上取决于企业高层决策。企业高层决策大部分属于非结构化问题，但 MIS 并不支持企业这类决策。也就是说，MIS 主要支持低层和中层的简单决策，对高层非结构化决策一般不提供支持，MIS 不强调对企业的全面决策支持。

管理信息系统具有以下五个方面特征。

第一，能够提供对信息的收集、储存、加工、传输等处理。信息处理是管理信息系统的基本功能。

第二，MIS 在决策支持上主要面向于中层的结构化和半结构化问题。

第三，可通过预测、计划、调节和控制等手段来支持决策，是一个为管理决策提供服务的人机系统。

第四，强调信息处理的系统性和综合性。

第五，需要与先进的管理方法和技术手段相结合。管理信息系统涉及管理模型、算法、信息处理技术等综合性的方法和技术。

（3）决策支持系统

MIS 主要用于业务处理、管理和简单决策，但是这些并非决定企业未来规划和发

---

❶ 黄梯云 . 管理信息系统 [M]. 北京：高等教育出版社，2019.
❷ 金敏力 . 管理信息系统 [M]. 北京：科学出版社，2009.

展等的决策信息。因此，MIS 主要以提供信息为主，判断和决策主要靠人（决策者），所以 MIS 通常分析能力有限。大多数 MIS 使用的是汇总和对比这种简单的处理程序，而不是复杂的数学模型或者统计技术。从 20 世纪 70 年代开始，MIS 开始向着决策支持系统发展，来专门研究和解决企业各级、各类决策问题。20 世纪 80 年代发展起来的知识工程、专家系统和智能处理，为决策支持系统（Decision Support Systems，DSS）奠定了理论基础。DSS 与 MIS 的主要区别：一是 DSS 在人机交互过程中能够产生决策信息，能够帮助企业未来发展的方向；二是 DSS 强调对企业中层和高层管理和决策的全面支持。

"决策支持系统"一词最早由美国麻省理工学院的米切尔·S. 斯科特（Michael S. Scott）和彼德·G. W. 基恩（Peter G. W. Keen）提出的，标志着利用计算机与信息支持决策的研究与应用进入了一个新的阶段，并形成了决策支持系统新学科。

决策支持系统（Decision Support System，DSS）是辅助决策者通过数据库、模型库和知识库，以人机交互方式进行半结构化或非结构化决策的计算机应用系统。❶ 决策支持系统是比管理信息系统更高一级信息系统，在一个企业内部 DSS 和 MIS 可以并存，并不是相互取代的，它们在企业中解决的问题不同。MIS 侧重于管理，DSS 侧重于决策。DSS 经过必要的数据分析或模型分析，支持非常规的决策问题，给管理者决策提供支持。

决策支持系统具有以下四个方面特征。

第一，面对高层的半结构化和非结构化决策问题。

第二，DSS 要使用各种数学模型和知识模型才能产生出决策信息。

第三，经过必要的数据分析或模型分析，支持非常规的决策问题，给管理者决策提供支持。

第四，不会取代电子数据处理系统（EDPS）和管理信息系统（MIS）。DSS 的目标是辅助管理者的决策过程。它不会取代 EDPS 和 MIS 在信息系统中的作用。

EDPS、MIS 和 DSS 各自代表了信息发展过程的各个阶段，EDPS、MIS 和 DSS 分别是面向业务、面向管理、面向决策的信息系统。随着信息化进程的发展和管理水平的提高，又不断涌现出更多新的信息系统，如办公自动化系统（Office Automation System，OAS）、企业资源计划（Enterprise Resource Planning，ERP）、专家系统（Expert System，ES）等。

---

❶ 付泉 . 管理信息系统 [M]. 武汉：华中科技大学出版社，2013.

7.2 信息系统功能与结构

通过第一节对系统、信息系统及信息系统的类型等的介绍，我们知道信息系统是由多个要素集合而成。那么这各个组成部分所构成的框架结构是怎么样的呢？信息系统具有多种类型，不同的信息系统可能具有不同的功能，那么这些类型的信息系统有没有共性的功能呢？

7.2.1 信息系统功能

信息系统具有信息处理、业务处理、组织管理和辅助决策四大功能。

7.2.1.1 信息处理

信息处理是对信息的输入、传输、加工、存储和输出的过程。信息处理是信息系统必备的基本功能。如 EDPS、MIS 和 DDS 这三类系统都具有信息处理这一基本功能。

（1）信息输入

信息输入（Information lnput）是一种信息从加工系统外进入加工系统内的过程。在信息输入之前要确定信息源，信息收集是信息输入的第一步。信息收集是信息得以利用的前提，也是关键的一步。

信息收集是信息系统从内部、外部广泛地收集信息系统所需要的信息。信息分为内部信息和外部信息两类。内部信息是信息系统在实际运行过程中产生的信息，反映企业和系统内部经营情况的信息，使管理者可以监控企业内部的运营状态。内部信息分布于企业内部的业务处理、管理和决策过程之中，因此在电子数据处理系统、管理信息系统和决策支持系统中都会应用到内部信息。外部信息是指系统外部环境变化的信息。例如，与企业有密切联系的政府部门、相关行业竞争者的情况、社会公众信息、国内外市场的各种信息等。在信息收集之后，要做进一步的信息整理工作，首先要从大量的原始数据中抽取出有价值的信息，对数据进行分类、记录和归档。

（2）信息传输

信息传输是信息从信息源发出，通过一定的媒介和信息渠道进行传输的过程。信息在组织内部传递，发生了在物理位置上的移动。物流系统涉及采购、生产、流通等多个环节，在这些环节中伴随着资金流、物流、事务流的产生，也产生了相应的信息流，形成了信息的传输过程。

（3）信息加工

对即将输入系统的数据进行处理，包括信息的筛选和判别、信息的分组和排序，并把数据进一步转换成计算机能够识别和处理的形式，才能存储、检索、传递和使用。

（4）信息储存

信息存储是对加工后的数据进行保存的信息活动，其目的是便于信息使用者快速地、准确地定位和检索信息。信息储存不是一个孤立的环节，它一直贯穿在信息处理的全过程。

（5）信息输出

信息系统经加工后的有用信息按照用户的要求进行输出。信息有多种输出途径，常用的输出设备有显示器、打印机、音响等。输出信息的形式多样，可以是文本、视频和图形报表等。

7.2.1.2　业务处理

信息系统能够提供组织中的各种业务处理。业务处理过程是对整个企业业务加工处理的过程。一般来说，企业的目标和功能是通过一定的业务处理过程（业务流程）来实现的。主线业务流程是直接存在于企业价值链条上的一系列活动，如原材料采购、加工、生产和成品销售等。辅线业务流程是指为主线业务流程提供服务的一系列活动，如生产过程管理、质量监控、后勤保障、人员分工和财务支持等。

企业的业务过程伴随着信息处理过程。企业的每一个业务处理过程都会有相应信息的记录和反映。采购部门把采购订单发给制造部门、制造部门完成制造后把货物送给销售部门、销售部门把货物交接给物流部门完成配送、物流部门把发货单和验货单交给财务部门，财务部门并记录库存台账。采购订单、发货单、验收单和库存台账等信息就全面反映了某公司采购订单完成的过程。

7.2.1.3　组织管理

组织管理是指通过建立组织结构，规定职务或职位，明确责权关系等，以有效实现组织目标的过程。一个成熟的信息系统能够支持企业高、中、低三层的管理。例如，MIS 是基于 EDPS 产生的数据，提供给管理者关于企业当前运行情况的报告。DSS 是基于 TPS 和 MIS 产生的内部数据，以及外部信息，产生决策信息。因此，从管理能力上看，信息系统应该具有对各层管理职能信息具有收集、处理、分析、反馈和决策等功能。管理按照职能不同，可划分成不同的部门，如销售与市场、生产管理、人事管理、物资供应、财务和会计、后勤等。针对不同的部门可以引入不同的信息系统。

7.2.1.4　辅助决策

（1）按照决策层次划分

辅助决策是信息系统的主要功能，管理人员可以根据信息系统提供的各种信息作出科学的决策。高层一般面临非结构化的问题，中层一般面临半结构化的问题，底层面临结构化的问题，信息系统应该具有辅助组织各层决策的能力。

信息系统的金字塔形结构的底部业务层表示结构化管理过程和决策，而顶部战略层则为非结构化的管理过程和决策，中间策略层则是介于结构化和非结构化之间的半结构化问题。其所处层次越高，结构化程度也越低，反之则相反。

信息系统只提供决策信息，而无法代替管理者进行决策，管理者需要根据信息系统产生的决策信息，再结合自己的价值观、经验和知识的渊博程度等做出科学有效的决策。企业目标实现与否很大程度上取决于决策正确与否，决策的质量又很大程度上依赖于信息系统产生的信息质量。

（2）按照决策类型划分

按信息系统处理问题的结构化程度把决策类型可分为结构化决策、半结构化决策和非结构化决策。[1]

结构化决策是指对企业管理中的某一决策过程，能用确定的模型进行描述，并给出合理的决策方案。电子数据处理系统所解决的就是结构化决策的问题，采取可解的方法进行决策，并且有一定的决策算法和规则去使用，整个决策过程基本实现自动化。[2]例如，正常情况下的订货处理、作业计划的制订、客户订单的定价等问题都是结构化决策问题。

---

[1] 符长青 . 企业信息化 [M]. 大连：大连理工大学出版社，2013.
[2] 黄梯云 . 管理信息系统 [M]. 北京：高等教育出版社，2019.

非结构化决策的决策过程复杂，没有统一决策规则和模型去参考，整个决策过程凭借管理者的价值观、经验和知识的渊博程度等主观意识行为。例如，决策支持系统所解决的就是非结构化决策问题。决策支持系统经过必要的数据分析或模型分析，支持非常规的决策问题，给管理者决策提供支持。例如，如果 12 月的销售额翻番，生产计划会受到什么影响？这是一个标准的非结构化决策问题。

半结构化决策介于结构化决策和非结构化决策之间，可适当建立模型，但无法确定最优方案。其决策过程和方法有一定规律可以遵循，但又不能完全确定。

7.2.2　信息系统结构

信息系统的结构是指系统中各个组成部分之间相互关系的总和。由于人们对信息系统的部件存在着不同的理解构成了信息系统不同的结构方式，其中常见的结构包括概念结构、层次结构、功能结构、硬件结构和软件结构五种。

7.2.2.1　信息系统的概念结构

信息系统是一个人造系统，由人、硬件、软件、数据资源、规程组成，目的是及时、正确地收集、加工、存储、传递和提供信息，实现组织中的各项活动的管理、调节和控制。❶ 通过此概念我们知道，信息系统就是要对原始数据进行收集加工，然后处理得到有价值的信息辅助管理者进行决策。信息系统的基本组成部件有四个：信息源、信息处理器、信息使用者和信息管理者。❷

信息源是信息系统中输入信息的来源，如一张订货单就是一个信息源。信息处理器主要功能是信息处理，包括信息的输入、传输、存储、处理和输出。信息使用者是使用信息的用户，如高层决策者、中层管理者和低层业务处理者都需要依据不同层次的信息进行决策。信息管理者负责整个信息系统的管理工作，跨越了信息系统的整个生命周期全过程，包括系统规划、系统分析、系统开发、系统运行与维护。这四个信息系统组成部件相互作用、相互关联共同组成信息系统，如图 7-4 所示。

---

❶ 黄梯云 . 管理信息系统 [M]. 北京：高等教育出版社，2019.

❷ 明均仁，梁晶 . 管理信息系统 [M]. 武汉：华中科技大学出版社，2012.

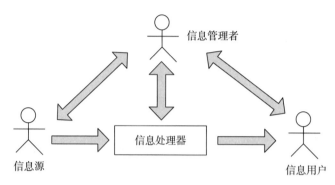

图 7-4 信息系统的概念结构

7.2.2.2 信息系统的功能结构

信息系统是有一定功能的，信息系统在组织不同层次上各种功能也是不一样的。在系统开发的过程中，我们所面对的系统往往是庞大而复杂的，很难直接从这个大系统本身入手去进行分析、设计和实施。而系统本身具有多种功能，所以可以按照系统的功能不同，把系统划分为多个子系统。这样就将复杂得难以研究的大系统划分为若干个简单且容易处理的子系统，每个子系统的复杂程度相对总系统而言要小得多，便于人们的分析和理解。

在某所高校入馆教育系统中，信息系统可由下面所列主要的子系统构成，每一个功能子系统都有自己特有的功能，如图 7-5 所示。

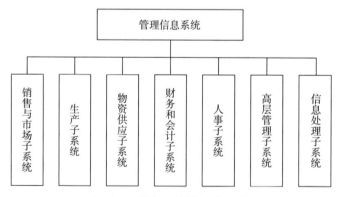

图 7-5 信息系统的功能结构

（1）用户登录子系统

当用户打开入馆教育系统，首先是登录界面，需要正确输入用户名、密码、验证码，按下确认键后方可进入本系统。

（2）学生考试子系统

学生成功登录后，可浏览图书馆的各种概况介绍界面，浏览结束后可进行在线考试，提交试卷后可在考试成绩处找到试卷分数。

（3）批量导入用户子系统

由于系统的学生用户众多，本系统需要实现对学生用户账号的批量导入功能，以保证系统的实用性。

（4）手动添加用户子系统

对学生用户账号除了批量导入系统外，还可以对用户账号的实现手动添加。

（5）题库管理子系统

教师可以对题库进行增加、编辑、删除、成绩查看等操作。

（6）组卷功能子系统

教师手动抽选试卷题目，可以在学生端实现自动生成试卷的功能。

（7）用户管理子系统

使用管理员权限，可以对账号进行增删改、禁用等操作。

7.2.2.3　信息系统的层次结构

（1）基于管理层次的层次结构

由于企业的组织机构是分层次的，不同层次的信息特性、决策问题的类型、要完成的目标都是不同的。

信息系统的层次结构对应于信息系统所支持的三个管理层次，即战略管理层、战术管理层、业务管理层三个层次，这就构成了信息系统的层次结构，如图 7-6 所示。通过图形可以看出信息系统的层次结构呈塔形结构，这是因为每层结构所处理的信息量是不同的，从低层到高层，信息系统所需处理的信息量越来越少。也就是说，基层业务管理需要处理的信息量最多，高层战略管理需要处理的信息量最少。

顶层是战略管理层涉及最高层次的管理活动。例如，把握企业内外部环境变化趋势、确定企业发展目标和增强企业核心竞争力等，处理的是长期和全局性的问题，是企业的总体目标和长远战略规划。由于此层是为企业制订长期的战略计划，所以数据的来源除了系统内部数据，还需要大量的外部数据。该层所提供的信息必须有高度的概括性和综合性，以更准确有效地对企业的发展和目标作出决策。这一层次的决策问题一般是非结构化的。

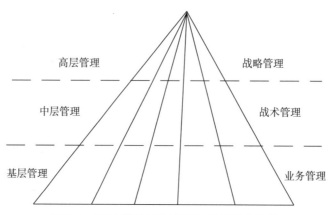

图 7-6　基于管理层次的信息系统层次结构

中间层是战术管理层属于企业的中层管理，主要任务是管理控制和制订战术计划。管理控制层的数据来自上、下两层。对下层产生的问题进行解决和工作协调，对上层下达的命令进行执行，如资源的获得、人员的招聘和资金的监控等。这一层次的决策问题一般是半结构化和结构化的。

最底层是业务管理层属于企业的基层管理，涉及企业的每一项生产经营和管理活动，用于各职能部门的信息处理，支持企业日常的业务数据处理，如销售订单的处理、成本核算、库存统计等。业务处理层是整个系统信息流的来源，它所用到的数据是系统内部数据所构成的数据库系统。这一层次的决策问题是高度结构化的。

信息系统的层级结构是按照每层管理任务的不同进行的划分，不同管理层次的任务不同，信息需求量、处理量和信息特点也有很大不同。信息系统的塔形结构已经说明了这一特性。不同管理层次处理的信息量特性不同，我们用一个表格进行说明，见表 7-2。

表 7-2　各层管理决策的信息特征

信息特征	运行控制	管理控制	战略计划
时间范围	短期	中期	长期
管理级别	基层	中层	高层
信息内容	大	中	小
概括性	详细	较概括	概括
信息来源	内部	内部、外部	外部

续表

信息特征	运行控制	管理控制	战略计划
精准性	高	中	低
决策特点	结构化	半结构化	非结构化
决策风险性	小	中	大

这三个层次之间相互关联，进行着信息的流动与交换。根据信息系统的类型可知底层是业务处理系统（EDPS），支持业务处理层的日常业务数据处理，是信息系统赖以存在的基础，它是 MIS、DSS 最主要的数据来源；中层是管理信息系统 MIS，支持战术管理层；顶层是决策支持系统 DSS，支持战略管理层的非结构化问题决策，如图 7-7 所示。信息系统分层体现了管理活动对信息利用的三个阶段，EDPS、DSS 和 MIS 在许多方面有所不同，包括要解决结构化问题的类型、提供给用户的支持、决策的重点和方法，以及所用系统的类型、速度、输入及开发皆为不同的层次目标服务，但这些系统都是交错重叠的。

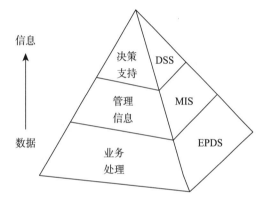

图 7-7　管理的层次与信息系统的对应关系

信息系统层次结构是从纵向进行划分的，所以基于管理层次的信息系统结构，也称为信息系统的纵向结构。信息系统的功能结构是从横向进行划分，所以基于职能划分的信息系统结构，也称信息系统的横向结构。信息系统由多个子系统构成，每一个子系统完成有关功能的全部信息处理，包括低层业务处理、中层管理控制和高层战略规划。我们把信息系统的功能划分定为横轴，管理层次划分定为纵轴，得到基于"职能划分—管理层次"的信息系统金字塔结构，如图 7-8 所示。

金字塔的底部表示结构化管理过程和决策，而顶部则为非结构化的管理过程和决策，中间则是介于结构化和非结构化之间的半结构化问题。其所处层次越高，结构化程度也越低，反之则相反。❶

---

❶ 黄梯云.管理信息系统 [M].北京：高等教育出版社，2019.

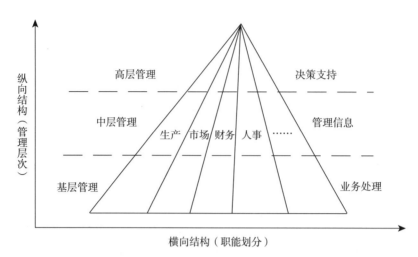

图 7-8 基于"职能划分—管理层次"的信息系统金字塔结构

（2）基于管理任务的层次结构

在实际应用中，为了有效地支持各层管理决策，信息系统按照处理与管理活动有关的信息可分为以下四个层次 ❶：战略管理、管理控制、运行控制、业务处理。这种层级结构也是基于管理任务角度进行的划分。

第一，业务处理。主要是负责日常的业务处理，如总账系统的业务处理包括填制凭证、凭证审核、记账、银行对账单录入、银行对账等。

第二，运行控制。主要协助管理者合理安排各项业务活动运作的短期计划，如生产日程安排等。

第三，管理控制。管理控制是在实际工作中，根据企业的整体目标对所需的各种资源进行正确而有效的组织、计划、协调，并相应建立起一系列正常的工作秩序和管理制度的活动。

第四，战略管理。根据企业内外部信息对企业的发展方向、总体规划进行修改调整，以确保实现企业目标。

信息系统的结构可以从管理功能（职能）的角度和管理任务的角度进行描述，得到信息系统的层次矩阵结构，如图 7-9 所示。

---

❶ 林海涛，李志荣. 管理信息系统 [M]，成都：电子科技大学出版社，2017.

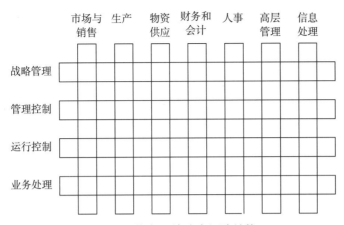

图 7-9　信息系统层次矩阵结构

图 7-9 中每一列代表一种管理功能，每一行代表一个活动层次。行列纵横交叉表示处于不同管理层次的每一种功能子系统，每一个子系统都要完成有关功能的全部信息处理。

因为信息系统矩形结构纵横交错，把信息系统的功能和任务关联在一起，所以又有信息系统纵向综合、横向综合及横纵综合的概念。横向综合是把同一管理层次的各种职能综合在一起。纵向综合是把不同层次的管理业务按职能综合起来，横纵综合是总的综合。信息集中统一，程序模块共享，各子系统功能无缝集成。❶

通过信息系统的矩形结构我们可以知道，信息系统的开发与实现不是一蹴而就的事情，必须有前期的规划、分析，确定好信息系统的功能框架，规定好每个子系统的功能和结构，把各个子系统无缝集成。只有这样，才能实现信息共享，发挥信息系统的作用与优势。

7.2.2.4　信息系统的硬件结构

信息系统的硬件结构是信息系统所依托的计算机及其网络系统的硬件设备组成及其联结方式，非计算机系统的信息收集设备和处理设备等，各硬件设备的功能和技术参数。

本章按计算机的分布进行信息系统硬件结构的划分，如图 7-10 所示。

---

❶ 林海涛，李志荣 . 管理信息系统 [M]，成都：电子科学大学出版社，2017.

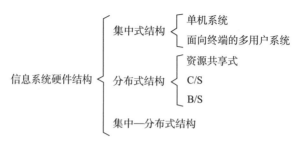

图 7-10　信息系统的硬件结构

（1）集中式结构

信息资源在空间上集中配置的系统称为集中式系统，如图 7-11 所示。集中式处理包括主机和终端，被集中存放在一个地方负责整个企业的信息处理工作。早期由于通信网络无法实现远程的数据传送、计算机硬件设备不先进等原因，大部分系统采用集中式处理结构。这种集中式处理结构采用一台或两台小型计算机作为主机，用户通过各终端可在任何时间与主机取得联系进行各类数据处理工作。距离较远的用户可通过调制解调器和通信线路实现与主机通信。主机直接进行数据存储、数据控制和数据处理，各终端只用于数据的输入和输出。

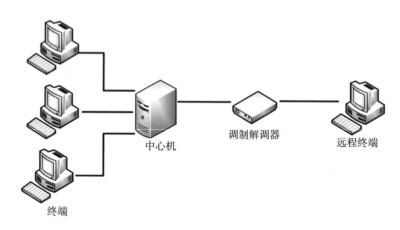

图 7-11　集中式结构示意

优点：信息资源集中，便于管理，规范统一。

缺点：价格昂贵，维修难，运行效率低，一出现故障则整体瘫痪。

（2）分布式结构

随着网络技术的发展，数据在企业的任何地方都可以方便被存取，而不是只存放在主机。利用计算机网络把分布在不同地点的计算机硬件、软件和数据等信息资源联系在一起，服务于一个共同的目标而实现相互通信和资源共享，就形成了信息系统的分布式结构 ●，如图 7-12 所示。

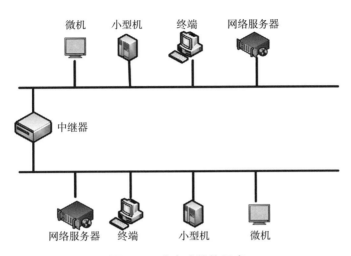

图 7-12　分布式结构示意

分布式系统的三种计算方式有资源共享式、客户机 / 服务器模式、浏览器 / 服务器模式。

第一，资源共享式。这种计算模式又称文件服务器模式，是分布式系统传统的计算模式，见图 7-13。在这种计算模式中，网络系统中的文件服务器向各工作站提供数据和软件资源的文件服务，各工作站可以根据规定的权限存取文件服务器上的数据文件和程序文件。在文件服务器模式下，所有的应用处理和数据处理都发生在工作站一端。文件服务器仅负责对文件实施统一管理，从文件服务器共享磁盘上查找各工作站需要的文件，并通过网络把所查找到的文件发送给各工作站。数据处理在工作站上完成，最后工作站把处理完的结果再以文件的形式回送给文件服务器。●

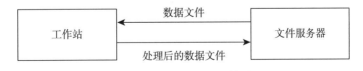

图 7-13　文件服务器计算模型

❶ 李彭城，韩建武 . 国民经济动员管理信息系统 [M]. 长春：吉林人民出版社，2001.

❷ 卫红春 . 信息系统体系结构研究 [J]. 计算机工程与应用，2003（23）：117-119.

第二，客户端 / 服务器模式（Client/Server，C/S）。C/S 模式通常采取两层结构，服务器负责有效地管理系统的数据资源，客户端提供用户与客户端应用程序交互的界面。客户端面向用户，接受用户的应用请求，向服务器提交用户请求，并将服务器提供的数据等资源经过应用程序的处理后提供给用户，见图 7-14。

图 7-14　客户机 / 服务器计算模型

第三，浏览器 / 服务器模式（Browser/Server，B/S）。B/S 是 WEB 兴起后的一种网络结构模式，即"浏览器—Web 服务器—数据库服务器"模式。客户端只负责数据的展示，仅需要使用 Web 浏览器就能访问系统。Web 服务器处理所有的应用逻辑。浏览器通过 Web 服务器同数据库进行数据交互。客户机上只要安装一个浏览器，服务器安装 SQL Server、Oracle 等数据库。这种模式统一了客户端，将系统功能实现的核心部分集中到服务器上，简化了系统的开发、维护和使用，见图 7-15。

图 7-15　浏览器 / 服务器计算模型

优点：灵活兼容、系统扩展方面有比较显著的优势，增加一个网络结点一般不会影响其他结点的工作；可以根据应用需要和存取方便来配置信息资源。数据信息分布合理，资源利用高；能够实现数据的通信和数据的共享；各工作站间相互独立处理各自业务；系统的健壮性好。网络上一个节点出现故障一般不会导致全系统瘫痪。

缺点：价格较高，系统维护困难；由于信息资源分散，系统开发、维护和管理的标准、规范不易统一。

（3）分布—集中式结构

"分布—集中式结构"也称混合式结构，混合式结构是集中式结构和分布式结构的综合，充分发挥两者的优势的一种计算机布局方式。随着信息系统的改进及微型计算机和计算机网络的出现，采用小型或超小型机所组成的"分布—集中式"。一个硬件或软件组件分布在不同的网络计算机上，彼此之间仅仅通过消息传递进行通信和协调的系统，见图 7-16。

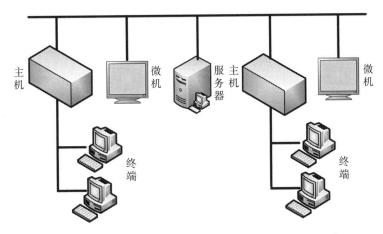

图 7-16　分布—集中式结构示意

优点：价格低，可用微型机的价值实现小型机的功能；系统工作的安全可靠性相对较高；数据信息分布合理，资源利用高；能够实现数据的通信和数据的共享，目前信息系统大都采用此结构。

缺点：前期需要严密部署，合理安排网络布局。

7.2.2.5　信息系统的软件结构

信息系统的软件结构是信息系统硬件设备上安装的系统软件及由信息系统开发人员开发的应用软件所组成的系统结构，见图 7-17。信息系统的软件结构依附于系统硬件结构，它描述了硬件设备中所安装的系统软件分布，如所采用 OS/DBMS、各种服务器软件、应用开发工具等。

信息系统的每个功能子系统都有自己的文件，还有为各子系统公用的数据组成的数据库，由数据库系统进行管理。

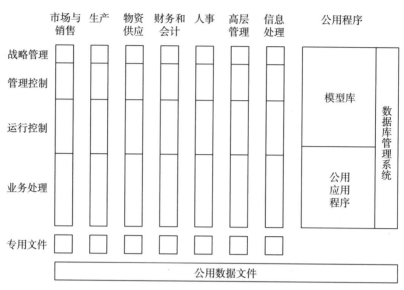

图 7-17　信息系统的软件结构

7.3　信息系统运行管理

信息系统投入运行后，企业要对信息系统的日常运行情况进行记录，并不断地对该系统进行维护，使程序和运行始终处于最佳的工作状态，这都需要对信息系统进行运行管理。

7.3.1　信息系统运行管理的目的

信息系统运行管理是一项长期的工作，是对信息系统进行实时控制，记录其运行状态，并做必要的修改与扩充，以使信息系统在预期的时间内能正常地发挥应有的作用和产出应有的效益，并最终辅助企业管理者进行决策服务。一些企业将信息系统归属管理部门来负责，最早信息系统管理部门被称为计算机中心，后来随着信息化的发展，计算机中心逐渐被信息管理中心、信息中心这些称谓所取代。

7.3.1.1　系统运行管理的组织机构

信息系统的运行效率与信息系统运行的组织机构有着密切的联系。随着信息系统在企业中的地位和价值日益增加，企业也开始重视信息系统的运行管理，逐渐建立起信息系统的组织结构。信息系统在企业中的组织机构形式大致有分散式管理、集中式管理和集中分散式三种。

（1）分散式管理

分散式管理是将信息系统归职能部门管理，把信息系统分散在各个职能部门，以便使用信息系统的权利平等，因此企业的职能部门都建立下属的计算机部，如图 7-18 所示。

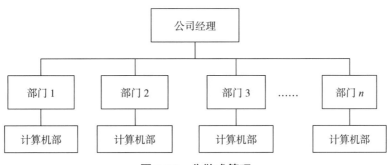

图 7-18　分散式管理

分散式管理能及时满足各部门的信息需求，信息资源的控制管理比较方便。但很容易导致企业产生"信息孤岛"的现象，不利于信息系统整体资源的调配和利用，信息处理的能力和支持决策的能力较差。

（2）集中式管理

集中式管理是借助现代网络通信技术，将信息系统的运行管理由信息中心负责统一管理，信息中心直接受控于企业管理者，每个系统的用户通过广域网来登录使用系统，如图 7-19 所示。

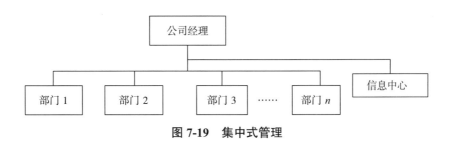

图 7-19　集中式管理

集中式管理有利于全企业信息资源的集中协调管理，实现资源共享。由于系统具有整体性，统一的信息资源标准和操作规范有利于实现数据的完整性、数据共享，加强了信息系统对管理者的决策支持作用。

（3）集中分散式管理

随着网络技术的发展，对集中分散式的信息系统应用越来越广泛，它兼收并蓄了集中式和分散式这两种组织结构的特点，见图7-20。企业不仅有集中管理的信息中心，还在各个职能部门设置由信息中心统一领导的信息站点。

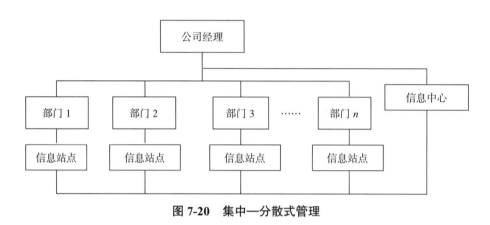

图 7-20　集中—分散式管理

集中分散式管理有利于信息中心从整体的角度管理信息资源，加强了对职能部门的技术支持，有利于企业充分利用信息资源来开展生产经营活动。

7.3.1.2　组织机构的人员配置

信息系统是一个人机系统，根据企业信息系统设置的组织结构，要设置相应的管理人员，这些人员在信息系统中各司其职、相互配合，保障信息系统的正常运行。信息系统运行管理人员主要包括信息中心的首席信息官，负责管理信息中心的日常各项工作。例如，信息系统使用指南和规章制度、信息系统的正常运行和维护等；系统操作人员，一般都是在各自具体的职能部门工作，负责系统的硬件操作、软件编程等日常管理工作；系统维护人员，负责系统的软件维护、硬件维护和网络维护等日常维修；系统应用人员，按照要求各自使用系统资源。

信息系统运行的管理与维护由系统维护人员和系统管理人员共同负责和参与。因此，系统运行管理与维护的好坏，不仅和系统设计开发水平的高低息息相关，更与系统维护人员的素质和系统管理人员的水平有关。

7.3.2　信息系统运行的管理制度

为规范信息系统运行管理工作流程，确保系统硬、软件稳定、安全运行，保证系统及数据的稳定性、完整性，必须建立信息系统运行的管理制度。

（1）数据管理

基础数据的管理不仅包括对数据的收集、储存、加工等处理工作，还包括数据在系统内部的运行文件的管理、数据库中储存的历史数据的管理和数据的归档等的管理。

（2）运行管理

运行管理包括系统的操作规程、系统修改规程、系统的安全保密规程、系统的维护及配置的制度等。例如，未经批准，不得随意编写、修改、更换系统的各类软件系统及更改设备参数配置；各类系统软件系统的维护、增删、配置的更改，各类硬件设备的添加、更换须经负责人批准；为确保数据的安全保密，在数据库设计时应该建立视图等数据安全保密机制；应定期对系统进行维护、对制度的执行情况进行检查，督促各项制度的落实。

（3）应急管理

建立信息系统应急预案，信息系统发生应急时，由信息中心依据紧急预案，向有关部门和公司领导及时通报故障情况。组织技术人员进行抢修，最大限度降低故障带来的损失。应急处理结束后，信息中心应认真总结应急事件发生的原因、处理过程和经验教训，提出整改措施和方案。

7.3.3　信息系统运行管理的内容

系统运行管理的内容包括信息系统日常运行的管理、对信息系统运行情况的记录。

7.3.3.1　信息系统日常运行管理

在信息系统投入使用后，对于信息系统日常运行管理的工作量会很大。为了保障信息系统的日常运行管理正常运行，主要完成数据的采集、校验和录入，硬件设备的管理和维护，软件维护，信息系统的安全管理等任务。

（1）数据的收集

数据采集包括原始数据的采集、校验和录入等工作。数据收集工作是信息系统的重要基础。如果数据收集工作不细致，那么就难保证数据的正确性和质量，信息系统就会得到错误或者不全面的数据，这样会造成系统数据分析的无效和欠缺，直接影响管理者的决策。

数据收集一般来说是由处于业务处理层的业务人员完成的。数据录入要求录入人员把经过校验的数据送入计算机，并保证送入计算机的数据与纸面上的数据完全一致。信息收集工作必须细致，这样才能提高数据收集的质量，为信息系统的长效工作打下坚实的基础。

（2）硬件设备的管理和维护

硬件设备是信息系统正常运行的物质基础，因此做好硬件设备的管理和维护工作至关重要。硬件设备如果维护不当，出现损坏往往会带来很大的麻烦和困扰，如造成数据资料的丢失，因此必须加强设备的管理。应掌握正确的操作使用方法和规程，做好日常维护保养、定期检修等，减少系统的故障发生率，以确保系统的长期可靠运行，提高设备的使用寿命。

（3）信息系统的安全管理

信息系统的安全管理可以从两个方面考虑：一是从信息角度来说，信息系统的安全管理是要防止信息的丢失，免遭破坏；二是从技术的角度来说，信息系统的安全管理是保障整个系统的安全，防止系统瘫痪，免遭破坏。信息系统经常面临非法入侵计算机系统、窃取信息、病毒入侵等威胁，因此，保证信息系统安全运行是非常重要的。对于信息系统的安全管理技术，通常有备份数据、防火墙技术、用户身份确认、文件加密技术等。

（4）软件维护

软件维护是系统生命周期中的重要工作，软件的正当维护能够提高计算机的运行效率。在信息系统的整个生命周期中，软件维护的工作量高达70%以上。因此，通过优化信息系统，对企业未来发展及其数字化建设具有重要的意义。

7.3.3.2 信息系统运行情况的记录

信息系统运行记录是信息系统管理的基础。当信息系统发生故障时，可以按照信息系统运行情况的记录进行及时修复。因此，在信息系统生命周期的过程中，要及时、全面地收集信息系统运行情况。

为了确保信息记载的完整性和准确性，一是要求由当事人记录事情发生情况；二是要求用规范的语言和规定的格式对事故发生情况进行登记。不要使用自然语言含糊地表达，填写的内容应尽量给予定量描述。对于不易量化的内容，可以采取分类、分级的方法。总之，要努力通过各种手段，尽量详尽准确地记录系统的运行情况。

现代化的信息管理离不开信息系统的支持。本章首先介绍了信息系统的概念、发展，而后对信息系统的类型从四个方面进行阐述，主要介绍基于信息处理功能和辅助决策的不同对信息系统的划分；着重介绍信息系统四大基本功能，以及从概念结构、层次结构、功能结构、硬件结构和软件结构这五个方面对信息系统结构的梳理。在信息系统运行管理部分，分别讨论了信息系统运行管理的目的、运行管理的制度和运行管理的内容等问题。

案例：北京燕京啤酒股份有限公司信息系统实践 ●

北京燕京啤酒集团公司是 1993 年以原北京市燕京啤酒厂为核心组建的国家二级企业。燕京啤酒集团现已成为中国啤酒行业吨位最大的"航空母舰"。

北京燕京啤酒股份有限公司（下文简称"燕京啤酒"）是燕京啤酒集团的上市公司。燕京啤酒股份有限公司在 1991 年已经实现财会电算化，而业务处理一直处于手工状态。随着企业规模的日益增大，业务量也逐渐增加，手工处理方式带来的各种弊端开始暴露出来，影响企业的收益，阻碍了先进管理方法的运用。啤酒是一种保质期短的液体饮料，这一特性决定了啤酒行业是一个地域性较强的行业。企业的兴旺很大程度上依赖本地市场的占有率，因此加强销售管理十分必要。

信息时代的销售管理对企业管理系统的建设提出了迫切要求，1998 年燕京啤酒开始制订新的战略目标：将企业管理与计算机技术、网络技术、数据处理技术相结合，将当代高新技术应用于业务流程管理与控制中，建立包括采购、库存、销售、财务管理和控制为一体的管理系统。

燕京啤酒信息系统的建立实现了财务业务一体化，对企业的业务进行了有效的控制，提供了丰富的工具和手段，准确、及时地为企业提供各种对内管理报表和对外财务报表，在企业管理升级中起到了非常重要的作用。

● 张瑞君，殷建红，谢广军，等．传统企业 YanjingBeer 如何实现管理增值？——北京燕京啤酒股份有限公司管理信息系统成功案例分析 [J]．网际商务，2001（9）：48-53．

📖 问题与思考

信息系统是一个不断发展的新兴学科，随着物联网、云计算、大数据和人工智能等热点数字化技术的发展，给信息系统的发展也带来了巨大的变革。信息系统已经成为企业、政府机构等各类组织管理与运营的解决方案，更是企业和组织的数字化孪生和创新赋能器。信息系统的发展促进了企业的数字化转型。请结合上述案例，思考信息系统的未来的发展趋势是怎样的，从当代大学生的视角谈谈对创新与推动技术应用的责任的理解。

📖 参考文献

[1] 骆耀祖，杨莉云．管理信息系统 [M]．北京：人民邮电出版社，2015．

[2] 黄梯云．管理信息系统 [M]．北京：高等教育出版社，2019．

[3] 中国企业管理百科全书编辑委员会，中国企业管理百科全书编辑部．中国企业管理百科全书 [M]．北京：企业管理出版社，1984．

[4] 黄位华，张烽燕．管理信息系统 [M]．武汉：华中科技大学出版社，2013．

[5] 李广水，姜方桃．管理信息系统 [M]．北京：中国人民大学出版社，2008．

[6] 明均仁，梁晶，管理信息系统 [M]．武汉：华中科技大学出版社，2012．

[7] 林海涛，李志荣．管理信息系统 [M]．成都：电子科技大学出版社，2017．

[8] 李彭城，韩建武．国民经济动员管理信息系统 [M]．长春：吉林人民出版社，2001．

[9] 卫红春．信息系统体系结构研究 [J]．计算机工程与应用，2003（23）：117-119．

第8章 信息安全

互联网时代的蓬勃发展，为人们带来了巨大便利和对未来的无限期待，同时也不可避免地增加了个人资料个人隐私泄密的风险。层出不穷的信息安全事件暴露了其中巨大的隐患和风险。在互联互通的网络空间里，公众对其安全性一直有很大的疑虑，小至生活中个人隐私数据存在着信息外露的风险，大到影响全球的 WannaCry 勒索病毒使我们不得不对信息安全问题开展深度反思。

8.1 信息安全概述

随着互联网尤其是以智能手机为终端设备的移动互联网的兴起和广泛应用，人们对信息、信息技术的依赖程度日益加深，足不出户、敲击键盘、动动手指就可获得所需要的信息。但与此同时，信息安全问题也日益突出，信息安全的事件屡有发生，这使人们越来越关注信息安全，注重个人的隐私保护。

8.1.1 信息安全的现状

根据中国互联网络信息中心发布的第 51 次《中国互联网络发展状况统计报告》显示，截至 2022 年 12 月，中国网民规模达到 10.67 亿，互联网普及率达到 75.6%，手机网民规模达到 10.65 亿。网民中使用手机上网的比例为 99.8%。其中遭遇个人信息泄露的网民比例最高，为 19.6%；遭遇网络诈骗的网民比例为 16.4%；遭遇设备中病毒或木马的网民比例为 9.0%；遭遇账号或密码被盗的网民比例为 5.6%。通过对遭遇网络诈骗网民的进一步调查发现，网民遭遇过网络购物诈骗、网络兼职诈骗和利用虚假招工信息诈骗的比例均有所下降。其中，遭遇网络购物诈骗的比例为 33.9%，较 2021 年 12 月下降 1.4 个百分点；遭遇网络兼职诈骗的比例为 27.9%，较 2021 年 12 月下降 0.7 个百分点；遭遇利用虚假招工信息诈骗的比例为 19.5%，较 2021 年 12 月下降 0.3 个百分点。截至 2022 年 12 月，全国各级网络举报部门共受理举报 17214.7 万件，较 2021 年同期增长 3.6%。网络信息安全已成为影响当今社会快速发展的主要制约因素之一。

信息安全面临的威胁和挑战主要有以下五个方面内容。

（1）个人信息的泄露

随着互联网的普及，个人信息的泄露成为信息安全领域最突出的问题之一。黑客通过各种手段窃取个人敏感信息，如网站个人信息账号及密码、银行卡账号、身份证号码、电话号码和家庭住址等，然后利用这些信息进行各种诈骗和攻击。个人信息泄露的原因包括但不限于网络攻击、电信诈骗、个人数据泄露、网络钓鱼、社会工程学攻击等。

（2）网络攻击

随着网络技术和网络工具的日益发展，网络攻击的门槛越来越低，网络攻击变得越来越频繁和复杂。黑客可以利用各种恶意软件、攻击软件、病毒、木马等工具，对目标计算机、信息系统进行攻击，窃取或破坏重要数据、干扰业务正常运行，甚至导致系统崩溃、瘫痪。

（3）网络安全

随着互联网，尤其是移动互联网、物联网的普及和网络应用的增多，网络安全问题也日益突出。网络犯罪、网络恐怖主义等威胁不断升级，网络钓鱼、恶意软件下载、网络电信诈骗等问题屡禁不止、层出不穷，严重影响了社会的稳定和经济的发展，给人们的生产生活造成比较大的影响。

（4）信息安全意识

尽管信息安全问题日益突出，但公众对信息安全意识的普及程度依然不高。很多人缺乏个人信息保护的基本认识和意识，对网络攻击和诈骗的风险缺乏一定的了解。因此，在信息安全方面存在着较大的风险和隐患。

（5）工业控制系统安全

随着工业化和信息化的融合，工业控制系统逐渐成为信息安全领域的新焦点。这些系统涉及国家的关键基础设施，如能源、交通、金融、经济、物流和保险等，因此其安全性更加重要。然而，目前很多工业控制系统存在比较严重的安全漏洞和风险，可能导致重大的经济损失和社会影响。

8.1.2　信息安全的概念

可以从狭义和广义两个方面来理解信息安全。从狭义的角度来看，信息安全是指保护计算机系统和网络中的信息，防止未经授权地访问、篡改或破坏。这包括保护信息系统数据的机密性、完整性和可用性，确保只有授权用户能够访问和使用这些信息，未授权的用户无法获得相关的信息。

从广义的角度来看，信息安全是一个更广泛的领域，它不仅包括保护计算机系统和网络中的信息，还包括保护各种形式的敏感信息，无论是在线状态还是离线状态。这包括但不限于政府机密、商业秘密、个人隐私，甚至国家信息安全保障体系等。广义的信息安全还涉及各种安全措施，如物理安全、访问控制、流量审计和监控等，以确保信息的完整性和机密性。

总之，信息安全是一个综合性的领域，旨在保护各种形式的信息，防止其受到恶意攻击、泄露、篡改或破坏。无论是从狭义还是广义的角度来看，信息安全都是社会和经济发展中不可或缺的重要组成部分。

8.1.3　信息安全的发展阶段

信息安全领域的发展经历了多个阶段，每个阶段都反映了当时的技术和威胁环境，以及对应的安全需求和策略。以下是一些主要的发展阶段。

（1）通信安全阶段

这个阶段主要是 20 世纪 40—60 年代，信息安全的主要目标是保护通信系统的安全。这个阶段的威胁主要是通信窃听和密码破解，因此主要的焦点是确保通信的机密性和完整性。这个阶段使用的技术包括编码和解码等密码学技术。

（2）信息安全阶段

在 20 世纪 80 年代，随着计算机技术的发展，信息安全的重点转向了保护计算机系统的安全。这个阶段的主要目标是确保信息的机密性、完整性和可用性。机密性是指防止信息泄露给未经授权的实体；完整性是指保护信息不被篡改或破坏；可用性是指确保信息在需要时能够被授权用户访问和使用。

（3）信息保障阶段

在 20 世纪 90 年代，信息安全的重点转向了主动防御和综合保障。这个阶段的主要目标是采取综合措施来保护信息系统的安全，包括防御、检测、响应和恢复。在这个阶段，信息安全不仅是防止攻击，还包括对安全事件进行快速响应和恢复的能力。

（4）网络空间安全阶段

当前，信息安全的发展阶段可以被认为是网络空间安全阶段。这个阶段的重点除了保护网络和信息系统的安全，还扩展到了国家安全和全球互联网安全。这个阶段需要考虑的安全问题更加广泛和复杂，包括网络攻击、恶意软件、数据泄露和网络犯罪等多个方面。

随着技术的不断发展和环境的变化，信息安全领域还将继续发展。未来可能会出现新的安全挑战和技术，需要不断地更新和发展信息安全的概念和技术来应对。

8.1.4　信息安全管理

信息安全管理是确保组织信息安全的一种管理和控制方法，其目的是通过建立适当的安全策略和流程来保护组织的信息化资产和数据。信息安全管理的内容主要包括以下六个方面。

（1）安全策略制定

组织需要制定清晰的安全策略，明确信息安全的目标、要求和规则。安全策略应该与组织的业务需求和风险相适应，并要求所有员工和相关方所理解和遵守。

（2）风险评估

组织需要对其面临的信息安全风险进行评估和分析。这包括识别潜在的威胁、漏洞和影响，并确定风险等级和可能的影响范围。风险评估的结果可以用于制定相应的安全控制措施和优先级。

（3）安全控制措施

组织需要采取适当的安全控制措施来减轻或消除风险。这包括技术控制、物理控制、人员控制和流程控制等多个方面。例如，技术控制可以包括加密、防火墙、入侵检测和访问控制等；物理控制可以包括安全设施、物理隔离和访问限制等；人员控制可以包括安全培训、职责分离和权限管理等；流程控制可以包括安全审查、审批和操作规程等。

（4）持续监控和更新

组织需要建立持续的监控机制，及时发现和应对安全事件。这包括对系统、网络和用户行为的监控，以及对安全日志和事件的收集和分析。此外，组织应该定期评估安全策略和控制措施的有效性，并根据需要进行更新和优化。

（5）应急响应计划

组织需要制定应急响应计划，以应对可能发生的安全事件。应急响应计划应该包括快速的响应和恢复流程，以及与内部部门和外部合作伙伴的协调机制。

（6）培训和教育

组织应该提供信息安全培训和教育，增强员工的信息安全意识。培训可以包括安全政策、操作规程、安全意识、技能培训等多个方面，以便员工能够理解和遵守信息安全要求。

通过实施信息安全管理，组织可以降低信息安全风险，保护关键信息资产，确保业务运营的稳定性和可持续性。同时，信息安全管理还可以提高组织的声誉和竞争力，以及满足法律法规和行业要求的规定。

8.1.5　信息安全专业

信息安全专业是一门普通高等学校本科专业，属于计算机类专业，基本修业年限为四年，授予管理学、理学或工学学士学位。该专业是计算机、通信、数学、物理、法律、管理等学科的交叉学科，主要研究确保信息安全的科学与技术，旨在培养能够从事计算机、通信、电子商务、电子政务、电子金融等领域的信息安全高级专门人才。

信息安全专业涉及的内容包括信息的保密性、真实性、完整性、未授权拷贝和所寄生系统的安全性等方面的研究。这个专业旨在保护信息系统或信息网络中的信息资源免受各种类型的威胁、干扰和破坏，即保证信息的安全性。

据统计，目前全国本科阶段开设信息安全专业的院校有 132 所，其中包括"双一流"大学、一本大学、二本大学以及一些大专院校，如中国科学技术大学、武汉大学、上海交通大学、北京邮电大学、山东大学、西安电子科技大学等知名高校。

在信息安全专业招生和就业方面，一些高校通过单独招生或以计算机科学与技术或者物理学专业为平台，开设信息安全方向的专业课程，以培养具备信息安全知识和技能的人才。

（1）招生要求

通常情况下，信息安全专业对学生的计算机基础和数学、物理等知识要求较高，一些高校也会要求学生在入学前具备一定的编程和计算机基础知识。

（2）就业前景

信息安全专业的毕业生可以在政府机关、国家安全部门、银行、证券、通信等领域从事各类信息安全系统、计算机安全系统的研究、设计、开发和管理工作，也可以在 IT 领域从事计算机应用工作。该专业的就业岗位包括网络管理员、系统管理员、网络工程师、销售经理、项目经理、行政助理、网管、仓库管理员、销售代表、土建工程师和 IT 工程师等。

（3）行业需求

随着互联网和信息技术的快速发展，信息安全问题越来越受到重视。据统计，全球信息安全市场的规模正在不断扩大，预计未来仍将保持增长。因此，信息安全专业的就业前景较好。

（4）薪资待遇

信息安全专业的薪资水平与所在地区、工作经验等因素有关。一般来说，信息安全专业毕业生的起薪较高，具备一定工作经验后，薪资水平可以达到中上等水平。

进入 21 世纪后，随着信息技术的迅猛发展和应用范围的扩大，信息安全问题更加突出，成为全社会关注的焦点。国际上对于信息安全的研究起步较早，投入力度大，已取得了许多成果，并得以推广应用。而在国内，起步虽然较晚，但越来越重视对专门从事信息安全工作的技术人才的培养，以促进我国信息安全事业的良性发展。

8.2 网络扫描与黑客攻击技术

黑客在对目标发起攻击前，往往会先进行网络扫描及监听，发现系统漏洞，找到系统的破绽，然后利用网络工具对目标发起网络攻击，窃听、获取重要数据，甚至导致系统瘫痪、崩溃，造成系统拒绝服务。

8.2.1 网络扫描的概念

网络扫描是一种基于网络的远程服务发现和系统脆弱点发现的技术，它可以确定被攻击主机是否处于开机状态、开放了哪些端口、有哪些系统漏洞等，网络扫描主要分为端口扫描、漏洞扫描和弱口令扫描等几大类。

端口扫描是指通过向目标主机或设备发送探测报文，记录和分析响应报文以判断目标端口处于打开还是关闭状态，进而发现目标主机或设备开放的端口和提供的服务。端口扫描是进一步发现目标系统或设备安全漏洞的重要手段。

漏洞扫描是指根据收集到的信息判断或者进一步测试系统是否存在安全漏洞，如弱口令、软件漏洞、系统配置错误等，可以通过检查网络设备的配置文件、日志文件和其他敏感信息来发现漏洞，如路由器的配置错误、交换机的安全配置不足等。

弱口令扫描是指通过尝试破解目标系统的用户密码或使用默认密码来获取访问权限。常见的弱口令扫描方法：①暴力破解。暴力破解是一种基本的弱口令扫描方法，通过尝试各种可能的口令组合来破解目标主机的口令。这种方法的缺点是时间消耗较大，需要较长时间计算和尝试。②字典攻击。字典攻击是一种常用的弱口令扫描方法，通过使用一个包含常见口令的字典文件，逐一尝试字典中的口令来破解目标主机的口令。这种方法的优点是速度较快，因为字典中的口令通常是常见的、易于猜测的口令。③社交工程攻击。社交工程攻击是一种利用人类心理和行为上的弱点来获取目标主机口令的方法。这种攻击可以通过欺骗、诱导、威胁等手段，让目标主机的用户自愿透露其口令。④弱口令扫描工具。弱口令扫描工具是一种用于自动化弱口令扫描的工具，可以扫描整个网络或单个系统中的弱口令。

8.2.2 常见的网络扫描技术

常见的网络扫描技术主要包括以下几种。

（1）Ping 扫描

通过发送 ICMP（Internet Control Message Protocol，网络控制报文协议）报文来探测目标主机的存活状态，有响应则表示主机处于开机状态。这是一种比较常见的网络扫描方式。

（2）UDP 扫描

通过发送 UDP（User Datagram Protocol，用户数据报协议）报文来探测目标主机的存活状态和端口状态。UDP 不保证数据包的可靠性和顺序，因此速度较快。通信双方不需要事先建立连接，属于无连接的传输层协议。

（3）TCP 全连接扫描

通过建立 TCP（Transmission Control Protocol，传输控制协议）连接来探测目标主机的端口状态。TCP 全连接扫描是 TCP 端口扫描的基础。扫描主机尝试（使用三次握手）与目的机指定端口建立正常的连接。这一扫描方式的主要缺点是会在被扫描主机上留下记录。

（4）TCP SYN 扫描

TCP SYN 扫描又称半 TCP 连接扫描，只发送三次握手的第一次 SYN 报文段。如果收到 ACK+SYN 则为 open，收到 RST 则为 close。这种扫描的好处是不必等待三次握手完全完成，速度快且不容易被防火墙记录进日志。

（5）TCP FIN 扫描

通过发送 FIN 报文来探测目标主机的端口状态，通常用于绕过防火墙等限制。

（6）碎片扫描

通过发送碎片报文来探测目标主机的碎片处理能力，以判断目标主机是否存在某些漏洞。

（7）慢速扫描

通过降低扫描速度来避免被检测和阻断，通常用于长时间的扫描任务。

（8）随机扫描

通过随机生成 IP 地址、端口号等参数来进行扫描，以绕过防火墙等限制。

（9）多线程扫描

通过使用多个线程同时进行扫描，以提高扫描效率。

（10）混合扫描

通过同时使用多种扫描技术，以提高扫描准确性和绕过防火墙等限制的能力。

网络扫描技术是一把双刃剑，既可以用于合法的安全测试和漏洞发现，也可以用于非法的攻击和入侵行为。在使用网络扫描技术时，需要遵守法律法规和道德准则，避免侵犯他人隐私和造成网络安全问题。

网络扫描器是一种用于探测和识别网络中目标主机或设备的信息和漏洞的工具，主要功能包括以下五个方面。

（1）扫描目标主机的存活状态

通过网络扫描器可以发送 ICMP、UDP 或 TCP 报文等，探测目标主机是否处于存活状态，并获取目标主机的 IP 地址、MAC 地址等信息。

（2）识别目标主机的端口状态

网络扫描器可以向目标主机发送特定协议的报文，通过分析响应报文来判断目标主机的端口状态，如端口是否开启、提供哪些服务、运行哪些应用程序等。

（3）识别目标主机的操作系统类型和版本

网络扫描器可以通过发送特定的探测报文，识别目标主机的操作系统类型和版本，进一步了解目标主机的系统配置和可能存在的漏洞。

（4）分析目标主机的漏洞

网络扫描器可以通过对目标主机的扫描和分析，发现可能存在的漏洞和弱点，如弱口令、系统配置错误、软件漏洞等，为进一步攻击提供便利。

（5）生成扫描结果报告

网络扫描器可以将扫描结果以报告的形式输出，包括目标主机的信息、端口状态、操作系统类型和版本、漏洞情况等，以便用户对目标主机进行进一步的分析和处理。需要注意的是，网络扫描器的使用必须遵守相关的法律法规和道德准则，避免滥用和非法攻击行为。同时，在进行网络安全管理时，也需要合理使用网络扫描器，及时发现和处理网络中的安全问题和漏洞，提高网络安全性。

8.2.3　黑客

黑客是指利用系统安全漏洞对网络进行攻击破坏或窃取资料的个人或团体，这个概念涵盖了以下几个含义：对编程语言有足够了解，可以不经长时间思考就能创造出有用软件的人；恶意试图破解或破坏某个程序、系统及网络安全的人，也就是被俗称的黑客；试图破解某系统或网络以提醒该系统所有者的系统安全漏洞的人，通常被称为"白帽黑客"或"匿名客"；通过知识或猜测而对某段程序做出好的修改，并改变该程序用途的人。

8.2.4　黑客攻击的一般流程

黑客攻击的一般流程：预攻击探测、发现漏洞，采取攻击行为、获得攻击目标的控制系统、安装系统后门、继续渗透网络，直至获取机密数据，最终消除踪迹。

第一步：预攻击探测。这一阶段主要为信息收集，收集的信息包括网络信息（域名、IP 地址、网络拓扑），系统信息（操作系统版本、开放的各种网络服务版本），用户信息（用户标识、组标识、共享资源、即时通信软件账号、邮件账号）等。

第二步：发现漏洞，采取攻击行为。通过扫描工具对目标主机或网络进行扫描，扫描的主要目的：①发现存活主机、IP 地址，以及存活主机开放的端口；②发现主机操作系统类型和系统结构；③发现主机开启的服务类型；④发现主机存在的漏洞。常用的几种公开的扫描工具，如 ISS（Internet Security Scanner）和 SATAN（Security Analysis Tool for Auditing Networks），可以对整个域或子网进行扫描并寻找安全漏洞。这些程序能够针对不同系统的脆弱性确定其弱点。入侵者利用扫描收集到的信息来获得对目标系统的非法访问权。

第三步：获得攻击目标的控制权系统。主要目标是获得系统账号权限，并提升为 root 或 Administrator 权限。攻击者拥有这一权限后，可以对操作系统进行任意操作。Root 权限是 Linux 系统权限的一种，也叫根权限。它可以与 Windows 系统里的 System 权限理解成一个概念，但高于 Administrator 权限。root 用户是 Linux 系统中的超级管理员，它具有操作系统顶级的权限，能够操控系统中的所有内容。获得 root 权限之后就意味着已经获得了系统的最高权限，这时候就可以对系统中的任何文件（包括系统文件）执行所有增、删、改、查的操作。

第四步：安装系统后门。在软件开发的初期，一些程序员或者工程师为了方便能够随时修改程序设计过程中可能遇到的缺陷，往往会在软件内部建立后门程序。通常情况下，后门程序是指可以不经过安全性检查就能够获得访问软件或系统权限的程序代码或方法。一般情况下，其他人不会知道这些后门程序。但是如果软件或系统已经发布，没有将后门程序及时删除，这将会造成安全风险，黑客有可能利用漏洞扫描工具发现此漏洞，进而发起网络攻击。

第五步：继续渗透网络，直至获取机密数据。以攻击成功的主机为跳板，攻击其他主机，直到找到攻击者想要的信息。

第六步：消除踪迹。消除所有攻击痕迹，以防止被计算机管理员发现。这里比较常用的方法是清除所有的日志文件。

8.2.5　网络攻击的主要技术

黑客发起网络攻击的主要技术有以下几种。

8.2.5.1　社会工程学攻击

利用人类心理和行为上的弱点，通过欺骗、诱导和威胁等方法，获取目标对象的信任或敏感信息，从而达到攻击目的。他们往往会利用受害人爱贪小便宜、有较强的好奇心、对一些事物的本能反应、对他人放松警惕、信任他人等缺点发起一些如诈骗、伤害、敲诈和攻击等危险的手段或方法来取得高额的利润。

现如今一些典型的社会工程学攻击手段：①钓鱼邮件。攻击者通过伪装成合法的邮件发送者，诱骗被害人点击附件或者链接，从而获取机密信息。②假冒电话。攻击者冒充银行、电信等机构的工作人员，通过电话诱骗被害人提供机密信息。③假冒网站。攻击者通过伪造合法网站的形式，欺骗被害人提供机密信息。④社交工程攻击。攻击者通过社交网络等渠道，获取被害人的个人信息，进而进行攻击。⑤垃圾邮件。攻击者通过发送垃圾邮件的方式，诱骗被害人打开附件或者链接，从而获取机密信息。⑥无线网络攻击。攻击者通过在公共场所设置假的无线网络热点，来获取被害人的机密信息。⑦窃听偷拍。攻击者通过窃听、偷拍等方式，获取被害人的机密信息。

8.2.5.2　恶意软件攻击

通过植入恶意软件（如病毒、蠕虫、特洛伊木马等），对目标对象进行破坏、窃取信息、发起其他攻击等操作。

恶意软件攻击是指通过电子邮件、远程下载等手段，向用户传播恶意软件，如病毒、木马、蠕虫等，并在目标主机上执行恶意程序，从而控制远程主机、攻击网络系统等。比较典型的恶意软件攻击手段有：①病毒。病毒是一种具有自我复制功能的恶意软件，可以通过感染其他文件或系统来扩散。一旦感染，病毒就会开始破坏、篡改或者删除文件，甚至可以使整个系统瘫痪。②木马。木马是一种伪装成有用程序的恶意软件。一旦安装，木马就会在后台运行，窃取用户的敏感信息，如密码、银行账户信息等。木马可以通过电子邮件、软件下载等方式进行传播。③蠕虫。蠕虫是一种具有自我复制功能的恶意软件，可以通过网络进行传播。蠕虫会利用系统漏洞，将自己复制到其他系统中，以便扩散和控制更多的系统。一旦感染，蠕虫可以窃取用户的敏感信息、控制系统等。④间谍软件。间谍软件是一种恶意软件，可以在用户不知情的情况下窃取其个人信息。间谍软件可以监视用户的键盘输入、屏幕截图、浏览历史记录等。这些信息可以用于犯罪活动，如诈骗和身份盗窃。⑤广告软件。广告软件是一种恶意软件，会在用户浏览网页时弹出广告。这些广告可能包含恶意链接或下载，以便在用户点击时安装恶意软件。广告软件可以通过软件下载和电子邮件附件等方式进行传播。⑥勒索软件。勒索软件是一种恶意软件，可以锁定用户的计算机或者加密用户的文件，并要求用户支付赎金以恢复访问权限。勒索软件可以通过电子邮件附件、软件下载等方式进行传播。

8.2.5.3　拒绝服务攻击（DoS）

通过发送大量的请求或伪造请求，使目标服务器过载或崩溃，从而造成服务不可用或被迫关闭。

典型的拒绝服务攻击：① Ping of Death（死亡之 Ping）。ICMP 报文长度固定（64KB），很多操作系统只开辟 64KB 的缓冲区用于存放 ICMP 数据包。如果 ICMP 数据包的实际尺寸超过 64KB，就会产生缓冲区溢出，导致 TCP/IP 协议堆栈崩溃，造成主机重启或死机，从而达到拒绝服务攻击的目的。现在的操作系统已经修复了该漏洞，当用户输入超出缓冲区大小的数值时，系统会提示用户输入范围错误。② SYN 泛洪攻击。SYN 泛洪攻击利用的是 TCP 协议的三步握手机制，攻击者利用伪造的 IP 地址向目标系统发出 TCP 连接请求，目标系统发出的响应报文得不到被伪造 IP 地址的响应，从而无法完成 TCP 的三步握手。此时目标系统将一直等待最后一次握手消息的到来直到超时，即半开连接。如果攻击者在较短的时间内发送大量伪造的 IP 地址的 TCP 连接请求，则目标系统将存在大量的半开连接，占用目标系统的资源。如果半开连接的数量超过了目标系统的上限，目标系统资源耗尽，从而达到拒绝服务的目的。③ LAND 攻击。LAND（Local Area Network Denial Attack）攻击同样利用了 TCP 的三步握手的机制。

这种攻击也是向攻击的目标发送 TCP SYN 报文，但是与正常的 TCP SYN 报文不同。LAND 攻击报文的源 IP 地址与目的 IP 地址是一样的，都是目标系统的 IP 地址。所以当目标系统收到这样的 SYN 报文后，就会向该报文的源 IP 地址（也就是目标系统自己）发送一个 ACK 报文，试图创建一个 TCP 的连接，相当于目标系统与自身建立链接。如果攻击者发送了足够多的 SYN 报文，则目标系统的资源就会耗尽，最终造成 DoS 攻击。④ UDP 泛洪攻击。攻击者将 UDP 数据包发送到目标系统的服务端口上，通常是诊断回送服务 Echo，因为此服务一般默认开启。若目标系统开启此服务，就会回应一个带有原始数据内容的 UDP 数据包给源地址主机。若目标系统没有开启此服务，就会丢弃攻击者发送的数据包，可能会回应 ICMP 的"目标主机不可达"类型消息给攻击者。但是无论服务有没有开启，攻击者消耗目标系统链路容量的目的已经达到。几乎所有的 UDP 端口都可以作为攻击目标端口。⑤ Smurf 攻击。Smurf 攻击是发生在网络层的著名 DoS 攻击，该攻击结合了 IP 欺骗和 ICMP 响应，为了使攻击有效，Smurf 利用了定向广播技术，即攻击者向反弹网络的广播地址发送源地址为被攻击者主机 IP 地址的 ICMP 数据包。因此，反弹网络会向被攻击者主机发送 ICMP 响应数据包，从而淹没被攻击主机。

8.2.5.4　密码破解攻击

通过尝试各种密码组合、利用已知的漏洞或字典攻击等方式，破解目标对象的密码，从而获取访问权限或敏感信息。

8.2.5.5　中间人攻击

通过拦截和篡改目标对象之间的通信数据，窃取敏感信息或发起其他攻击，如 ARP 欺骗攻击。

8.2.5.6　越权访问攻击

通过利用目标对象的权限管理漏洞或访问控制机制不严格等问题，越权访问目标对象的敏感信息或资源，如权限提升攻击。

8.2.5.7　针对物理层的攻击

如光纤窃听、电磁泄露等攻击方式，通过物理手段窃取敏感信息或发起其他攻击。

8.2.5.8　漏洞扫描攻击

通过利用已知的安全漏洞或弱点，对目标对象进行扫描和探测，发现可被攻击的漏洞，进而利用漏洞进行攻击。

8.2.5.9　会话劫持攻击

通过拦截和窃取目标对象的会话令牌或凭证信息，对目标对象进行未经授权的操作或控制，如网络钓鱼攻击。

8.2.5.10　伪造请求攻击

通过伪造请求报文或篡改请求报文中的信息，对目标对象发起欺骗性请求或恶意请求，如 DNS 欺骗攻击。

需要注意的是，网络攻击技术的使用必须遵守相关的法律法规和道德准则，避免滥用和非法攻击行为。同时，在网络安全管理和保护方面，需要采取一系列措施，如加强安全意识培训、制定安全策略和规范、使用安全设备和软件、及时更新和修复漏洞等，以提高网络安全性。

8.3　信息安全技术

信息安全技术种类较多而且发展比较快速，随着新技术的不断应用，信息安全技术也在发生着较大的变化。常见的技术有加密技术、防火墙技术、虚拟专用网络技术、入侵检测、病毒与反病毒技术等。

8.3.1　数据加密技术

8.3.1.1　数据加密的概念

数据加密（Data Encryption）技术是指将信息（或称"明文"）经过加密钥匙（Encryption Key）及加密函数转换，将信息从可读格式转换为混乱字符串的技术，旨在保护敏感数据的安全。加密是一种流行且实用的安全方法，被广泛用于保护组织数据，确保数据的完整性。加密技术是网络安全技术的基石，也是保护端点和服务器之间数据传递的重要方法。加密的概念包括对称密钥、非对称密钥等。

8.3.1.2　对称加密

对称加密是一种加密方法，其中一个密钥可以同时用于加密和解密数据。这种方法也被称为单密钥加密。在对称加密中，使用相同的密钥进行加密和解密。因此，密钥本身需要以安全的方式进行交换和存储。常见的对称加密算法包括 DES、IDEA 和 AES 等。

数据加密标准（DES）是一种对称加密算法，是最早的对称加密算法之一。DES 加密算法是一种分组密码，其加密过程是将明文分成 64 位大小的块，每个块独立加密，生成 64 位密文块。加密过程是使用 56 位密钥对每个块进行混淆，产生 64 位密文。解密过程是使用相同的 56 位密钥对密文进行混淆，还原为 64 位明文。

DES 加密算法的优点是加密速度快，加密效率高，适合于大量数据的加密。然而，DES 加密算法的安全性不够强，密钥长度只有 56 位，容易被破解。因此，现在 DES 加密算法已经逐渐被更安全的 AES 加密算法取代。

国际数据加密算法（IDEA）是一种对称加密算法，也是一种分组密码。IDEA 加密算法的加密过程是将明文分成 64 位大小的块，每个块独立加密，生成 64 位密文块。IDEA 加密算法使用 128 位的密钥，其中一半用于加密，一半用于解密。

IDEA 加密算法的优点是安全性高，加密速度快，加密效率高。IDEA 加密算法使用了置换和代换相结合的加密方法，使破解难度增加。然而，IDEA 加密算法的使用范围较小，现在已经被 AES 加密算法取代。

高级加密标准（AES）是一种对称加密算法，被广泛用于保护敏感数据。AES 加密算法是一种分组密码，其加密过程是将明文分成固定大小的块，每个块独立加密，生成相同大小的密文块。加密过程是使用密钥对每个块进行混淆，产生固定大小的密文。解密过程是使用相同的密钥对密文进行混淆，还原为明文块。

AES 加密算法的优点是加密速度快，加密效率高，安全性高，密钥长度和块大小都可以根据需要进行设置。因此，现在 AES 加密算法已经逐渐取代 DES 加密算法，成为对称加密的主流算法。

对称加密的优点包括算法公开、计算量小、加密速度快、加密效率高等。加密和解密使用相同的密钥，使加密和解密都可以非常快速，特别适合于大量数据的加密。此外，由于加密和解密都需要使用同一个密钥，因此密钥的管理相对简单，只需要保证密钥的安全性即可。

然而，对称加密也存在一些缺点。首先，密钥的管理和分发非常困难，需要安全地交换密钥，并确保密钥的存储安全。如果一方的密钥被泄露，那么加密信息也就不安全了。其次，对称加密算法的安全性取决于密钥的长度和随机性，因此需要使用足够长和足够随机的密钥。此外，每对用户每次使用对称加密算法时，都需要使用其他人不知道的唯一密钥，这会使收、发双方所拥有的钥匙数量巨大，密钥管理成为双方的负担。

8.3.1.3 非对称加密

非对称加密是一种加密方法，其中使用两个密钥，一个公钥用于加密数据，另一个私钥用于解密数据。公钥是公开的，任何人都可以使用公钥加密数据，但是只有拥有私钥的人才能解密数据。常见的非对称加密算法包括 RSA、ElGamal 和椭圆曲线加密等。

非对称加密的优点是可以公开加密，不需要交换密钥，因此可以方便地保护数据的安全性。此外，由于非对称加密算法的加密和解密过程复杂，因此加密和解密速度相对较慢，不适合大量数据的加密。

然而，非对称加密算法也存在一些缺点。首先，非对称加密算法的计算量较大，加密和解密速度比对称加密算法慢。其次，非对称加密算法需要管理两个密钥，因此密钥管理比对称加密算法更复杂。此外，非对称加密算法的安全性取决于密钥的长度和随机性，因此需要使用足够长和足够随机的密钥。

因此，在实际应用中，对称加密和非对称加密通常会结合使用，以达到更好的安全性。例如，可以使用对称加密算法对大量数据进行加密，然后使用非对称加密算法对对称加密的密钥进行加密，以保证数据的安全性。

8.3.2 防火墙技术

防火墙技术是一种用于保护计算机网络免受未经授权的访问和攻击的技术。它通过监控和控制进出网络的数据流量，以限制未经授权的访问和防止恶意软件入侵。

8.3.2.1 防火墙的类型

防火墙的主要类型：①软件防火墙。软件防火墙是安装在计算机系统上的防火墙软件，它能够监控和限制通过计算机系统的网络通信，保护计算机免受未经授权的攻击和访问。②硬件防火墙。硬件防火墙是专用的硬件设备，它能够监控和限制通过网络通信的访问和攻击，通常被用于大型企业和组织内部的网络环境中。③芯片级防火墙。芯片级防火墙是一种安全芯片，它能够在硬件级别上执行安全策略，通常被用于高性能计算和军事等领域。④包过滤型防火墙。包过滤型防火墙是在网络层和传输层中，根据数据包的源地址、目标地址、端口号等信息进行过滤，允许或拒绝数据包的通过。⑤应用代理型防火墙。应用代理型防火墙主要是通过代理服务器的形式，将网络通信过程中的所有请求都进行拦截和处理，确保通信的安全性和可靠性。⑥复合型防火墙。复合型防火墙是结合包过滤型和应用代理型防火墙的技术，能够针对不同层次的通信实施不同的过滤和代理策略，提高防火墙的安全性和灵活性。

除了这些类型，还有一些其他的防火墙类型，如智能防火墙、云防火墙等。它们都是在传统防火墙的基础上增加了更多的智能和安全功能，适用不同的应用场景和需求。

8.3.2.2　防火墙的优缺点

防火墙的主要优点：①监控网络流量。防火墙可以监控通过它的网络流量，包括数据包和应用程序，以发现和阻断未经授权的访问和攻击。②防止内部攻击。防火墙可以保护内部网络免受来自外部网络的攻击，如黑客利用漏洞进行攻击或者病毒的传播。③限制暴露用户点。防火墙可以限制暴露给外部网络的用户点，如服务器、数据库等，以减少攻击面和风险。④强制实施安全策略。防火墙可以强制实施安全策略，如访问控制、身份验证等，以增强网络安全性。⑤提供隐私保护。防火墙可以提供隐私保护，如加密数据、防止数据泄露等，以保护用户的个人信息和隐私。

防火墙的主要缺点：①无法消除内部威胁。防火墙无法消除来自内部网络的威胁，如内部人员恶意攻击或者内部权限滥用等。②无法处理加密流量。防火墙无法处理加密流量，如使用 HTTPS 或者其他加密协议的数据，因此可能存在安全漏洞。③无法阻止绕过防火墙的攻击。防火墙无法阻止绕过防火墙的攻击，如通过使用非法代理或者 VPN 等手段绕过防火墙。④无法实时监测。防火墙无法实时监测所有流量和行为，因此可能存在延迟和漏报的情况。⑤无法完全消除漏洞和 Bug。防火墙本身也可能存在漏洞和 Bug，需要定期更新和修复。

8.3.3　虚拟专用网络

虚拟专用网络（Virtual Private Network，VPN）是一种在公共网络上建立一个临时的、安全的、模拟的点对点连接。它通过在数据传输过程中对数据进行加密和封装，从而起到保护数据机密性和完整性的目的。在虚拟专用网络中，任意两个节点之间并不需要传统专网的端到端的物理通信链路，可以节省大量的通信费用，降低企业使用网络的成本。

VPN 的主要技术特点：①加密。VPN 通过对数据进行加密，确保数据的机密性和完整性，防止数据被窃听或篡改。②封装。VPN 将数据封装在特定的 VPN 数据包中，以便在公共网络上传输时能够被识别和处理。③隧道技术。VPN 使用隧道技术，将封装后的数据包通过加密和压缩的方式传输，使其在公共网络上传输时能够避免被攻击和窃取。④访问控制。VPN 可以通过访问控制技术，限制用户对内部网络的访问权限，确保只有授权用户可以访问内部网络资源。⑤身份验证。VPN 可以通过身份验证技术，对用户进行身份验证，确保只有授权用户可以访问 VPN 网络。总之，VPN 技术是一种用于建立虚拟专用网络的技术，能够通过加密、封装、隧道技术等手段保护数据的机密性和完整性，同时还可以通过访问控制、身份验证等技术限制用户的访问权限，是保护网络信息安全的重要技术之一。

8.3.3.1　VPN 的优缺点

虚拟专用网络（VPN）是一种用于建立虚拟专用网络的技术，它能够通过公共网络进行安全的远程访问和数据传输。

VPN 的主要优点：①安全性。VPN 通过对数据进行加密和封装，保护数据的机密性和完整性，防止数据被窃听或篡改，提高网络安全性。②灵活性。VPN 可以通过公共网络，将不同地区的内部网络进行连接，实现不同地区的内部网络之间的安全通信，提高网络灵活性。③降低成本。VPN 可以通过公共网络，提供低成本的全球网络机会，降低企业的网络成本。④容易部署。VPN 可以通过虚拟专用网络客户端和服务器的方式进行部署，不需要对现有的网络设备和操作系统进行大的改动，易于部署和维护。

VPN 的主要缺点：①性能限制。由于 VPN 需要在公共网络上建立专用通道，因此可能会导致网络性能的降低，特别是在公共网络拥塞或不稳定的情况下。②依赖公共网络。VPN 依赖于公共网络，如果公共网络的稳定性出现问题，VPN 的性能和安全性也会受到影响。③安全性风险。虽然 VPN 可以提供一定的安全性保护，但仍然存在一些安全漏洞和风险，如密码泄露、数据泄露、恶意软件攻击等。④技术复杂性。VPN 的配置和管理需要一定的技术水平和经验，如果企业没有足够的技术能力，可能无法有效地管理和维护 VPN 系统。

总之，VPN 具有安全性、灵活性和降低成本等优点，但也存在性能限制、依赖公共网络、安全性风险和技术复杂性等缺点。因此，在使用 VPN 时，需要根据实际情况进行权衡和考虑。

8.3.3.2　VPN 应用举例

以河北建筑工程学院 VPN 为例。图 8-1 为没有使用 VPN 时的页面。校内的有些资源校外的用户是不能访问的（如远程登录办公电脑、登录校内财务系统、下载期刊论文等）。

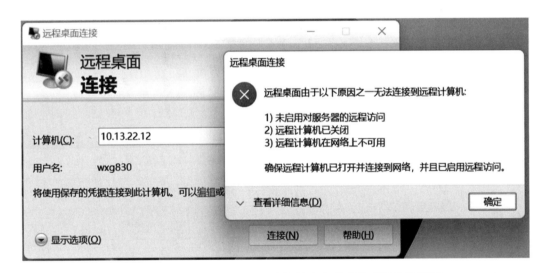

图 8-1　没有使用 VPN，远程连接校内办公电脑登录失败界面

解决方案之一是可以安装学校的 VPN 客户端，登录界面如图 8-2 所示。此时输入合法的用户名和密码后，就可以连接校内的网络资源了，如图 8-3 所示成功连接到学校的 VPN。校外的用户可以体验如在校内工作一样。图 8-4 为成功远程连接校内办公电脑界面。

EASY CONNECT
简体中文 | 诊断工具
温馨提示
欢迎使用EasyConnect，让您的系统接入更安全，体验更好!
账号登录
用户名
密码
记住密码
登录
USB-KEY登录
证书登录

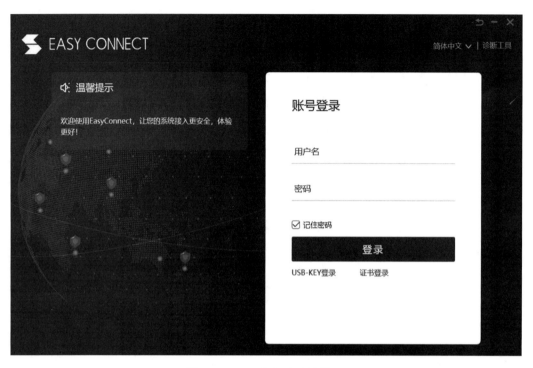

图 8-2 VPN 客户端登录界面

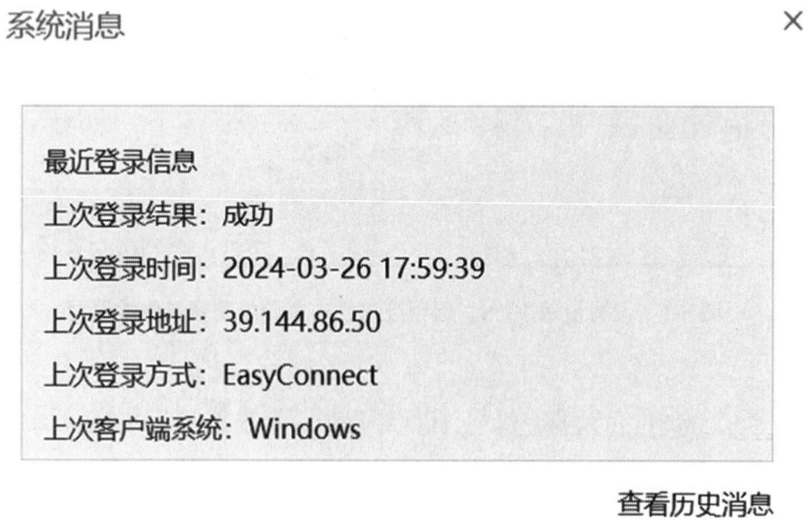

系统消息
最近登录信息
上次登录结果：成功
上次登录时间：2024-03-26 17:59:39
上次登录地址：39.144.86.50
上次登录方式：EasyConnect
上次客户端系统：Windows
查看历史消息

图 8-3 VPN 登录成功界面

图 8-4　成功远程连接校内办公电脑界面

8.3.4　数字签名技术

数字签名技术是一种用于确保电子文档真实性和完整性的技术，它通过使用加密算法和散列函数对文档进行加密和解密，从而验证文档的来源和内容是否被篡改。

以下是数字签名技术的主要过程和原理。

（1）签名过程

文档创建者使用散列函数对文档进行哈希计算，生成文档的数字摘要；文档创建者使用自己的私钥对数字摘要进行加密，生成数字签名。数字签名将作为附件与文档一起发送给接收者。

（2）验证过程

接收者使用同样的散列函数对接收到的文档进行哈希计算，生成新的数字摘要；接收者使用文档创建者的公钥对数字签名进行解密，得到文档创建者的数字摘要。接收者将解密后的数字摘要与自己计算出的数字摘要进行比较，如果相同，则说明文档的完整性和来源是真实的，否则说明文档被篡改过。

数字签名技术的主要优点：

（1）安全性

数字签名使用加密算法和散列函数，确保文档的机密性和完整性，防止文档被篡改或伪造。

（2）可验证性

数字签名可以验证文档的来源和内容是否真实，确保文档的可靠性和可信度。

（3）不可抵赖性

数字签名使用私钥进行签名，确保文档的来源和内容不可抵赖。

（4）防篡改性

数字签名使用散列函数对文档进行哈希计算，确保文档的完整性和真实性，防止文档被篡改或删除。

数字签名技术广泛应用于电子商务、电子政务、电子邮件等领域，是保障电子文档真实性和完整性的一种重要技术手段。数字签名在现实生活中的应用非常广泛。

（1）电子邮件签名

数字签名可以用于电子邮件的签名，通过使用数字证书和加密算法，确保电子邮件的真实性和完整性，防止邮件被篡改或伪造。

（2）电子合同签名

数字签名可以用于电子合同的签名，确保合同的真实性和完整性，防止合同被篡改或伪造。

（3）数字证书签名

数字签名可以用于数字证书的签名，通过使用数字证书和加密算法，确保证书的真实性和完整性，防止证书被篡改或伪造。

（4）网络交易签名

数字签名可以用于网络交易的签名，确保交易的真实性和完整性，防止交易被篡改或伪造。

（5）数字时间戳签名

数字签名可以用于数字时间戳的签名，确保时间戳的真实性和完整性，防止时间戳被篡改或伪造。

总之，数字签名广泛应用于电子商务、电子政务、电子邮件、电子合同等领域，可以确保电子文档的真实性和完整性，防止文档被篡改或伪造，保障网络通信的安全性和可靠性。

8.3.5　入侵检测技术

入侵检测技术是一种用于检测和识别网络攻击和安全漏洞的技术，可以帮助网络管理员及时发现和应对网络攻击和安全问题。入侵检测工作流程如下。

（1）数据收集

入侵检测系统会收集网络中的各种数据包和日志信息，包括网络流量、用户活动、系统日志等。这些数据可以通过不同的传感器和监控设备来收集。

（2）数据处理

收集到的数据需要进行处理和分析，以便发现异常行为和攻击迹象。这个过程通常包括数据清洗、特征提取、数据挖掘等。

（3）检测规则制定

根据不同的安全需求和攻击类型，制定相应的检测规则。这些规则可以基于行为模式、协议分析、流量分析等各种方法，以检测不同类型的攻击行为。

（4）检测引擎

检测引擎是入侵检测系统的核心部分，负责分析和检测收集到的数据是否符合制定的检测规则。检测引擎通常包括模式匹配、统计分析、异常检测等不同的算法和技术。

（5）报警和响应

当检测到异常行为或攻击迹象时，入侵检测系统会触发报警机制，向管理员发送警报信息，并采取相应的安全响应措施，如切断连接、隔离攻击源等。

（6）日志记录

入侵检测系统会记录所有检测到的攻击行为和报警信息，以便后续分析和审计。这些日志可以用于追踪攻击者的行为和调查安全事件。

（7）系统管理和维护

入侵检测系统需要进行定期的更新和维护，以确保其能够应对新的攻击技术和手段，包括升级软件、修复漏洞、更新规则等。

入侵检测技术可以帮助网络管理员及时发现和应对网络攻击和安全问题，保障网络的安全性和稳定性。同时，它还可以提供重要的安全审计和事件追踪功能，帮助组织和企业遵守安全法规和合规要求。

8.3.6 病毒与反病毒技术

病毒是一种恶意软件，用于破坏计算机系统或网络的安全。它们通常通过植入恶意代码或利用系统漏洞来攻击计算机系统或网络。反病毒技术是一系列用于预防、检测、删除和修复计算机系统中病毒的技术手段。

病毒通常通过各种途径传播，如电子邮件附件、恶意网站、下载的软件等。了解病毒传播途径可以帮助管理员采取相应的预防措施，如限制附件上传、过滤恶意代码等。

反病毒技术包括多种方法，如静态扫描、动态分析、行为监测和虚拟机技术等。这些技术可以帮助反病毒软件检测和清除计算机系统中的病毒，并提供实时防护。常见的反病毒技术有以下几种。

（1）特征码检测

特征码检测是反病毒技术中最常用的方法之一。它通过枚举已知的病毒特征码或行为，对计算机系统内的文件、内存等进行实时监控，以检测和删除病毒。

（2）启发式扫描

启发式扫描是一种基于行为的反病毒技术，它通过分析文件的行为和代码结构，识别和拦截可能的恶意行为。这种方法可以有效地检测未知的病毒和变异病毒。

（3）云安全技术

云安全技术利用分布式计算和大数据分析能力，实现对全球网络流量和文件的实时监控和威胁预警。通过与全球用户共享安全情报，云安全技术可以提供更全面和高效的反病毒保护。

（4）安全更新和防护

用户和组织需要保持反病毒软件的最新版本，并及时应用安全更新。同时，加强网络安全意识和防护措施，如定期备份数据、使用强密码、限制网络访问权限等，可以降低计算机系统受到攻击的风险。

综上所述，病毒与反病毒技术是一对相互对抗的技术领域。随着病毒的不断变异和发展，反病毒技术也需要不断地更新和完善，以提供更全面和有效的防护措施。通过采用多种反病毒技术和加强安全防护措施，用户和组织可以保护自己的计算机系统和网络免受恶意攻击和威胁。

案例：勒索病毒席卷全球　信息安全再敲警钟 ❶

2017 年 5 月 12 日，勒索病毒 WannaCry 借助高危漏洞"永恒之蓝"在世界范围内爆发。据报道，包括美国、英国、中国、俄罗斯、德国、土耳其等全球至少 150 个国家、30 万名用户感染了此病毒，金融、能源、医疗和学校等众多行业受到波及，造成损失达 80 亿美元。勒索病毒是利用一种称为非对称加密算法的技术，将受害者电脑中的文件加密，并要求受害者支付一定金额的赎金以获得解密密钥。这种病毒通常会通过电子邮件、网络下载等方式传播，一旦受害者点击或下载了带有病毒的附件，病毒就会在后台运行，将电脑中的文件加密，同时要求受害者支付一定金额的赎金。勒索病毒的传播方式与传统的木马病毒相似，但勒索病毒更加危险，因为它不仅会窃取个人信息，还会对文件进行加密，使受害者不得不支付赎金才能恢复文件。在国内，有部分大型企业的应用系统和数据库文件被加密后无法正常工作，损失巨大；大量实验室数据和毕业论文被锁定加密。WannaCry 之后，勒索病毒开始全面进入大众的视野。之后，安全软件与勒索病毒的技术对抗不断升级，勒索病毒的攻击也日益呈现出技术手段更成熟，攻击目标更精准，产业分工更具体的特性。

问题与思考

互联互通的网络空间里，小至生活中个人的隐私信息数据，大到企业、组织的信息安全甚至国家安全都面临着比较大的危险。请问可以采取哪些技术、管理等手段加强信息安全的保护？

参考文献

[1] 朱建明，王秀利 . 信息安全导论 [M]. 北京：清华大学出版社，2015.

❶ 腾讯安全 . WannaCry 爆发两周年，会有下一个"网红级勒索病毒"出现吗？ [EB/OL].（2019-05-10）[2023-09-09]. https://baijiahao.baidu.com/s?id=1633129095628654838&wfr=spider&for=pc.

[2] 王群，李馥娟 . 网络安全技术（微课视频）[M]. 北京：清华大学出版社，2020.

[3] 陈波，于泠 . 信息安全案例教程：技术与应用（第二版）[M]. 北京：机械工业出版社，2020.

[4] 李剑 . 信息安全概论（第二版）[M]. 北京：机械工业出版社，2019.

[5] 郭燕慧，徐国胜，张淼 . 信息安全管理（第 3 版）[M]. 北京：北京邮电大学出版社，2018.

[6] 教育部考试中心 . 全国计算机等级考试三级教程——信息安全技术 [M]. 北京：高等教育出版社，
2022.

[7] 蒋天发，苏永红 . 网络空间信息安全 [M]. 北京：电子工业出版社，2017.

[8] 刘化君，郭丽红 . 网络安全与管理 [M]. 北京：电子工业出版社，2019.

[9] 李冬冬 . 信息安全导论 [M]. 北京：人民邮电出版社，2020.

第 9 章　信息素养

互联网技术、通信技术、大数据技术的快速发展，使人类社会对信息的依赖程度越来越高。数字时代的到来，信息爆炸、信息量巨大使信息自然而然地成为当今这个时代的重要资产，因为它给个体带来了权力。毋庸置疑，拥有信息的人，就拥有支配它的权力。因此，培养信息意识和信息能力，能够从海量的信息中恰如其分地找到自己所需的信息，是这个时代的必备技能之一，也是人们在当今社会谋求发展的基本素质之一。

9.1　信息素养基础

理解信息素养的涵义、组成要素及大数据背景下对信息素养提出的新要求，有助于提高对信息素养的认识，从而更加明确、准确地提高自身信息素养。

9.1.1　信息素养的含义

不同学者对于信息素养（Information Literacy）的定义有不同的观点。比较典型的有以下几种：1974 年，美国信息产业协会主席 Paul Zurkowski 将信息素养定义为"利用大量信息工具及主要信息源使问题得到解答的技能"。1987 年，信息学专家帕特丽夏布伦特提出信息素养是在充分了解信息来源系统的前提下，能够甄别信息的有效性、合理选择获取信息的最佳渠道、掌握获取和存储信息的基本技能。1989 年，美国图书馆协会将信息素养定义为"能够认识到需要信息，并且能够对信息进行检索、评价和有效利用的能力"。❶ 1992 年，Doyle 在《信息素养全美论坛的终结报告》中指

---

❶ 周向华 . 社会科学文献信息检索与利用 [M]. 合肥：安徽人民出版社，2009.

出"一个具有信息素养的人，他能够认识到精确的和完整的信息，并做出合理的决策，确定对信息的需求，形成基于信息需求的问题，确定潜在的信息源，制订成功的检索方案，从包括基于计算机和其他信息源获取信息、评价信息、组织信息与实际应用，将新信息与原有的知识体系进行融合，以及在批判性思考和问题解决的过程中使用信息"❶。2011年，英国国立和大学图书馆学会（Society of College，National and University Libraries，SCONUL）提出"信息素养是一个覆盖数字素养、视觉及媒体素养、学术能力、信息处理、信息技能、数据监护及数据管理的涵盖性概念"❷。

对于信息素养的概念，目前没有统一的定义。但通过信息素养提出到发展至今的研究与探讨可以看出，信息素养的含义广泛且具有综合性，它既包括需要信息、主动获取信息、加工信息、传递信息并创造信息的主观意识和客观能力，也包括能够利用各种信息工具获取、甄别、使用信息的能力和利用信息资源的能力。信息素养是一种可以通过主观意识和客观能力的综合运用，解决实际问题和进行创新思维的综合素养。

基于此，本书对信息素养这样定义：个体能够根据自身需求，运用各种合乎道德的技术手段对信息进行有效获取、评估、处理、利用、重构及创新，并形成新信息或新知识的能力。❸具体来讲，信息素养具有以下特点。

第一，意识性。个体有信息需求的意识，明确知道自己在什么时候需要什么样的信息。

第二，合法性。这里的合法性是指个体在整个信息获取、使用和创新的过程中，既要满足法律法规的要求，又不能突破道德底线。

第三，有效性。个体能够从海量数据、信息中获取自身需要的信息或将数据转化为信息，过滤掉垃圾信息，整合重复信息。

第四，衍生性。个体能够将收集到的信息加工成与当前需求相关的信息或知识，并能利用加工后的信息和知识，进行新的研究、解决相关问题等，最终形成新的思想、新的信息、新的知识。

---

❶ 张春燕. 中学信息技术教师信息素养观的研究 [D]. 广州：华南师范大学，2004.

❷ 龚芙蓉. 基于文献调研的国内外高校信息素养教学内容与模式趋势探析 [J]. 大学图书馆学报，2015，33（2）：88-95.

❸ 十所财经高校文献检索课程教材编写组. 经济信息资源检索与图书馆利用 [M]. 大连：东北财经大学出版社，2015.

9.1.2　信息素养的组成要素

通过信息素养的概念，不难看出，信息素养是信息时代所包含的一切信息品质。目前认可度比较高的信息素养的组成要素包括信息意识、信息知识、信息能力和信息道德。

9.1.2.1　信息意识

意识是人脑的机能，是行为的先导。信息意识是一切信息活动能够展开的前提，为后续一切信息活动提供指导。具体来说，信息意识是个体对信息的敏感度，是对客观存在的信息及信息活动的能动反映，包括人脑对信息的一切心理活动。例如，要解决一个难题，会有意识地通过各种渠道去搜索信息；当看到相关信息时，能够知道该信息可能与要解决的难题有关系。一个具有信息意识的人，能够主动去发现信息，并且明白这些信息什么时候、在什么情况下对自己是有用的。

总体而言，当代信息意识主要包括信息价值意识、信息安全意识、信息守法意识、信息道德意识、信息共享意识、信息创新意识和信息传播意识等诸多方面。当然，信息意识也会随着社会的发展而不断发展，例如，当前社会新媒体发展迅速，新媒体下会产生很多信息，这些信息对社会发展等具有重要意义。包含新媒体信息敏感性、新媒体信息判断意识和价值意识等的新媒体信息意识也就应运而生了。

9.1.2.2　信息知识

信息知识指人们在信息过程全链条（搜索信息；利用信息；加工信息）中所产生的一切经验的总和，是信息活动中必需的基本原理、概念等知识。❶信息知识主要包括传统文化素养、对信息的基本理解、现代信息技术知识和外语等。其中，传统文化素养包括基本的读、写、算的能力；对信息的基本理解即理解信息的基本含义和产生、运行机制，产生、获取和分析信息的方法及原则等，包括信息的基本概念、文献学知识，信息检索原理和方法，对知识进行交流、传播和管理的知识，图书情报学知识等；现代信息技术知识包括信息技术的原理，信息技术的操作等；外语指对其他语种的掌握，因为信息是全球化的，很多信息是用其他语言表达的，尤其是英语，国际上很多新的信息是用英语描述的，所以掌握一些基本的外语也属于信息知识。

---

❶ 于加龙 . 如何培养中学生的信息素养 [J]. 考试与评价，2012（8）：21.

9.1.2.3　信息能力

信息能力指能够有效运用信息知识、信息技术、信息工具，以解决实际问题的能力。它是综合的能力，是创新的基础，人们获得了信息能力，进而就可获得创造能力，提高人的智力水平。

信息能力是信息素养的核心。国外对信息能力的研究始于 20 世纪 70 年代。1974年美国信息产业协会主席保罗·泽考斯基（Paul Zurkowski）首次使用信息能力这个概念。他这样描述信息能力：一个具有信息能力的人，可以通过自主学习或外部培训等方式获取合适的信息资源，并将获取到的资源运用到实际需求中，解决实际问题。进入 80 年代，计算机技术广泛应用到信息发布、信息传播、信息加工、信息存储等信息处理全过程。在该背景下，学者们普遍认为，信息能力是能利用计算机了解并参与到以上信息处理全过程，具体应包括根据实际情况选择合适的信息源和信息获取渠道；分辨信息的有效性和有用性并合理使用信息；了解各种信息资源系统等。到了 90 年代，随着计算机和互联网的飞速发展，信息爆炸式增长，信息能力不再局限于单一的、流程式的获取、加工与应用。这个时候，学者们认为信息能力应该是一种综合的能力，这种能力在实际的信息应用过程中，不断地迭代进步，是需要终身学习的。综合能力具体包括专业知识能力、信息检索能力、信息获取能力、信息评价能力、信息获取能力、信息组织能力、信息利用能力等。在信息时代，只有具备信息能力的人才能真正做到"游刃有余"。

9.1.2.4　信息道德

信息道德，也称信息伦理，是信息获取、处理、存储、传播和利用过程中的一切道德，包括信息道德意识、信息道德规范和信息道德行为等。尤其是在互联网如此繁荣的社会，信息的获取和传播都更加容易，信息道德自然而然地上升到了更重要的位置。

信息道德既对信息行为起到了约束作用，又是信息管理的一种手段，与信息政策、信息法律密切相关。具体而言，信息道德包括了主观和客观两个方面。信息道德主观方面指个体在信息活动中的自我意识，主要包括在信息的采集、加工、存储、传播和利用等信息活动各个环节中的道德观念、情感、行为和品质，如对保护知识产权的价值认同、对传播虚假信息的鄙视等，即个人信息道德；信息道德客观方面指信息活动中社会人类群体的关系及约束这种关系的法律、准则和规范等，是普遍共识，如窃取他人信息成果违法等，即社会信息道德。当前，计算机和网络贯穿于对信息资源管理与利用的全过程，因此信息技术道德和网络道德是当前信息道德研究的重点。

（1）信息技术道德

信息技术是用于管理和处理信息的各种技术的总称，现代信息技术以计算机科学与技术、通信技术为特征，应用包括计算机硬件和软件，网络和通信技术，应用软件开发工具等。不同于一般的科学技术，信息技术具有独特性，对现代社会产生了巨大的影响。

伴随着信息技术的高速发展，人们在研发和使用信息技术时，也面临着新的问题和挑战，如信息泄露、信息滥用、虚假信息传播等。据此，信息技术道德是解决以上问题的很重要的一个方面。信息技术道德是伴随着信息技术的发展而逐步诞生并不断发展的。对信息技术从研发、使用到维护等各个环节都应该从道德的角度制定相应的规范和准则，约束各方的行为，从而在发挥信息技术对社会的巨大作用时，最大限度规避掉负面影响，保证信息技术是在向有利于人类社会发展的方向进行。

（2）网络道德

网络道德是以互联网利用为基础的道德，它是伴随着互联网的发展产生的。当代社会，对于人类而言，互联网已经像食物和水一样重要，生活、工作、学习和出行等各方面都需要互联网的支持。在网络社会中，我们不可避免地要面对知识产权、个人隐私、信息安全和信息共享等各种问题。这些网络问题都有可能对一个人、一个组织、一个国家、整个人类社会带来致命的打击。因此，在这个全新的网络社会，网络安全甚至比食品安全还要重要，因为它的影响范围更广，传播速度更快，甚至不可逆转。在这样的背景下，传统的伦理道德是不足以解决网络问题的。为了管理和优化网络环境，约束网络行为，维护网络和平，网络道德的研究是极其重要和必要的。在传统的伦理道德和信息技术道德的基础上，考虑网络的形成、使用机理，网络信息的发布、传播、使用机理和背后价值等，形成更适用且有用的网络道德。❶

9.1.3　大数据背景下的信息素养

9.1.3.1　大数据的概念

研究机构 Garnter 对于大数据（Big Data）的定义是：需要新处理模式才能具有更强的决策力、洞察发现力和流程优化能力来适应海量、高增长率和多样化的信息资产。

---

❶ 谢新洲 . 信息管理概论 [M]. 北京：中央广播电视大学出版社，2003.

大数据时代具有"4V"的特点，即 Volume（数据量大）、Velocity（数据速度快）、Variety（数据类型多）、Value（数据价值密度低）。

就 Volume 而言，大数据时代的数据计量单位，不再是 MB、GB，甚至是 TB，而是 PB、EB，直到 DB。英特尔预测，全球数据总量在 2020 年将达到 44ZB（1ZB=10亿 TB=1 万亿 GB），而单单中国产生的数据量将达到 8ZB。目前，随着云计算、大数据、物联网等技术产业的快速发展，数据流量增长速度正在不断加快，数据中心承载的压力也越来越大。

就 Velocity 而言，得益于互联网技术和通信技术，网络信息上传快、传播快、下载快。同时，大数据技术采用 MapReduce 等并行处理技术以提高数据的处理效率。

就 Variety 而言，数据来源于人、机、物的交互，来源的多样性导致数据类型种类繁多。其中，非结构化数据越来越重要，成为大数据类型中最重要的部分。

就 Value 而言：一方面，由于数据来源多、数据量大等，要在巨大的数据量、繁多的数据种类中找到对自身有价值的数据并不容易；另一方面，用户可能会有一些错误信息上传。因此，数据价值较为分散，数据价值密度低。

需要注意的是，大数据技术的战略意义在于，通过对数据的加工和处理提高数据价值，进行专业化转换，即在数据中挖掘价值，实现企业盈利、科学研究、客户服务等目标。

9.1.3.2　大数据对信息素养的影响

基于大数据时代的以上特点，大数据背景下的信息素养显得尤为重要。随着大数据技术的快速发展，信息素养被赋予了新的内涵，数据素养和元素养就是大数据时代信息素养的新内容。数据素养是大数据背景下提出的概念，也是大数据时代研究的重点之一。数据素养指的是通过对数据的精准观察、分析和处理，使数据有效帮助决策者进行决策的能力。由于数据和信息是相互联系的，大数据时代下，我们一定要避免"数据是爆炸了，信息却很匮乏"的情况发生。将数据有效转化为信息，并最终形成具有系统性、规律性和可预测性的知识，能有效解决该问题。❶

数据素养包括以下内容：提出并且回答基于数据的问题；用合适的数据、工具和表征；发展和评价基于数据的推断和解释。具备数据素养的人，能够在复杂的情境中

---

❶ 张进良. 大数据背景下教师数据素养的内涵、价值与发展路径 [J]. 电化教育研究，2005（2）：14-19.

定位数据，能够使用合适工具对数据进行表征和分析，具有评估和解释数据的能力，并掌握基于数据对相关情境进行说理的能力。

元素养的概念是在 2011 年由美国教育专家雅各布森和麦基首次提出的。他们对元素养的定义：一种根本的、自我参照的综合框架，即"催生其他素养的素养"。元素养是基于社交媒体时代的技术特征对信息素养进行的延伸与再构。它以元认知为理论基础，不仅关注学习者对信息的检索、获取、理解、评价的能力，更注重学习者在社交媒体、在线社区、移动技术与开放教育资源等环境下的参与、分享、合作、创作、整合和运用信息的能力。相对于传统的信息素养定义，元素养强调在交互空间中开展参与性学习、在协同合作中对信息进行创作和传播，强调高级批判思维与元认知学习的发展，从而习得终身学习能力。

元素养的概念一经提出，立刻受到了各个学者的关注，不断有学者对元素养教育的理论和实践进行研究，主要的研究进展情况如表 9-1 所示。

表 9-1　元素养研究进展

2011 年	雅各布森（Tmdi Jacobson）和汤姆·麦基（Tom Mackey）	提出元素养的概念
2012 年	纽约州立大学阿尔巴尼分校与帝国州立学院	设计了元素养协作学习
2013 年	美国大学图书馆协会	启动信息素养新标准制定工作
2013—2014 年	纽约州立大学阿尔巴尼分校与帝国州立学院	开设元素养 MOOC 课程
2014 年	雅各布森	开发了徽章系统
2014—2015 年	雅各布森	设计创新在线学习，整合 MOOC 和徽章系统
2015 年	美国大学图书馆协会	颁布《高等教育信息素养框架》
2016 年	雅各布森	为教师教育组重新设计徽章系统

综上，可以看出，大数据时代的信息素养内涵更加丰富、外延更加广阔，融合了大数据意识、大数据知识、大数据能力和大数据道德。

（1）大数据意识

大数据意识指能够明确分辨数据的有用性和正确性，充分理解数据的产生、收集、整理过程中的各种转换，对于数据所代表的科学意义有着明确的认识。这将有助于研究者从海量数据中发掘出有用数据并使其显性化。

数据虽然是某种事物、现象或过程的抽象化描述，但是数据本身所代表的是对于客观世界的直观表现。在相应的研究方式、准则下，数据意识能够体现出研究者的法律意识、社会价值观和道德准则，从而影响到研究者的数据管理和运用行为。

（2）大数据知识

大数据知识指与大数据相关的一切知识。例如，什么是大数据、大数据有什么特征、它与传统的数据有什么区别、什么是数据素养、大数据环境下应该如何提高信息素养等。也就是说，大数据知识不仅包括常用的信息检索知识及对大数据的认知，还包括相关的数据素养、元素养等内容。

（3）大数据能力

要实现大数据的价值，必须拥有能够深入挖掘其价值的能力。例如，数据整合能力：指持续获取、整合和更新内外部大数据资源的能力；数据操作能力：指研究者所必需的分析、处理、转换、运用数据结果的基本能力，数据能力的高低将会直接影响数据转化的最终结果；深度分析能力：指基于海量数据进行深度挖掘、分析，不断获取新洞见的能力，如社交网络分析、轮廓匹配、其他的文本分析、网络信息挖掘、机器学习、信息提取等；数据表达能力：指大数据转化为研究结果的最终目的是运用到科研或社会生活中去，这就要求研究者具有相应的数据表达能力，能够用合适的、便于接受者理解和使用的方式进行表达等。

（4）大数据道德

2012年9月，美国学者戴维斯和帕特森出版了《大数据伦理学》，这是第一部关于大数据道德的学术专著。之后，不断有学者提出大数据时代所面临的隐私问题、数据安全问题、虚假数据等问题。不可否认，大数据技术在给人类社会带来积极变化的同时，也引发了信息异化、数据权利、信息隐私和数字鸿沟等网络信息伦理问题。因此，大数据时代的信息道德必须考虑大数据问题的复杂性。我们需要全新的制度规范而不仅仅是原来的基础上"修修补补"，甚至应该立足现代道德哲学的基础制定出切实可行、行之有效的伦理原则和伦理框架，以规范大数据技术应用的各种行为活动。

总之，建立良好的数据信息观和价值观，养成良好的学习和学术品格，这一切都是大数据时代信息素养教育应该承担的责任和义务。

9.1.4　信息素养与图书馆素养、计算机素养、数据素养的关系

9.1.4.1　信息素养与图书馆素养的关系

信息素养源自图书馆素养。图书馆素养主要包括有效利用与图书馆的相关知识和技能，借此解决问题或做出决策。图书馆是文献信息的主要"聚集地"，图书馆素养主要包括文献检索技能和利用信息解决问题的能力。

图书馆素养是信息素养早期形态，信息素养也正是从图书馆素养发展而来的，信息素养可以看作图书馆素养的延伸与拓展。图书馆素养强调文献信息检索能力，并且仍是信息素养的重要组成内容。

9.1.4.2　信息素养与计算机素养的关系

计算机素养是指利用计算机熟练有效完成工作学习任务的能力和素养。计算机的高速发展使其成为承载信息的主要平台。因此，信息素养与计算机素养也存在着密切的关系。慕课、新媒体、物联网等信息技术的出现，大数据时代的到来，网络的便捷性都使我们所需的很多信息来自互联网。我们的信息检索行为多数在计算机上发生，这都使计算机素养成为信息素养的基础，是信息素养的一部分，也是信息素养的支撑。但是，相对于计算机素养而言，信息素养的概念要更广泛一些。计算机素养强调的只是对机器能力的理解，而信息素养则是个人或企业对于"知识爆炸"不断提升的觉醒，以及对机器是如何帮助识别、访问和获取需要的数据、文档和文献以解决问题和进行决策的认识。

9.1.4.3　信息素养与数据素养的关系

数据素养更加侧重于数据处理、数据保存等技术性问题。信息素养则更加侧重于信息的可获取和可利用。数据在加工后即可形成信息，故而两者具有密不可分的关系：数据素养是信息素养的基础。大数据时代的数据处理、数据加工更为困难，这对数据素养提出了更高的要求。一个具有信息素养的人也应该具备相关能力，故对信息素养也提出了更高的要求。

信息素养和数据素养既有联系又有区别。联系表现在数据素养是信息素养的必要组成部分，是信息素养在大数据背景下创新性发展。区别表现在以下几个方面。

（1）侧重点不同

信息素养侧重于信息的可找、可用；而数据素养侧重于数据的分析、处理等更技术性的问题。

（2）数据素养比信息素养的外延更广

数据素养贯穿于从数据产生、采集、描述、分析、处理、整合、运用，到保存、管理、再利用等整个生命周期。这个过程中运用的一切意识、技能、知识和伦理等都属于数据素养范畴内。而根据信息素养的概念，信息素养并不能涵盖这么多环节，因此，数据素养比信息素养的外延更广。

9.2　信息素养标准

关于信息素养的评价标准，各个国家、各个研究机构都在不断探索、更新。本节介绍几个比较著名的信息素养的标准。

9.2.1　我国信息素养评价标准

相对于国外而言，我们的信息素养评价标准起步较晚，还处于初级阶段，并没有形成规范的、标准的评价体系，多数关于信息素养的标准也是参照国外现有的评价标准。比较有代表性的人物有陈文勇、杨晓光。2000年，陈文勇、杨晓光提出了信息素养的9条评价标准。①能够识别、表达信息需求；②能够识别、选择适当的信息源；③能够系统地提出和有效地执行适合信息源的检索提问；④能够解释和分析检索结果并选择相关信息；⑤能够从全球信息环境的各种信息格式中查找和检索相关信息；⑥能够批判性地评价所检索到的信息；⑦能够对所使用的信息查找过程进行自我评价；⑧了解信息环境的结构以及学术性与普及性信息的生产、组织和传播过程；⑨了解影响信息查找和利用的公共政策及伦理问题。

2001年，他们又提出了当代大学生信息素养的7项核心能力和16条考核指标，见表9-2。❶

---

❶ 杨晓光.信息素养教育和信息素养核心能力的评价[J].情报杂志，2001（5）：87-88.

表 9-2　当代大学生信息素养的 7 项核心能力和 16 条考核指标

核心能力	考核指标			
能力一：识别信息需求，知道完整和准确的信息是制定明智决策的基础	学生应能识别问题和表达信息需求	学生应能识别已知道的和需要知道的之间的空白	学生应了解对于某一问题不一定只有一个正确的答案，并能找出各种答案间的差别	学生应能评估信息的质量和准确性，能筛选和确定用于解决问题的信息
能力二：在信息需求的基础上系统地提出问题	学生应能提出问题，说明信息需求的问题参数，确定信息需求的范围	学生能区分所需的关键性的重要问题；并在课题说明或假设基础上，知道如何系统地提出主要问题		
能力三：识别潜在的信息源并制订成功的检索策略	学生应能识别来自各种资源的信息，并能从各种资源中查找信息	学生应能审查各种识别方法，以便识别出用于解决问题的恰当信息		
能力四：检索信息源	学生必须知道如何完成已确定的信息检索策略			
能力五：评价信息和信息	学生能对信息和信息源进行评价，识别反映不同观点的信息源	学生应掌握和应用评价信息的标准，如全面性、时效性、准确性、权威性等来源		
能力六：为实际应用，组织将信息整合到现存的知识体系中，并以最恰当的方法传递和交流知识	学生能从复杂的资源中综合和整合信息，并且能通过把信息整合到个人知识体系中来验证新信息的全面性	学生能在一定程度上对提出的问题进行信息交流，并根据目的和读者确定提供信息的最有效形式	通过上述过程，学生应承认和尊重知识产权	
能力七：批判性地利用信息并解决问题	学生应掌握有助创造性解决问题的技能	学生应能将学到的解决问题的能力转移到实际工作中，并为成为终身学习者奠定基础		

9.2.2　国外信息素养评价标准

9.2.2.1　英国信息素养标准

英国国立和大学图书馆协会于 1999 年提出了《高等教育中的信息技能——7 项指标》模型，并于 2011 年对该模型进行了改进。改进后的模型内容更加全面、丰富。2011 年提出的标准分别从识别、审视、规划、收集、评估、管理、发布 7 个指标具体考量学生应知、应会。具体指标见表 9-3。●

表 9-3　2011 年提出的标准指标

指标	应知	应会
识别	新信息和数据将持续产生 信息素养要求持续获取新信息的学习习惯 通过探求信息才能获得科研思路和机遇 对正式信息和灰色信息规模有一定概念	识别自身在某研究领域中缺乏的知识 识别自身检索需求并用简洁术语表达 清楚自身已具备的知识 清楚对信息和数据的需求度以确定检索深度和广度 利用参考资料辅助检索 自己能有效率地完成检索
审视	当前可获取信息的类型 不同类型信息（数字型、印刷型）的特点 有哪些参考咨询服务可用及如何获得	明确自身信息空白点 明确哪种类型信息最符合需要 明确可获取的通用或学科专用检索工具 明确所需信息可能的类型（数字型、印刷型） 可以自行试用新检索工具
规划	检索信息所需的不同技能 不同检索工具的区别及优缺点 可使用复杂检索策略调整检索结果的深度和广度 积极尝试新检索工具而非依赖某些常用资源的必要性 根据检索结果不断调整检索词和检索策略的必要性 受控词和分类表的价值	用合适词语概括检索需求 用合适的关键词、限定项等制定检索策略 选出最合适的检索工具 用受控词及分类表辅助检索 检索技巧的运用（简单如查索引，复杂如数据挖掘） 根据具体检索需求不断换用合适的检索工具

● 王龚. 师范生信息素养课程体系建构研究 [D]. 上海：上海师范大学，2017.

指标	应知	应会
收集	数字及印刷型信息与数据的组织方式 图书馆提供的资源入口 网络和电子技术是信息生产和共享的重要工具 数据收集和数据监护方面的问题 引文各部分的含义及其提供的信息 文摘的作用 免费及收费资源的区别 网络环境的风险防范 甄别和评估检索结果的必要性	有效使用必要的检索工具和资源 进行数字及印刷资源组合检索 获取数字或印刷资源全文，阅读并下载网上资源及数据 使用合适技能去收集新数据 进行信息追踪 积极与同行分享信息 明确信息需求是否已满足 使用数字或印刷型帮助文档，并寻得专业人士相助
评估	自身学习、科研环境中信息和数据的宏观情况 不同信息源、数据源之间质量、准确度、可信度、相关性、偏重等方面的差异 依据信息从评审到出版的流程制订自评过程 持续收集数据的重要性 测评数据的可信度 引文在科研、学习环境中的重要性	区分不同信息资源及其所提供的信息 用适当的原则筛选合适的素材 测评信息的质量、准确度、可信度等方面的差异度、相关性、偏重 测评数据的可信度 批判性阅读、找出重点内容和争议之处 根据检索结果反思检索策略要性 认真比对自己与他人检索结果的异同 懂得控制检索的规模
管理	在信息运用及传播中的知识产权责任 采用合适方法处理数据 积极、合情合法地帮助他人查找及管理信息 有条理地保存检索结果 合情合法地存储及分享信息和数据 专业人士（数据管理员、图书馆员等）能提供重要的建议和帮助	使用文献管理软件 使用合适的软件和方法管理数据 使用合规的格式撰写参考文献 对信息和数据的知识产权保持清醒意识 依学术道德准则行事 寻找数据监护机会以确保数据的再利用
发布	区分信息概括和信息整合 针对不同受众采用合适的撰文、发布方式 数据可通过多种途径发布 个人有责任存储、分享信息和数据 个人有责任传播信息和知识 科研成果的考评体系和出版流程 论文权责归属问题 个人可凭借纸质文献和电子技术（博客、维基等）在信息创造过程中成为积极角色	运用检索到的信息和数据解决问题． 对文档进行口头或文字的归纳总结 将新信息融入现有知识体系 准确地分析并发布数据 整合不同途径获取的信息 使用适当的体裁和文笔进行有效沟通 有效进行口头沟通 选择合适的出版和传播渠道 构建人际网络，在学术圈中提升个人知名度

两个版本模型的指标对比见表 9-4。

表 9-4 两个版本模型的指标对比

1999 年版本	2011 年版本
识别信息需求	信息需求识别——能够识别针对研究问题的信息诉求
分辨信息缺口	信息需求研究——能够对现有知识进行评估并分辨差距
制定检索策略	检索策略的规划——能够制定信息与检索策略
定位并获取信息	信息获取——能够定位并获取所需信息和资料
比较并评估信息	信息评价——能够审查检索过程，并且对比评价所得的信息和资料
组织、应用并交流信息	知识管理——能够专业、合乎道德地组织管理信息
整合并创新信息	知识展示与创新——能够在如下方面应用所得知识：展示研究成果；综合新旧信息与资料进行知识创新；从多种途径公开研究成果

相对于 1999 年版本的标准，可以发现 2011 年版本的标准更强调以下两点。

第一，强调可迁移技能，提升价值定位。信息素养作为一项非专业的基本技能，因为具有可迁移性，可应用于不同的工作环境。旧标准中只是强调信息检索、信息处理技能因素，对于信息素养的可迁移性并没有涉及。同时，信息素养是一个人能否适应信息社会的判断标准。我们并不能简单地将信息素养定位在具体的方法和工具上，而应更加注重信息的获取思路、处理思路、信息重构、信息创新的更高的价值。

第二，吸纳学术技能，丰富教学内容。将信息素养与其他专业的学术技能联合教学，将有效开阔学生的思路，优化教学效果。信息素养本身的最终目标不是获取信息，而是利用、创新信息和知识。因此，吸纳学术技能，丰富教学内容，可以直接、有效地让学生明白信息素养怎么用，用在哪儿。

9.2.2.2 美国信息素养标准

2000 年，美国大学与研究图书馆协会（The Association of College and Research Libraries，ACRL）颁布了《高等教育信息素养能力标准》。2013 年，ACRL 成立工作小组开始探索新的信息素养标准，并于 2015 年 1 月形成新的《高等教育信息素养框架》，它反映了美国高等教育界和图书情报界对信息素养教育的新认知，见表 9-5。

表 9-5　美国高等教育信息素养框架

阈值	认识实践	意向
权威是构建的和语境化的	判断权威的不同类型（如学科知识、社会地位、特殊经验） 使用工具和标示判断来源的可信性，了解影响公信力的因素 了解有学者会挑战当前权威 承认权威的内容可能是非正式的，包括各种媒体类型 承认自己可能正成为某一领域的权威，能认识到由此需要承担的责任，力求准确性、诚实，尊重知识产权 了解信息生态系统日趋社会化	对冲突的观点保持开放心态 激励自己找到权威的来源 意识到自己的偏见、世界观对权威的影响和怀疑精神的重要性 质疑传统的权威 意识到保持这些态度和行为需要不断地自我反思与评价
信息创建是过程性的	有效表达不同信息创建过程的优势及其局限性 评估信息产品的创造过程和特定的信息需求之间是否契合 能区分新旧信息创建过程和传播模式之间的不同 承认由于包装格式不同，对同一信息可能具有不同的认知 识别包含静态或动态信息的格式的潜在价值 测定不同语境、不同格式类型的信息产品的价值 具备向新的信息产品转换知识的能力 了解自我选择将影响信息被使用的目的以及所传达的信息	寻找提示创建过程的产品标记 判断产品创建过程的价值 承认知识的创造是通过各种格式或方式的交流进行的 接受以新兴格式创建的信息的模糊性 反对将格式与创建过程混为一谈 理解不同用途的信息具有不同的传播方式
信息具有价值	通过适当的归因和引用称赞他人的原创成果 了解知识产权是由法律和社会建构的 能区分著作权、合理使用、开放存取的不同目的和特点，理解某些信息生产和传播者如何和为什么会被边缘化 了解信息及其交流的商品化对信息获取、产生与传播的影响 充分理解隐私和个人信息商品化的相关问题并做出明智选择	尊重其他人的原始思想 尊重知识产生过程中所需要的技能、时间和努力 将自己视为信息市场的贡献者而非仅仅是消费者 乐于审视自己的信息权限
研究即探索	根据信息鸿沟提出研究问题，审视现存的可能矛盾的信息 确定适当的调查范围 通过将复杂问题简单化进行研究 根据需要、环境和探究问题的类型，运用多种研究方法探究 管理收集的信息，评估差距或不足 以有意义的方式组织信息 综合从多个来源收集的观点 根据对信息的分析和解释做出合理的结论	将研究视作开放式的探索和参与 欣赏革命性的简单问题 注重好奇心的价值 保持谦虚 拥抱研究的"混乱" 保持开放的心态和批判的立场 注重持久性、适应性、灵活性

续表

阈值	认识实践	意向
学术即交流	在信息生产中对做出贡献的他人成果进行引用 在适当的层次上为学术交流做出贡献 识别通过各种途径进入学术交流的障碍 批判性地评价他人在参与环境下做出的贡献 能识别学科知识中的主要资源	认识到经常处于学术交流过程中 找出本领域内正在进行的交流 将自己视为学术研究过程中的贡献者而不仅仅是消费者 认识到学术交流发生在各种场所
检索即策略性探索	决定能满足信息需求的初始范围 识别可能产生某一主题或影响信息获取的兴趣团体 正确地利用发散型思维和收敛型思维进行检索 利用与信息需求和检索策略相匹配的合适的检索工具 根据检索结果设计和细化需求和检索策略 理解信息系统是如何组织的 正确运用不同的检索语言（如受控词汇、关键词、自然语言） 有效地管理检索过程和结果	展示思维的灵活性和创造性 理解首次检索结果可能有所不足 寻求专家指导（馆员、教授等） 认识到信息收集中的浏览和其他偶然方法的价值 面对搜索的挑战，知道何时拥有足够的信息，完成任务

9.2.2.3 澳大利亚信息素养标准

澳大利亚高校图书馆员理事会（Council of Australian University Librarians，CAUL）在修改美国 ACRL 标准的基础上，于 2001 年发布了第 1 版《信息素质能力标准》（*Australian and New ZealandInstitute for Information Literacy*，*ANZIIL*）。2004 年，澳大利亚和新西兰信息素养研究协会发布了第 2 版，并将其更名为《澳大利亚与新西兰信息素养框架：原则、标准及实践》（*Australian and New Zealand Information Literacy Framework：Principles，Standards and Practice*），由 6 个一级指标、19 个二级指标、67 个三级指标组成，见表 9-6。

表 9-6 澳大利亚信息素养标准指标

一级指标	二级指标	三级指标
能识别信息需求和决定所需要信息的性质和范围	能定义和描述信息需求	为了系统地阐述和聚焦问题，识别关键概念和术语 定义或更改信息需求来获取可处理问题的焦点 与其他人交流当今的信息需求

续表

一级指标	二级指标	三级指标
能识别信息需求和决定所需要信息的性质和范围	能理解多种信息源的目的、范围和正确性	理解信息是怎样组织和传播的，识别某学科中某主题适用的情境 区分和评价潜在信息源的多样性 识别潜在资源的目的和用户，如大众化的或学术性的，当代的或历史性的 区分主要信息源和次要信息源，并认识到它们在不同学科有不同的用处和重要性
	能再评估信息需求的性质和范围	重新评估所需信息来澄清、修改和改进现有问题 描述用来做信息决策和选择的依据
	使用多种信息源做出决定	理解不同的信息源将从不同的角度呈现 使用一系列信息源来理解问题 使用信息来做出决定和解决问题
能高效地发现需要的信息	选择最合适的方法或工具来发现信息	确定几种适宜的研究方法（如实验、模拟和实地调查） 研究不同研究方法的好处和适用性 研究信息获取工具的规模、内容和组织 咨询图书馆员和其他信息专业人员帮助识别信息获取工具
	构思和实现有效的检索策略	草拟一个与研究方法相符的研究计划 确定所需信息的关键词、同义词和相关术语 挑选适合于学科或信息获取工具的控制性词汇或分类法 运用恰当的信息检索命令构建检索策略 用适用于学科的研究方法实现检索
	使用合适的方法来获取信息	运用不同的信息获取工具检索格式不同的信息 运用恰当的服务来检索需要的信息（如文献传递、专业组织、研究机构、社区资源、专家和行家） 运用调查、写信、采访和其他查询方式来获取主要的信息
	不断更新信息源、信息技术、信息获取工具和研究方法	保持信息和交流技术不断变化的意识 订阅电子邮单和讨论组 习惯性地浏览打印的电子资源
批判地评估信息和信息搜寻的过程	评估所获得信息的有用性和相关性	评估检索结果的数量、质量和相关性，来决定是否应该选择其他的信息获取工具和研究方法 识别信息检索的缺陷，决定是否应该修正检索策略 适当地修订检索策略来进行重复检索
	定义和运用标准来评估信息	检查和对比来自不同出处的信息旨在评估信息的可靠性、准确性、正确性、权威性、时间性、观点或偏见 分析论点或论证方法的结构和逻辑 找出和质疑偏见、欺诈和篡改 找出信息产生时的文化的、物质的或其他背景信息，并认识到上下文对诠释信息的影响 识别和理解自己的偏好和文化背景

一级指标	二级指标	三级指标
批判地评估信息和信息搜寻的过程	反信息搜寻的过程和适当地修订检索策略	决定信息是否满足原先的需求，还是需要更多的信息 评估检索策略 评估现有的信息获取工具，如果需要可以包括其他工具 理解信息检索的过程是不断进步和非直线发展的
能管理收集和产生的信息	记录信息及其来源	重新组织信息使它能支持产品的用途和样式（如提纲、草稿和摘要） 区分不同引用中信息源的类型，在大量的资源中理解其要素和正确的引用形式 记录所有有关的引用信息，以便今后参考和检索
	组织（整理、分类、储存）信息	按要求的参考文献格式编辑文献 开发用于组织和管理信息的系统，如 Endnote 和 Card Files
能将新旧信息应用到构建新概念或者知识创新中	通过对比新旧知识来判断信息是否增值，或是否前后矛盾，是否独具特色	确定信息是否满足研究和其他信息需要，决定信息是否抵触或证实来自其他出处的信息 认识到概念之间的相关性，在总结所收集的信息的基础上得出结论 选择可以为主题提供论据的信息，从收集的信息中提炼出主要思想 理解任何学科的信息和知识都是社会构造的一部分，会根据持续的对话和研究的结果而变化 扩展初步分析，在更高抽象层次上建立新的假设
	有效地交流知识和新的见解	选择最适合产品和受众的通信媒体和形式 运用一系列的信息技术应用软件来创造产品 结合适应环境的设计和传播的原理 采用一种最适合受众的风格与别人清楚地交流
能在使用信息时，理解和遵守与信息使用有关的文化、道德、经济、法律和社会问题	遵守与信息获取和使用有关的文化、道德和社会经济问题	找出并讨论印刷和电子出版环境中与隐私和安全相关的问题 找出并讨论与审查制度和言论自由相关的问题 理解和尊重从单一的和多文化的角度使用信息
	认为信息是被价值和信仰支持的	识别是否拥有支持新信息的不同价值或者信息是否对个人价值和信仰存在暗示 通过论证决定是否融入和放弃新观点 维持通过知识和经验形成的连贯内在价值体系
	遵守与信息获取和使用有关的协议和礼仪	了解什么构成抄袭，正确地吸收别人的作品和想法 按照公认的惯例（如网上礼仪）参与网上讨论
	合法地获取、存储和散布文字、数据、图像或声音	理解与教育、研究材料获取和传播有关的公平交易 尊重所有使用者获取信息的权利，同时不要损害信息资源 通过合法途径获得、储存和散布文本、数据、图像和声音 显示出对知识产权、版权和合理使用受专利权保护的资源的认识

9.3 信息素养教育

教育的目的是培养"时代新人",迎接社会挑战。信息素养是人们在信息时代生存的必备素质或基础素养。信息素养教育也自然而然地成为当今社会必不可少的教育。据报道,中国的信息能力处于世界较低水平:美国的信息水平总指数为 71.76,日本为 69.97,而中国仅为 6.17。由此可见,我国公民的信息素养亟待提高,我们完全应该把信息素养教育放到一个重要的位置。

9.3.1 我国信息素养教育发展历程

如前所述,我国信息素养教育起步较晚,大约从 20 世纪 90 年代开始。整体而言,信息素养教育大致可以分为以下三个阶段。

9.3.1.1 文献检索与利用教育阶段(1995—2001 年)

信息素养教育的发展伴随着计算机作为辅助教学的发展。20 世纪 80 年代后期至 90 年代初期,是我国教育改革的兴起时期,也是我们信息素养教育引起关注的时期。在这一时期,图书馆信息资源还是以纸本资源为主,电子资源数量并不多。图书馆的资源检索也是以手工检索为主,并开始向计算机化发展。

20 世纪 90 年代,我国计算机辅助教学已经被应用,但是计算机的普及并不足。那个时候信息素养教育被提出来,有学者认为"高等学校用户教育的总目标就是培养和提高学生的情报意识和检索情报的技能"。因此,那个时候的信息素养教育主要是指文献检索和利用,即培养学生的文献检索知识和文献检索技能,使学生了解信息检索知识、掌握文献检索技巧,信息素养教育的方式(实践)主要是"文献检索与利用"课程。

虽然该阶段的信息素养教育无论在理论上还是实践上都比较简略,但无疑是我国信息素养教育的开端,给后续研究指明了方向,对我国信息素养教育的发展起到了不可小觑的作用。

9.3.1.2 信息检索教育阶段(2002—2009 年)

2002 年 2 月教育部颁布了《普通高校图书馆规程》,其中总则第 3 条规定:当前高等学校图书馆 5 项主要任务之一就是"开展信息素质教育,培养读者的信息意识和获取、利用文献信息的能力"。2002 年 1 月 7—9 日在黑龙江召开了具有中国信息素养教育里程碑意义的全国信息素质教育研讨会，该研讨会对《高等教育中的信息素质能力标准》进行了探讨。同时，本次研讨会第一次把文献检索课研讨会更名为信息素质教育研讨会，标志着我国信息素养教育进入了第二阶段，即信息检索教育阶段。

本阶段对于信息检索教育的研究更加细化，如根据教育对象，将信息素养教育细化为中小学学生信息素养教育、大学生信息素养教育、研究生信息素养教育；根据信息素养内容，信息素养教育从单学科转向了多学科，如社会学强调数据的收集和统计分析能力，经济学专门开设的计量经济学课程强调数据分析和建模能力，生物信息学则强调以计算机为工具对生物信息进行储存、检索和分析的能力；根据检索手段，检索从图书馆资源检索（手检、机检并重）向计算机检索为主过渡。

除此之外，本阶段的信息素养教育研究主要集中在以下几个方面：第一，对信息素养教育发展成熟的国家的信息素养教育现状进行调研。第二，对我国高校图书馆开展在线信息素养教育现状进行调研。第三，分析我国信息素养教育中存在的问题，并提出构建我国在线信息素养教育模式的构想。

9.3.1.3　信息素养教育阶段（2010 年至今）

2010 年以来，网络的普及率已经很高了，信息的获取也更加便利，信息的类型更加丰富，同时，移动互联网的发展，也使信息资源更加丰富，各个学者对国外信息素养教育案例的研究也更加深入。在这种情况下，参考国外模式，嵌入式教育、课程整合式教育、信息共享空间和学科服务等新概念引入，为新阶段的信息素养教育提供了新的研究视角。这一时期的另一个特点是：信息素养教育理论与实践结合得更加紧密。例如，上海交通大学图书馆的 IC2 创新服务模式，将信息素养教育作为学科化服务的重要内容之一，以读者需求为导向，提倡信息素养教育的多层次、多维度地拓展与创新。

总而言之，新媒体的不断涌现，通信技术的快速发展，都使得这个时代与以往任何时候都有着很大的不同，"人人都是信息的创造"，"人人都是信息的组织者"。元素养、媒体素养、数据素养等迎合时代特征的新概念不断被提出。信息素养教育实践也在新时代、新理论的影响下逐渐发展，摸索着前进。这个阶段的信息素养教育充满了挑战，也充满了机遇。❶

---

❶ 黄蕾 . 20 年来国内信息素养教育研究与实践综述 [J]. 图书馆杂志，2015（3）：16-22.

9.3.2　高校信息素养教育应该注意的问题

9.3.2.1　信息素养教育应该围绕学术活动，而不应该被孤立

把信息素养教育与学术过程融合起来，使信息素养成为学术过程的一部分，这将使信息素养更加"生动"，更容易被理解、被接受，也使学生更真实地看到信息素养的作用和意义，真正认识到信息素养教育的重要性，从而从受众的角度切实提高信息素养教育的成果。信息素养是贯穿学生整个学习生涯、职业生涯的，其动态性、灵活性应该放在一个突出的位置，如果把信息素养教育孤立起来，学生很容易"学完就忘了"，这样并不能起到应有的作用。通过将信息素养教育融合到其他学习活动中，一方面可以让学生明白信息素养本身是通识教育，与"读、写、算"一样重要而基础，另一方面也可以使教师在教学过程中更容易坚持面向实践和应用，而不是仅注意理论讲解。

9.3.2.2　信息素养教育要与时俱进

通过了解信息素养教育的发展历史，我们可以发现，信息素养教育的内涵会随着时代的发展而不断发展，与之对应的信息素养教育的内容和方式都应该不断与时俱进，体现时代特征，符合信息素养教育的新内涵。例如，在当前移动互联环境下，信息素养教育可呈现"微"化（微视频、微动画、一小段文字）的特点。

教师在教学内容设计的时候也应根据元素养的内涵，注重学生重构信息的能力等，并以此确定相应的知识体系。总之，根据信息素养内涵的发展变化，教师应该不断更新教学方式和内容，使信息素养教育具有不断更新的活力。

9.3.3　大学生信息素养教育现状

9.3.3.1　大学生的信息意识有待加强

意识决定行为，只有当大学生真正地有了信息意识以后，才能够自觉地去提高自身的信息素养。然而根据相关的数据显示，当前大学生的信息意识还是较为薄弱，很多大学生对于信息素养的含义是不太清楚明白的，也有学生觉得信息素养教育对于其自身的成长和发展是没有多大意义的。

9.3.3.2　信息素养教育工作的参与者较少

就实际情况来看，信息素养教育工作通常没有落到实处。有的学校并未开设信息素养教育的课程，有的学校虽然开设了信息素养教育类的选修课，但学时少，效果有限，学生不重视，甚至有时因选课人数不足而无法开课。

9.3.3.3　信息素养教育工作的开展方式种类少

信息素养教育的方式主要是"老师讲，学生听"。事实上，信息素养是一门操作性很强的学科。如果仅是"纸上谈兵"的话，没有实际的操作经验，学生也很容易忘记是如何使用信息工具的，也并不会对这门课真正产生兴趣。

9.3.4　当代信息素养教育

新媒体、大数据、元宇宙等互联网技术的发展与应用给信息素养教育提出了新的要求，当代信息素养教育应运而生。在互联网时代，数据是科学研究的基础，为了适应并引领未来社会的发展，信息素养教育是各学科学习的重要基础，也是终身学习的必备素养。大学生是国家发展的后备力量，是科技进步的未来领导者。高校信息素养教育在适应时代需求的前提下不断创新是保障大学生适应信息化时代的必要要求，也是国家科技力量不断强大的重要支持。

9.3.4.1　慕课对信息素养教育的影响

慕课（Massive Open Online Course，MOOC）即大规模线上公开课，是近年来全球兴起的一种新型授课模式。不可否认，移动学习平台的发展使信息、知识的传播发生了根本性的改变，慕课就是其中之一。一般而言，慕课具有以下特点。

第一，大规模。由于网上授课不受空间限制，授课对象可以有成千上万个。

第二，公开。大部分慕课不设置学习门槛，且免费，任何人都可以参与学习。

第三，自主性。选定学习的课程后，学生可以自由安排学习的时间、地点等。

第四，微课。慕课的每一节课时间设置通常在10~20分钟，以一个知识点为节点。这样即可以使学生充分利用碎片化时间，又保证了每一次（每一个知识点）的有始有终。

第五，多元化。慕课除了视频教学外，还有作业、小测验等需要按时完成，以保证学生的学习质量，同时也使授课教师及时发现问题。

第六，互动性。教师和学生可以在慕课中进行互动。

慕课时代的信息素养教育面临着以下一些新的挑战。

（1）信息素养课程教学模式改革

长久以来，大部分高校的信息素养课程排在专业课程教育之外，没有得到应有的重视。慕课环境下，各类课程都在探索新的教学模式。信息素养教育本身已经被边缘化，这个时候更应该抓住机会"重生"。

（2）拓展信息素养教育的内容

传统信息素养教育的内容多侧重于介绍本校馆藏资源的利用与评价，这与慕课所倡导的教育资源的开放共享是冲突的。同时，慕课环境下如何保护知识产权，又是另一个棘手的问题。这些都是信息素养的要求。

（3）信息素养教育应在全球化背景下开展

互联网发展使慕课的受众群体不再局限于校内甚至国内，面对来自世界不同国家，具有不同文化及教育背景，不同语言环境下的受众群体，全球化的慕课环境既要满足大众的学习需求，又要达成个体个性化的学习目标。基于以上挑战，本书认为，慕课背景下，高校的信息素养教育应从以下几个方面着手：①教学方法创新。信息素养的教学方法有很多种，如以互动为主的互动教学法、以分段为主的碎片式教学法、以探究为主的讨论式教学法等。开设慕课课程是信息素养教育的一种直接有效的方法。我国很多高校已经通过慕课开展信息素养教育课程，甚至一些企业机构、事业单位也已经开设了信息素养教育慕课课程。慕课的教学方法是基于网络环境下的师生关系，目的是真正做到以学生为中心，让学生能够根据自己的需求、现实情况进行学习，以掌握信息素养相关的专业知识。②教学内容变革。教学内容要与慕课的特点相适应。具体包括以下几点：第一，慕课背景下的教学内容要宽泛化、多元化。由于慕课的授课对象不固定，授课对象具有多元化和多层次化的特点。为了保证受众的听课质量，教学内容不能过于"专"。第二，教学内容碎片化。慕课的课程时长通常是 10~20 分钟。很多授课对象是利用碎片化时间在学习，那么与此对应，在每一次课程中的授课内容都应该"短、小、精"，保证学生每一次学习都能有所收获，而不是"有头没尾"或者"有尾没头"。第三，教学重心转向培养学生自建信息圈。每一位学习者不仅仅是信息的消费者，更是信息的生产者，信息素养教育的重心也由培养个人信息检索能力向培养信息协同生产的社会性活动转变。③教学形式丰富。慕课中可以设置课堂讲授、课堂讨论、协作学习和课后讨论等多个环节，形式丰富多样。根据具体内容，信息素养课程的可操作性强，基于互联网平台，学习者学习课程知识和进行课程实践及操作可使教与学均更加丰富、生动。另外，为了使学习过程更加生动，在教育技术迅速发展的背景下还能以 VR、AR、元宇宙等新手段获取课程内容，这方面，由于我国 5G 技术的发展与领先，我国具有优先掌握话语权的可能。

9.3.4.2　翻转课堂对信息素养教育的影响

翻转课堂是 J.W.Baker 在 2000 年第 11 届大学教学国际会议上首次提出的。翻转课堂指上课前教师首先将上课相关内容告诉学生，学生课下进行自学或小组学习，最终师生在课堂上一起完成讨论、答疑等教学内容的教学方法。

信息素养教育的成果取决于学生的信息素养是否真正有提高。翻转课堂的教学模式则真正实现以学生为中心：学生课前通过视频自学或查阅相关资料，课上师生互动、学生和学生之间互动，课后操作实践的教学过程，使信息素养教育的个性化更加突出、学生的信息实践能力进而得以强化。信息素养教育的实践性和应用性很强，很适合学生自主学习活动的展开。具体而言，翻转课堂的实施方案可如图 9-1 所示。

9.3.4.3　当代信息素养教育体系

基于信息时代、移动互联时代的特征，我国大学生的信息素养教育体系也应重新构建。

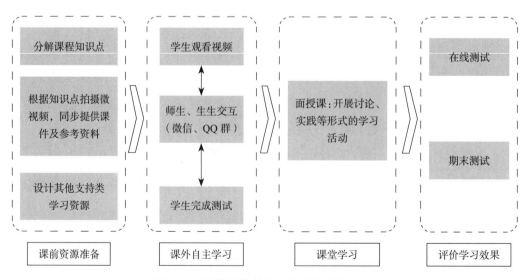

图 9-1　"翻转课堂"学习模式的实施方案

（1）科普教育向专业技能的延伸

新媒体环境下，大学生的信息素养教育已经不能仅局限于文献检索了，信息素养教育也不能仅局限于"文献检索"课了，它应该具有催生其他素养的功能。信息素养不仅是大学生利用信息的意识和能力，也是大学生获取信息时所体现的价值观。它是人们对法律、经济、社会等问题认识的反映，它支撑着大学生整个学习价值体系。

（2）由基本素养教育向元素养教育的转变

也就是说，信息素养提高的标准：具有独立学习的能力，知道何时需要信息，能对自己的信息进行积极思考，并能融通相关信息、灵活使用信息，对自己解决问题的能力充满信心，为自己终身学习提供能力保障。

（3）批判性思维的培养

我们处在新媒体如此发达的时代，人人都是信息的创造者，这无疑会使互联网上的信息亦真亦假。我们应该具有判断信息真假的能力，或者对于不确定的信息不能盲目相信、使用。这需要我们在整个信息收集、信息理解、信息评估、信息处理、信息使用、信息创新的过程中都对当前信息保持批判性的判断、选择性地接受，从而提高系统化的分析能力和学术探究水平。

（4）创建符合时代特征的教育体系

无论是慕课，翻转课堂，还是其他形式的微课，都是在当前时代特征下进行的。事实上，只有符合时代特征的教育方式、内容，教育体系才能保持生机，任何教育体系都不可能脱离时代背景而单独存在。

案例 ❶

美国西佛罗里达大学（Uni-versity of West Florida，UWF）在"比较政治学入门"这门课程学习中进行的信息素养教育与专业课程相结合的实践。UWF 利用嵌入专业的教学和训练来提高学生专业研究论文的质量，同时提升学生的信息素养技能的全过程。

为满足广大学生对社会科学知识的需求，UWF 在低年级中开设了公共选修课"比较政治学入门"，学习时间为一个学期。该课程的作业是撰写一篇关于"国家问

---

❶ 付勤. 嵌入专业课程的信息素养教学案例分析 [J]. 图书馆工作与研究，2011（182）：89-92.

题研究"的报告，要求学生选择一个美国以外的国家，探讨这个国家目前所面临的社会、政治、经济等方面的问题。论文应提供多方面的分析，描述这些问题对这个国家的影响，并推测可能的解决办法，以及这些解决办法在现实中的可行性。论文长度必须为5~7页，使用至少6个学术资源，写出一篇论文说明，提出研究问题，并提供文章结构大纲。为帮助学生写出合格的研究报告，UWF的图书馆员和政治课专业教师共同协作，以论文写作为中心，将信息素养教学指导和练习与论文项目相融合，针对各种必要的信息素养技能设计了系列的专业实践作业。实践证明，通过一个学期的嵌入式教学和练习，学生们的信息素养水平、研究能力、写作能力都得到了提升；信息素养练习成为写出高水平研究报告的工具。

表9-7列出了为指导学生写出专题报告而进行的嵌入式的信息素养课程的教学和练习安排：左列展示学生通过该课程学习应达到的学习效果，中列明确了指导老师的作用，右列是针对学习效果而设计的教学和练习。

表 9-7

学习内容	指导人作用（专业教师和图书馆员）	练习设计
提出问题（注意有效性）	所有指导人一起设计整体练习；馆员针对练习内容设计术语搜索三角框练习（见图9-2），通过三角形顶点的概念确定研究主题，训练学生的搜索能力	学生课前完成术语搜索三角框的构建：学生针对研究主题，在三角的上方写上某个具体的国家；在左下方写上该国家目前存在的问题或某一现状；右下方写上该问题的现状的研究出发点。初步思考论文主题
实施搜索（注意有效性和可靠性）	图书馆员：向学生讲授不同的信息工具的使用方式及不同工具搜索策略的合理制定等	学生为三角框中的术语分别找到3-5个同义词，重新定义搜索，并确定论文研究主题
评估信息（从质量、新颖度、相度度、准确性、权威性和客观性角度）	图书馆员：向学生讲授不同信息源的资源的差异和各自的优势和问题；帮助学生评估不同资源对于各自的研究主题的有效性、相关度、准确性和权威性；区分流行信息和学术资源	针对已经确定的研究主题，区分流行信息和学术资源，并评估信息的相关度、准确性和权威性等
确定资源（注意针对性）		针对研究论题，学生找到10个资源：其中4个印刷资源，6个电子资源；并给找的资源进行排序。学生认真研读每篇期刊文献的摘要，并用最简洁的语言总结文献。简要说明自己对所找的资源的描述及自己使用资源过程中的感觉

续表

学习内容	指导人作用（专业教师和图书馆员）	练习设计
形成新信息（注意参考和引用）	专业教师：根据学术的搜索结果回溯三角框的术语，并进行点评	根据老师的点评，修正自己的研究主题和三角框的术语。修正后重复之前的练习过程，直到确定新的三个术语和研究主题
剽窃识别（注意版权、知识产权问题）	图书馆员：挑选具有代表性的不同的文章的引用问题	剽窃识别练习：针对 8 篇了引用却没有注明引用细节的文章，要求学生指出每种引用的问题
学习论文写作中的说明部分	图书馆员：挑选合适的文章进行讲解	学生学习他人文章的说明部分，并自己完成说明部分的撰写
建立研究论文的主体结构，提出中心论题	专业教师：讲解概念图（如图 9-3）的绘制技巧；在学生完成自己的概念图后进行点评	学生给出自己论文的概念图；指明各个概念的顺序，说明论文架构
使用的格式保证正确	图书馆员：讲解论文的正确格式	学生按照正确的格式撰写文章
写作（注意资源的使用）		撰写自命主题的论文

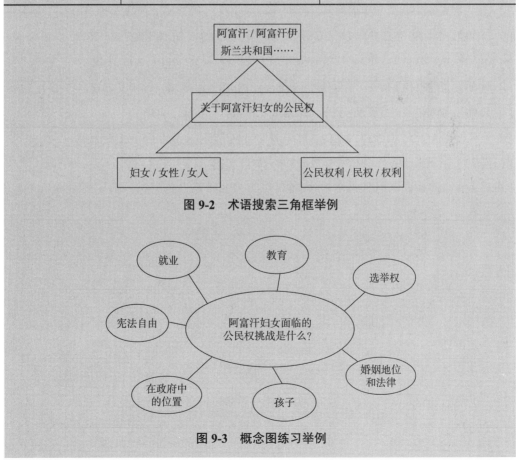

图 9-2　术语搜索三角框举例

图 9-3　概念图练习举例

📖 问题与思考

　　信息是权力的来源，信息素养则是我们更高效、准确地获取信息的支撑。在这个信息爆炸的时代，信息源更加丰富、信息传播渠道更加多样化，因此我们面临的信息问题也前所未有的复杂。如何提高信息素养，从而做出科学的决策是我们适应这个时代、掌握这个时代的关键。据此，请思考：对于大学生而言，信息素养有哪些新要求？提升信息素养可以有哪些新途径？

📖 参考文献

[1] 张倩苇. 信息素养与信息素养教育 [J]. 电化教育研究，2001（2）：9-14.

[2] 陈黄如花，李白杨. 数据素养教育：大数据时代信息素养教育的拓展 [J]. 专业教育，2016（1）：21-29.

[3] 《澳大利亚与新西兰信息素养框架：原则、标准及实践》（第二版），何昌品译.

[4] 潘燕桃，李龙渊. 信息素养通识教育的理论创新及其实践探索 [J]. 图书馆杂志，2017（12）：45-52.

[5] 廖嘉琪. 我国信息素养类 MOOC 调查研究 [J]. 图书馆学研究，2019（7）：21-27.

[6] 黄晓霞. 信息时代下的大学生信息素养教育 [J]. 中国中医药图书情报杂志，2019，43（2）：64-67.

[7] 柴晓娟. 网络学术资源检索与利用 [M]. 南京：南京大学出版社，2009.

[8] 连明. 信息碎片化时代的大学生信息素养 [J]. 农业网络信息，2018（6）：115-119.

[9] 邓李君. 大数据环境下高校图书馆数据素养教育研究 [J]. 图书馆建设，2016（1）：64-70.

[10] 陈文勇. 高等院校学生信息素养能力标准研究 [J]. 情报科学，2000（7）：611-613.

第 10 章　信息人才

人才资源是第一资源，人才竞争是最终的竞争。我国《国家信息化发展战略纲要》（2016 年 7 月发布）中指出：当今世界，信息技术创新日新月异，以数字化、网络化、智能化为特征的信息化浪潮蓬勃兴起。没有信息化就没有现代化……以信息化驱动现代化，建设网络强国，是落实"四个全面"战略布局的重要举措，是实现"两个一百年"奋斗目标和中华民族伟大复兴中国梦的必然选择。信息人才就是推动这一伟大历史进程的关键因素之一。

10.1　信息人才的概念及作用

明确信息人才的概念、特征、作用等基本要素，是我们了解信息人才、培养信息人才的基础性工作。

10.1.1　信息人才的概念

"信息人才"并不是一个规范化的科学名词，而是一个通俗的说法，其含义也随着人们对于信息、信息技术、信息产业、信息化等概念的理解认识变化不断发展。在全国科学技术名词审定委员会最新公布的《图书馆·情报与文献学名词》中，收录了三个与信息人才含义接近的名词，分别是信息工作者（Information Worker）、信息专业人员（Information Professional）和信息专家（Information Specialist），可以提供一定的参考借鉴。❶

20 世纪 80 年代初，我国出现了"信息人才"的提法。1984 年，中国著名教育家、

---

❶ 图书馆·情报与文献学名词审定委员会.图书馆·情报与文献学名词 [M].北京：科学出版社，2019.

时任武汉大学校长刘道玉在《图书情报知识》杂志上发文，在我国首次明确提出要"培养新型信息人才"，文中指出图书情报专业教育必须经过大力改革，才能培养出适应未来需要的图书情报人才，也就是新型信息人才。❶ 通过在中国知网进行文献调研后发现，在我国，专门研究信息人才的学术成果并不是很多，其研究趋势见图 10-1。总体上看，关注这一研究主题的学科主要有图书情报档案、劳动经济、基础医学、教育等（见图 10-2），但近十年来，教育和医学领域成为研究这一主题的主力军（见图 10-3）。

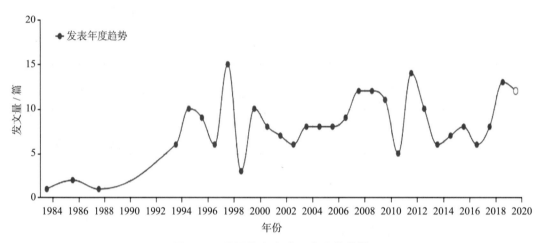

图 10-1　我国信息人才研究总体趋势

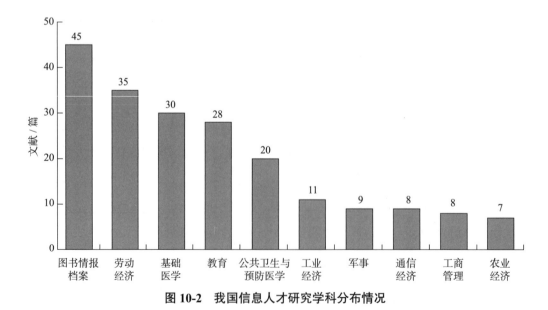

图 10-2　我国信息人才研究学科分布情况

---

❶ 刘道玉. 改革图书情报教育培养新型信息人才 [J]. 图书情报知识，1984（1）: 2-6.

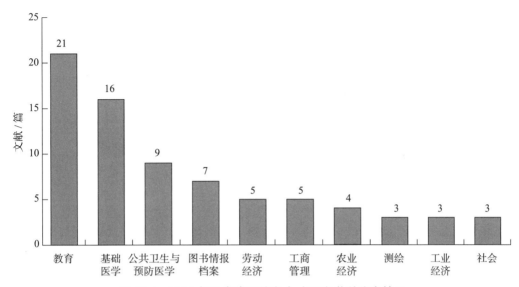

图 10-3　2010 年以来我国信息人才研究学科分布情况

　　虽然信息人才这一说法已经在很多领域和场合得到广泛使用，但到目前为止，关于信息人才并没有一个统一的定义，它往往是随着研究讨论对象或表述场景而发生变化。特别是在信息化深入发展的今天，信息人才概念的外延和内涵也都在不断广泛化和社会化。

　　我国早期关于信息人才的定义，是偏向于信息处理的，如有人认为"市场信息人才"是指在市场营销活动中，能够通过文字、符号、图像、声音来获取消息、信号、资料、情报，为企业带来盈利的人。❶ 这一定义与传统图书情报学界的界定是比较接近的。随着信息技术的发展和信息产业规模的不断扩大，信息人才的内涵也逐渐丰富起来。2005 年，上海市信息化委员会的一项研究报告中提出，"信息人才指具备一定信息化知识和技能，能够进行创造性劳动并在推动国民经济和社会信息化过程中做出积极贡献的人"。❷ 也有研究者认为，狭义的信息人才是指掌握信息技术，能够在信息技术专业领域充分发挥其独特作用的人才；广义的信息人才是指在各领域内熟练运用信息技术，对信息资源进行开发、利用的人才。❸

　　此外，还有一个与信息人才密切相关的词汇也得到了广泛使用，即信息化人才。

❶ 民抒 . 市场信息人才的知识结构 [J]. 江苏商业管理干部学院学报，1986（1）：57-61.
❷ 岳林洋，徐云将 . 上海信息产业人才现状调查研究 [J]. 上海市经济管理干部学院学报，2014，12（5）：28-36.
❸ 杨立军，刘陈 . 美、日、德、印四国信息人才培养研究 [J]. 中国电化教育，2010（7）：45-51.

在百度百科中，认为信息化人才主要从事信息化建设与规划，并承担信息技术应用和信息系统开发、维护、管理，以及信息资源开发利用工作，以实现提高组织的信息设备使用效率、完善信息系统功能、保证组织各项信息管理工作高效运转、更好地辅助组织其他部门各项工作的目标。❶

很多场合，信息人才和信息化人才是可以视为同义词的，但有人也进行了概念上的区分，认为信息化人才要求更高，既要懂技术，又要懂管理，熟悉企业运营模式，了解企业存在问题，能够运用计算机技术改进和提高工作效率，而单纯的计算机技术人才还算不上信息化人才。❷

此外，也有人对信息化人才进行了广义和狭义的区分，认为广义的信息化人才是指能够运用现代信息技术，在社会生活各领域从事信息资源开发利用的人才；狭义的信息化人才是指高等学校培养的计算机科学与技术、电子科学与技术、通信工程等各类信息科学技术相关专业人才。❸

综合以上，我们认为，可以从宏观和微观两个层面上界定信息人才。宏观层面上的信息人才是指在国民经济各领域内，能够熟练运用信息技术，从事信息资源开发、管理和利用的人才。宏观层面的信息人才，既包括专门经过信息科学各类相关专业教育培养的专门人才，也包括未经过专业教育但具备一定信息素养，能够运用信息科学技术及管理能力服务业务工作的人才。

微观层面上的信息人才是指在信息产业各领域中从事信息生产、处理、管理和服务的人才。我国的信息产业划分相对较窄，仅包括电信、广播电视和卫星传输、互联网、软件、信息技术服务等行业。❹在联合国《所有经济活动的国际标准行业分类》修订第4版（ISIC Rev 4.0）中，信息和通信产业中包括了从事信息内容生产的新闻、出版行业，在北美产业分类体系（NAICS）中，信息产业除了新闻、出版行业以外，还包括从事文献信息收藏与服务的图书馆和档案馆业。❺

微观层面上的信息人才一般由高等院校各类相关专业培养而来，如传统的计算机

---

❶ 百度百科。

❷ 熊延松，倪明，胡晓艳.人才信息化与信息化人才的内涵与界定 [J]. 合肥工业大学学报（自然科学版），2009，32（10）：1616-1619.

❸ 党芬，王敏芳.我国信息化人才培养的问题与对策 [J]. 现代情报，2005（11）：32-33，36.

❹《国民经济行业分类国家标准（GB/T 4754—2017）》。

❺ 北美产业分类体系网站，www.naics.com。

科学与技术、软件工程、通信工程等，以及近年来新兴的大数据、人工智能等专业。本章中将重点关注信息管理类专业培养的信息管理人才。

所谓信息管理人才，我们可以借鉴国内关于"信息管理师"的标准定义：以信息管理为专业或职业，专门从事机构信息化建设，并承担信息技术应用和信息系统开发、维护、管理及资源开发利用工作的专业人员。❶

10.1.2　信息人才的作用

20 世纪 50 年代以来日本经济得以高速发展，其原因就在于充分利用和挖掘了国内外的人才资源和信息资源，日本人认为"人才是经济的支柱，信息是经济的生命"，作为二者高度统一的信息人才，在其中发挥的作用不言而喻。信息人才在信息化社会中的重要作用主要体现在以下几个方面。

（1）信息人才是经济和社会发展最为重要的战略资源

习近平总书记曾多次强调人才对于国家发展的重要性，他说人才是第一资源，是实现民族振兴、赢得国际竞争主动的战略资源。在社会信息化水平不断全面深入发展的今天，信息人才已经成为人才资源中最为重要的部分之一。在经济、军事、科研、社会管理等各个领域，信息人才的数量的多少和质量的高低，成为事业发展的决定性力量。

（2）信息人才能够为经济、社会组织带来显著的竞争优势

当今时代，在各种经济和社会活动中都存在广泛、激烈的竞争，上至国际的竞争，下至企业间的竞争，归根结底都是人才的竞争。谁拥有大量高水平的信息人才，谁就会在竞争中获胜。2019 年，在美国发动的针对中国的贸易摩擦中，中国的两家通信公司中兴和华为都遭到了美方的恶意打击，前者损失巨大，无力反击，而后者则凭借强大的信息科技人才队伍和雄厚的技术积累在惊涛骇浪中勇敢反击，屹立不倒。

（3）信息管理人才将成为现代化管理体系中的关键要素

在现代化企业中，信息工作已逐渐变成企业科学管理的基本手段，信息管理也成为企业管理的中心环节，通过对企业信息流的管理与控制来实现物质流的生产与管理，以及对企业行为实施管理与控制，首席信息官（CIO）已经成为众多大型企业的主要领导者之一。2009 年，美国时任总统奥巴马宣布设立总统信息安全协调官，负责协调处

---

❶ 图书馆·情报与文献学名词审定委员会.图书馆·情报与文献学名词[M].北京：科学出版社，2019.

理全美涉及信息安全的相关事务。该官员还进入了总统国家安全委员会，体现出信息管理在国家战略层面的重要性。

10.2　信息人才素质结构

10.2.1　基本素质

各类信息人才均应具备以下基本素质。

（1）敬业精神

其核心是无私奉献意识，要求从业者具有强烈的事业心和责任感，对从事的工作充满热爱，在从事职业过程中享受乐趣，把职业当作事业来对待，不只是谋求功利，认真负责，不敷衍应付。

（2）学习能力

在信息时代，学习能力显得尤为重要。因为信息的快速更新和技术的不断进步，使得每个人都需要不断学习新知识、新技能，以适应时代的发展。同时，学习能力也是获取信息、分析信息、利用信息解决问题的关键能力。无论是在工作中还是生活中，具备较强学习能力的人能够更好地适应社会的变化和发展，更容易获得成功。

（3）合作意识

合作意识是每个人必须具备的重要素质，也是实现个人发展和成功的重要途径。信息时代的特点决定了许多问题和挑战都需要跨越地区、行业和领域进行合作和协作。只有通过合作，才能更好地利用资源、分享知识、共同进步，实现共同的目标。同时，合作意识也是团队合作、人际交往、社会融入等方面的重要能力。

（4）系统思维

系统思维是指能够站在更高的层面，以整体、动态、循环的思维方式思考问题，从而找到问题的本质和解决方案。系统思维对于个人和团队的发展都非常重要，能够更好地应对复杂的问题和挑战，提高工作效率和实现个人发展。

（5）安全意识

安全意识是人们头脑中建立起来的生产必须安全的观念。各类信息人才都会在不同层面和程度上接触到重要技术类或经营管理类信息，信息安全意识尤为重要，不能在无意识中造成信息泄露，更不能故意泄露信息，从而触犯相关法律。

（6）外语能力

在数字化、网络化日渐成熟的今天，世界信息资源共享程度越来越高，大量的信息从世界各地传来，只有具备一定程度的外语能力，才能及时掌握最新行业和科技动态，有效收集、开发和利用各种信息资源，并与世界各地的同行业者进行沟通交流。同时，我们也应看到，随着各类翻译工具的不断成熟，外语能力对于跨语言交流的影响力正在逐步减弱。

10.2.2　专业素质

如前所述，信息人才规模庞大，类型多样，不同类型的信息人才所需要的专业知识和技能也存在较大差异，下面专就信息管理人才所需的专业知识和技能进行总结。

（1）基础信息科学知识和技能

信息管理人才需要了解和掌握最新的信息技术与手段，能够熟练掌握计算机应用、网络技术、数据库技术、程序设计、数据分析和处理等知识和技能，同时对信息传输、信息安全、人工智能等方面的知识也要有一定的了解。

（2）信息组织和检索能力

信息组织和检索是信息管理领域的核心知识和技能，信息管理人才既要熟悉和掌握传统的信息组织和检索方面的知识和方法，更要在现代技术环境下善于进行网络信息资源的组织和检索，能够熟练运用各种专业检索系统和工具。

（3）信息分析处理能力

信息管理人才应具有科学的思维方法和分析研究能力，能够熟练运用传统文献信息分析方法和数据挖掘等最新的数据分析方法，从浩如烟海的各种信息中发掘出有价值的信息，对大量无序的信息进行筛选、整序和深加工，形成有附加值的、针对性强的信息产品。

（4）信息系统的设计和管理能力

管理信息系统是信息管理过程中重要的技术支持，信息管理人才应了解各类信息系统的功能结构、设计方法、实现环境、支持技术等，能够独立或参与完成信息系统的开发工作，能够熟练进行系统操作，对于系统改进升级能够提出建设性的意见和建议。

（5）信息传播和服务能力

信息管理人才应该具有良好的服务意识，能够充分了解用户需求，掌握较高的信息传播和公关能力，能把经过加工的信息产品及时高效地提供给有需要的用户。

（6）相关行业所需知识

信息管理人才服务于各行各业，所以应该具有扎实的相关专业知识，这样才能从海量的信息中发掘出有利用价值的专业信息，从而掌握行业发展现状，发现自身优势和劣势，把握机会和风险，预测发展趋势，提出决策意见。

10.2.3　管理和创新能力

对于信息管理人才，尤其是高级信息管理人才而言，管理能力和创新能力尤为重要。

（1）管理能力

从事信息管理的人才应该具有较专深的管理学、管理系统、决策方法、预测学等方面的知识，特别是高级信息管理人才，需要面对众多的工作对象和复杂的工作场景，更需要提高自身的综合管理能力。具体说来，管理能力包括沟通能力，协调能力，规划与统整能力，决策与执行能力，培训能力和统驭能力等。

（2）创新能力

创新能力是技术和各种实践活动领域中不断提供具有经济价值、社会价值、生态价值的新思想、新理论、新方法和新发明的能力。当今社会的竞争，与其说是人才的竞争，不如说是人的创新能力的竞争。信息产业作为技术密集型产业，其发展高度依赖创新，特别是技术创新，因而创新能力也是各类信息人才必备的能力。对于高级信息管理人才而言。除技术创新之外，管理创新和制度创新也是必须考虑的因素和具备的能力。

10.2.4　CTO、CIO、CKO 和 CDO

在现代企业中，信息人才的重要性受到越来越多企业管理者的认可，下面简要介绍几种现代企业中专为信息人才设置的高级管理职位。

（1）CIO

CIO 是英文 Chief Information Officer 的简称，通常译为首席信息官或信息主管，是负责一个公司信息技术和系统所有领域的高级官员。CIO 在企业中扮演着关键的角色，他们不仅需要具备技术方面的专业知识和经验，还需要具备良好的领导能力和战略思维，以有效地推动企业的信息技术发展，并与其他高级管理人员合作，实现企业的整体目标。作为既懂技术又懂管理的代表，CIO 也成为众多信息管理人才的职业目标。CIO 的主要职责包括技术战略规划、系统架构设计、项目管理、信息安全管理、技术创新与研发、供应商管理等。

（2）CKO

CKO 是英文 Chief Knowledge Officer 的简称，通常译为首席知识官或知识主管，是指一个公司或企业内部专门负责知识管理的行政官员。CKO 是随着知识管理的发展而在企业内部出现的一个新的高级职位。CKO 在组织中扮演着关键的角色，他们不仅需要具备知识管理方面的专业知识和经验，还需要具备良好的沟通和领导能力，以推动组织的知识管理实践，促进知识的创造、共享和应用，提升组织的创新能力和竞争力。CKO 负责管理和利用组织内部和外部的知识资源，以促进组织的创新、学习和知识管理。CKO 的主要职责包括知识管理战略规划、知识资产管理、知识共享与协作、知识学习与培训、知识管理技术应用、知识战略与创新等。

（3）CTO

CTO 是英文 Chief Technical Officer 或 Chief Technology Officer 的简称，通常译为首席技术官或技术总监，这是一个偏技术向的高级管理岗位，类似于我们常说的总工程师，主要负责制订有关技术的愿景和战略，把握总体技术方向，监督技术研究与发展的活动，并对技术选型和具体技术问题进行指导和把关。通常只有高科技企业、研发单位、生产单位等才设立该职位。

（4）CDO

CDO 是英文 Chief Data Officer 的简称，通常译为首席数据官，是随着数据资源在企业中的作用越来越重要而出现的一个新的高级管理岗位。其主要是负责根据企业的业务需求、选择数据库以及数据抽取、转换和分析等工具，进行相关的数据挖掘、数据处理和分析，并且根据数据分析的结果战略性地对企业未来的业务发展和运营提供相应的建议和意见。随着大数据时代的到来，CDO 扮演的角色将越来越重要。

在上述四种信息人才所扮演的企业高级管理角色中，CIO、CTO 和 CDO 关系尤为密切，虽然三者职责范围不同，但在很多领域具有交叉重叠的地方，特别是 CTO 所涉及的工作内容对 CIO 和 CDO 的工作也具有重要的支撑作用。也不是所有企业都设置了相关的职位，一些设置了某一种或几种相关职位的企业对其工作职责划分也往往从企业实际需要出发。尽管如此，信息人才在企业中的重要性已经毋庸置疑，而且这种重要性只会随着信息社会的进步不断加强。

10.3 信息人才培养

信息人才是信息社会发展运行过程中不可或缺的关键资源。完善信息人才培养机制，实现信息人才的高质量、梯队式培养，是信息社会人力资源培养的核心。

10.3.1 信息人才队伍建设的国家战略

我国高度重视信息人队伍建设。2016 年印发的《国家信息化发展战略纲要》中指出：人才资源是第一资源，人才竞争是最终的竞争。要完善人才培养、选拔、使用、评价、激励机制，破除壁垒，聚天下英才而用之，为网信事业发展提供有力人才支撑。《纲要》还提出了四项"优化人才队伍，提升信息技能"的具体举措，包括造就一批领军人才、壮大专业人才队伍、完善人才激励机制、提升国民信息技能，其中就壮大专业人才队伍指出，要构建以高等教育、职业教育为主体，继续教育为补充的信息化专业人才培养体系，普遍设置信息技术应用课程，推广订单式人才培养，建立信息化人才培养实训基地。

2021 年 12 月，中央网络安全和信息化委员会印发《"十四五"国家信息化规划》，其中就"强化队伍建设"指出，要优化人才培养机制，着力培育信息化领域高水平研究型人才和具有工匠精神的高技能人才；加强国际合作交流合作，推动科研人才广泛交流；深化新工科建设，打造信息化领域多层次复合型人才队伍；持续开展各类专项创业技能教育与培训计划；加强领导干部网信教育培训，提升各级领导干部获取数据、分析数据、运用数据的能力。

10.3.2　信息管理人才培养基本情况

10.3.2.1　国外信息管理人才培养现状概述

目前，世界各国对信息管理人才的培养都做出了积极的探索。比如，美国建立起了集合正规学院教育、公共学院教育、私立学院教育、商业机构认证等多种模式的信息管理人才培养体系，要求学生能够熟练掌握信息技术，同时具有信息获取、分析和处理能力，以及信息法律意识和信息道德素养。在德国，采用了"双元制"的信息管理人才培养模式，即不仅在学校内培养，也在企业里进行培养，类似于国内常说的产教融合模式。日本将信息产业政策定为国家战略，在信息人才培养方面主要包括学校开展的、面向全体国民的、面向专业人员的各类教育活动。印度政府进行信息人才的培养途径主要有高等院校教育、职业教育和吸引海外人员等。❶

10.3.2.2　我国信息管理类学科专业设置情况

高等学校是我国信息管理人才的主要培养基地。目前我国高校中培养信息管理人才的学科主要包括：管理科学与工程类、图书情报档案类、信息技术类和专业学科类，其中又以管理科学与工程类下的信息管理与信息系统专业和图书情报档案类下的信息资源管理专业最具代表性。

信息管理与信息系统专业和信息资源管理专业都是最早出现于 1998 年教育部第三次修订的《普通高等学校本科专业目录》之中。信息管理与信息系统专业是由原来的经济信息管理、科技信息学、管理信息系统、信息学和林业信息管理 5 个专业整合成。该专业培养人才的就业领域主要包括管理信息系统的设计、开发与维护使用，信息系统的分析、评价与具体应用操作等。目前国内开设该专业的院校有 600 余所。

信息资源管理专业在第三次修订《普通高等学校本科专业目录》中是以"目录外专业"的身份列入管理学大类下"图书档案学类"，至 2012 年第四次《专业目录》修订时"转正"。信息资源管理专业一般被视为传统图书馆学、档案学的升级转型。该专业毕业生大多在高校、企事业单位、信息服务机构等从事知识管理、信息分析、信息利用和知识服务等工作。目前全国共有 18 所院校开设此专业。

信息管理与信息系统专业和信息管理专业同属信息管理类专业，二者之间存在密

---

❶ 左建安. 我国国际化信息人才培养模式研究 [D]. 南京：南京大学，2014.

切的联系，有许多交叉重叠的课程。据统计，在所有开设信息资源管理本科专业的学校中，有超过 1/3 的院校在同一院系内同时开设了信息管理与信息系统本科专业，说明这两个专业之间具有较强的内在关联，但也存在显著的不同。简单来说，同时开设这两个专业时，信息管理与信息系统专业教育会偏向技术，而信息资源管理专业教育则侧重管理。❶

10.3.3　专门信息管理人才的需求和培养

信息管理人才在各行各业中都在发挥着越来越重要的作用，下面简要列举几种有代表性的专门信息管理人才的需求和培养情况。

10.3.3.1　文献信息管理

在北美产业分类体系（NAICS）中，图书馆和档案馆都属于信息产业的范畴。图书馆、档案馆事业的工作内容，主要涉及文献信息管理，而且相关学科也是现代信息管理科学的重要源头。随着信息技术的发展，图书馆和档案馆的信息化、数字化水平也不断提高，对工作人员队伍的信息技术和管理服务能力方面的要求也随之提高。目前，我国图书馆学和档案学专业都拥有从大学本科到博士研究生完整的高等教育培养体系，开设图书馆学和档案学本科专业的院校分别有 20 余家和 30 余家，开展研究生教育的高校和院所更多。另外还拥有职业技能培训、继续教育等多种人才培养形式。目前，学术界对于整合原有图书馆学、档案学、情报学等专业建立新的"信息管理"学科的呼声日渐高涨，认为这是有效应对市场经济要求，扩大信息管理人才培养规模的有效途径。❷

专利信息人才是文献信息管理领域一种新的、细分的人才类型，其职业能力素养涉及管理学、计算机科学、法学及数据挖掘等多学科知识，并需要经过系统、专门的训练。2014 年《关于加强全国专利文献信息传播与利用工作的意见》的出台，体现了我国政府对专利信息人才政策倾斜力度的不断加大。专利信息分析专业人员作为一个职业被明确列入我国《职业分类大典（2015 年版）》，主要指从事专利信息检索、产业专利

---

❶ 王喜明，王金娜，李燕燕，等."馆系合一"模式下信息资源管理专业图情学科基础理论教学探索——基于河北建筑工程学院的实践研究 [J].图书馆学刊，2019，41（10）：5-10.
❷ 陶俊.信息管理学科竞争力与结构改革 [M].北京：中国社会科学出版社，2019.

导航、预警分析、价值评价、咨询服务等工作。2017 年，国家知识产权局制定《〈知识产权人才"十三五"规划〉行动计划》，明确将专利信息人才纳入我国当前发展阶段的 9 类急需紧缺人才。❶

10.3.3.2　医疗卫生信息管理

随着医疗卫生信息化建设的快速发展，对医疗卫生信息管理方面的人才需求日渐强烈而迫切。我国《2006—2020 年国家信息化发展战略》特别指出，"要加强医疗卫生信息化建设，以学校教育为基础培养信息化高级人才、创新型人才和复合型人才"，相关部委也出台了一系列文件，要求不断加强卫生信息化建设，重点培养具有医学和信息学双重背景的复合型人才。

我国目前开展医疗卫生信息管理本科教育的大多为医药类院校和综合类院校。相关专业教育涵盖了专科、本科、硕士研究生和博士研究生教育各层次。专科层次设置卫生信息管理专业，现开设院所有 40 余所，该专业目标培养具备医学背景及医学信息工程基础知识，熟悉医学信息标准，能从事病案管理、医药相关行业卫生信息分析、处理和管理，医院医疗信息系统应用软件项目开发与实施、集成与维护、营销与服务等高素质技能型人才。国内医学信息管理本科阶段人才培养起源于医学图书馆学，目前本科层次主要有医学信息工程专业和信息管理与信息系统专业（医药卫生方向），学制 4~5 年。目前开设医学信息工程专业的院校约有 40 所，该专业目标培养具有医学、信息科学的有关基础知识，具备医学信息处理能力，能够在医院信息化、公共卫生网络工程、医药电子商务等相关领域从事研究、设计、开发、管理及维护的应用型专门人才。硕士、博士研究生教育层次主要培养医院管理、医药信息管理、医学信息管理等方向的高级专门人才。❷

10.3.3.3　农业信息管理

农业信息化是信息化社会的重要组成部分。农业信息化就是借助先进的信息技术方法和工具，通过信息和知识的获取、存储、处理、分析、传播、利用，实现农业生产、

❶ 邓洁，苏平 . 高校专利信息人才的能力结构及培养模式探索——以职业胜任力为视角 [J]. 工业和信息化教育，2018（2）：84-88.

❷ 郭文秀，袁永旭，乔晓梅 . 大数据环境下医学信息管理专业人才培养研究 [J]. 教育理论与实践，2019，39（30）：12-14.

管理、产品营销信息化，以大幅度提高农业管理和经营决策水平，有效利用农业资源，降低环境污染，提高农业生产效率和生产经营效益。《2006—2020 年国家信息化发展战略》把推进面向"三农"的信息服务、培养信息化人才列为我国信息化发展的战略重点。

我国高等农业院校中很长时间没有农业信息技术专业，从事农业信息工作的人员基本是来自农科、情报学或计算机等领域。直到近年，才有个别院校在农学或信息管理专业中开设了农业信息技术方向。为了解决农业信息管理人才不足的情况，应加大农业信息人才培养力度，在高等教育阶段增设相关专业，同时构建多元人才培养体系，通过在职学习、短期培训等方式增加专业人才供给。❶

10.3.3.4　金融信息管理

金融行业是信息技术应用最为广泛和深入的一个行业。当前我国正处于从金融电子化、网络化向信息化、智能化转变的关键时期，金融业务与信息技术高度融合。金融信息管理人才需精通金融学、经济学以及数据分析理论与技术，了解数据的商业价值，擅长以清晰直观的形式提供数据分析结果的方法，并具有较强的信息系统开发利用能力。❷

培养金融信息管理人才，应该把握财经行业在信息化方面的最新需求，打造金融信息管理特色专业，目前主由信息管理与信息系统专业（金融方向）培养金融信息管理人才，另外在专科阶段我国还设有会计信息管理和经济信息管理专业培养相关人才，须进一步加大相关专业人才培养力度。

10.3.3.5　地理信息管理

我国现设有地理信息科学专业，目前全国开设此专业的院校共有 190 余所。该专业原名地理信息系统，是研究地理信息采集、分析、存储、显示、管理、传播与应用，及研究地理信息流的产生、传输和转化规律的一门科学。地理信息科学是一门密切围绕空间相关数据开展研究的实用性极强、多领域渗透的学科，它涉及测绘、遥感、定位、分析、管理、表达等多个领域，最终目的是服务于经济、产业和大众生活。地理信息

---

❶ 明均仁. 大数据时代下农业信息人才培养模式探析 [J]. 电子商务，2015（5）：60-61.
❷ 霍云艳. 金融特色信息人才培养模式研究 [J]. 中国集体经济，2016（12）：156-157.

科学也是一门交叉性较强的学科，和地理学、测绘工程、计算机应用以及行业相关学科（如交通工程、土木工程、资源与环境等）都有关系。

地理信息管理人才需具备以下专业素质：具备坚实的基本理论和基础知识，主要包括计算机科学、数学、地理信息系统、遥感和地图制图学等学科；熟练掌握国内外主流 GIS 软件和遥感图像处理软件的使用和操作；掌握遥感和地理信息应用系统开发的基本原理和基本方法，以及从事计算机、地理信息系统及计算机制图系统的研发能力；具备物联网、云计算等新一代信息技术的理论、技术和方法等方面的扎实知识等。❶

10.3.3.6　军事信息管理

当前世界各国军事信息化发展迅速，信息化技术已经成为军事领域的重要支撑和推动力量。军事信息化涉及装备信息化、作战信息化、指挥系统信息化、人才信息化等，其中军事信息人才是实现其他领域信息化的核心要素。目前，各国军队都在加强信息化人才的培养和引进，以适应信息化战争的需求。简单来说，军事信息人才是指具有计算机技术、网络技术、软件技术、信息网络管理、信息网络攻防等知识和技能，能够从事军事信息化工作的人才。

作为培养军事信息人才的主要机构，军队院校应该响应时代的变迁，关注我军信息化建设的战略目标，坚持信息主导，科学地构建课程结构体系、模拟训练体系和评价考核体系。同时，应该坚持改革创新，加强信息化教员队伍和管理干部队伍建设，营造信息文化氛围，并努力提高军事信息化水平。通过这些措施，军队院校可以培养出具备出色信息技能和战略思维的军事信息人才，为国家的军事信息化建设做出重要贡献。❷

10.3.4　iSchools 运动

10.3.4.1　产生及发展

从世界范围来看，图书情报学科是信息管理学科的主要源头之一。20 世纪 90 年代

---

❶ 刘美玲，刘湘南 . 面向资源环境行业需求的多层次复合型地理信息人才培养模式 [J]. 地理信息世界，2013，20（5）：42-46.

❷ 宋海龙，李彬，逯保乐，等 . 必须强化军队院校军事信息人才培养工作 [J]. 经济研究导刊，2011（19）：110-112.

以来，信息技术和网络技术迅速发展，泛在信息环境已然形成，社会对信息人才的需求正在发生深刻变化，虽然传统的图书情报教育也在努力适应新的环境，但并不能有效解决新形势下面临的挑战与冲击。在这一背景下，在 21 世纪初，美国一些著名的图书情报教育机构发起了"信息学院运动"（Information Schools Movement），并成立了"iSchool 联盟"（iSchools），目的是整合信息领域的相关院所，引导图书情报向跨学科方向发展。

2003 年，美国 7 所著名的图书情报学院的院长齐聚北卡罗来纳大学图书馆与信息科学学院，探讨 21 世纪图书情报教育、研究及事业发展。也正是在此次会议上，提出了"信息学院（iSchools）运动"。随后，又有多所院校加盟，使最早参与者达到 19 所（包括加拿大的多伦多大学信息学院）。2004 年，这 19 所北美高校共同创建了 iSchools 项目，致力于以信息（Information）、技术（Technology）和人（People）的关系为中心的研究与实践。2005 年 9 月，这些学校通过宪章组成了 iSchools 联盟。加入 iSchools 联盟之后，有部分大学直接使用了"Information School（College）"或者"iSchool"的字样。iSchool 联盟的管理机构是 iCaucus，于 2007 年成立。在 iCaucus 的成立声明中说："我们旨在将信息科学的形象提升到为学生和用人公司提供了无限前景和潜能的一个学科。"❶

随着 iSchools 运动的发展和世界信息环境的变化，iSchools 联盟也在不断发展壮大，并很快突破了创立之初确定的"成员不超过 25 个"的"联盟宪章"的规定。至 2014 年 9 月，iSchools 的成员已经达到 59 个，并从北美扩展到欧洲、亚洲等地。我国的武汉大学信息管理学院、南京大学信息管理学院和中山大学咨询管理学院都成为其正式成员。

10.3.4.2　核心理念 ❷

iSchools 教育的三大核心理念包括信息、信息技术与人。

"信息"是各学科整合与开展研究和教学实践活动的基础，主要研究与信息资源组织、采集、分析、开发等信息资源相关的问题。首届 iConference 就开宗明义地指出"iSchools 的关注焦点应是信息"，"围绕信息的研究和教学活动应成为 iSchools 的核心所在"。

---

❶ 肖希明，等 .iSchools 运动与图书情报学教育的变革 [M]. 武汉：武汉大学出版社，2017：16.

❷ 王金娜，康丽峰，王喜明 . 基于 iSchool 教育理念的我国信息资源管理专业本科课程设置调查分析 [J]. 图书馆界，2016（6）：10-15, 22.

对信息资源的研究离不开信息技术的支持，但必须明确技术始终只是作为传递信息的手段为信息领域提供工具性的支持，不能凌驾于"信息"要素之上，这一点对于理解技术要素在 iSchools 中的定位非常重要。

iSchools 的最终目的是"创造、发现、存储、管理与共享信息，将合适的信息、以合适的格式、在合适的时间传递给合适的人"。教育的最终效果是服务社会、用户，通过研究用户的思想与行为，研究人在从事信息活动的过程中所产生的行为动机，找出人的行为规律，为信息用户服务及社会活动提供参考依据。

10.3.5　数智时代信息人才的需求及培养

10.3.5.1　人才需求分析

随着科技的飞速发展和数字化、智能化的快速推进，我们已逐渐步入数智时代。在这个时代中，信息科技渗透到社会的各个领域，使社会对信息人才的需求日益旺盛并呈现出更高的要求，对于高端信息人才需求尤为突出。2017 年 12 月，习近平总书记在中共中央政治局就实施国家大数据战略进行第二次集体学习时指出，实施国家大数据战略，加快建设数字中国，必须"打造多层次、多类型的大数据人才队伍"。

数智时代，以下 5 类信息人才有着非常广阔的社会需求前景。

（1）数据科学家

在数智时代，数据科学家是各企业迫切需要的人才。他们负责利用先进的数据分析工具，从海量数据中提取有价值的信息，帮助企业做出数据驱动的决策。

（2）人工智能专家

随着人工智能技术的广泛应用，对 AI 专家的需求也在不断增加。他们具备深度学习、机器学习等技能，能够开发、训练和优化智能系统。

（3）软件工程师

在数智时代，软件工程师依然是企业急需的人才。他们负责开发、维护和优化企业使用的各种软件系统。

（4）产品经理

随着产品开发过程中对数据和用户行为的重视，产品经理的角色变得越发重要。他们需要理解用户需求，将用户反馈整合到产品设计中，确保产品的市场竞争力。

（5）安全专家

在数智时代，网络安全问题日益重要。企业需要专业的安全专家来保护其信息和系统不受恶意攻击。

10.3.5.2　信息人才的培养

数智时代为信息人才提供了广阔的发展空间，同时也提出了新的挑战。为了满足社会对信息人才的需求，需要从教育体系、教学方法、职业培训等多个方面进行改革和创新，积极鼓励年轻人拥抱新技术，掌握新技能，成为能够适应数智时代挑战的信息人才。

第一，强化基础教育。在基础教育阶段，应加强对计算机科学、数学等学科的重视，培养学生对信息技术的兴趣和基本技能。

第二，提高实践能力。积极打造企业、高校、研究机构、政府四位一体的人才培养机制，通过增加实践课程，为学生提供更多实际操作的机会，培养他们的实践能力和解决实际问题的能力。

第三，跨学科培养。摆脱依托于单一学科的人才培养模式，制定跨学科人才的培养计划，鼓励学生结合其他学科，如经济学、心理学等，进行跨学科学习，加强学生知识积累的宽度和深度，培养他们综合解决问题的能力。

第四，加强职业培训。提供更多的职业培训和实践机会，帮助学生将理论知识转化为实际工作经验。重点加强管理能力和沟通能力的培养，帮助初入职场的学生更快地融入工作环境中，降低沟通成本，提高工作效率。

第五，提高全球视野。在全球化时代，应培养学生的全球视野，帮助他们理解并应对不同文化背景下的挑战。

案例分析：高端信息人才的需求及发展 ❶

材料一：2019 年华为高薪招聘人才引关注 ❷

2019 年 7 月 23 日，华为发文公布了由任正非签发的 8 名顶尖学生的年薪方案。

---

❶ 以下资料均来源于网络公开报道。

❷ 初心. 最高 201 万！华为高薪招应届生，8 位获聘者大有来头 [EB/OL].（2019-07-24）[2023-08-09]. https://baijiahao.baidu.com/s?id=1639895311139176329&wfr=spider&for=pc.

据报道，这批顶尖学生全部为 2019 年毕业的博士生，其年薪最低为 89.6 万元，最高为 201 万元。此前，任正非曾在公司内部讲话中提及："这些天才少年就像泥鳅一样，钻入我们的组织，激活我们的队伍。"

刚刚毕业就能收获上百万元的年薪，在外界看来，华为招聘的这批"顶尖学生"确实是不折不扣的天之骄子。有人争议应届生拿如此高的薪水是否合理，也有人好奇这批学生的教育背景，还有许多人感慨历来敢为人先的华为此举的大手笔、大格局。那么，这些人才主要学什么专业，哪些专业才有机会获得这么高的薪资待遇呢？

一、人工智能领域

电子产品的研发和进步离不开人工智能，以前的手机只能设置密码锁，现在可以人脸识别或者指纹，随着科技的进步，电子产品的功能可能会超出人们的想象。今年招聘的八位博士中，年薪最高的两位都是学人工智能领域的专业方向，如计算机视觉、深度学习。现在人工智能专业逐渐兴起，开设的院校越来越多，很多优秀的人才也积极报考。不过本科毕业，对应的工作薪资可能就没有这么高。如果深造到博士，取得一定科技成果，说不定也可以顺利进入华为这样的大企业。

二、通信、信息类专业

现在很多互联网、电子产品企业致力于研发 5G 技术，甚至现在很多机构已经研究到 8G，只是还很难普及。华为主要研发手机，对通信质量和安全也非常看重，致力于技术的突破，所以这类专业的人才招聘数量也比较多。本科毕业生的就业率比较高，不过想要进入好企业，想要获得高薪资，最好是名校硕士或者博士毕业，就业出路会更好，说不定一毕业就可以拿到百万年薪。

三、大数据领域

当今属于大数据时代，无论是政府机关部门，还是科技、互联网企业都希望掌握大数据。所以大数据领域的专业人才非常稀缺，人才缺口甚至高达 1400 万。尤其是顶尖人才，很多技术不够发达，知名企业想要高薪聘请人才。不过大数据专业刚刚兴起，发展速度自然比较慢，但之后会有更多人才学习钻研，我国的大数据技术会越来越顶尖。

材料二：国家规定证券基金经营机构应设首席信息官 ❶

2018年12月21日，中国证监会新闻发言人常德鹏表示，为维护资本市场安全稳定运行，保护投资者合法权益，引导证券基金经营机构在依法合规、有效防范风险的前提下，持续强化现代信息技术对证券基金业务活动的支撑作用，证监会近日发布《证券基金经营机构信息技术管理办法》，自2019年6月1日起实施。

《管理办法》在传统信息安全监管基础上，针对信息技术治理、数据治理、业务合规提出监管要求，明确经营机构应设立信息技术治理委员会及首席信息官，促进信息技术与业务、风控及合规管理深度融合。

从任职条件上来看，首席信息官需要满足以下三点：

1. 从事信息技术相关工作十年以上，其中证券、基金行业信息技术相关工作年限不少于三年；或者在证券监管机构、证券基金业自律组织任职八年以上。

2. 最近三年未被金融监管机构实施行政处罚或采取重大行政监管措施。

3. 中国证监会规定的其他条件。

附：部分证券机构首席信息官简历

1. 海通证券毛宇星：理学博士，管理学博士后，教授级高级工程师，2016年9月起担任首席信息执行官、信息技术治理委员会主任，2019年2月起担任公司副总经理。1993—2001年在中国工商银行上海市分行信息科技部工作，历任程序员、副科长、科长、副处长；2001—2011年在中国工商银行数据中心（上海）工作；2011—2016年担任中国工商银行总行信息科技部副总经理。

2. 长江证券胡曹元：硕士，现任长江证券股份有限公司副总裁、首席信息官、首席风险官；兼任长江证券承销保荐有限公司董事长，中国证券业协会固定收益委员会委员。曾任华中理工大学讲师，中国教育科研计算机网华中网络中心NIC部主任，大鹏证券信息技术部开发部经理、首席助理总经理、副总经理、总经理，大鹏网络副总经理、董事，大鹏证券信息技术部总经理，长江证券信息技术中心总经理、信息技术总部主管，长江证券营运管理总部主管、信息技术总部总经理、执行副总裁。

---

❶ 猎头班长. 24家上市券商CIO简历[EB/OL].（2020-09-01）[2023-09-23]. http://www.execunet.cn/newsinfo.asp?id=187047.

3. 东兴证券刘亮：本科学历，现任东兴证券副总经理、首席信息官，福建分公司总经理。曾就职于福建省政府办公厅证券办、中国证监会福建特派员办事处。曾任福建省证券监督管理委员会科员，中国证监会福建监管局科员、副主任科员、主任科员、党办副主任、稽查处副处长、纪委委员、党办副主任（主持）、党办主任；东兴证券助理总经理、总经理办公室总经理、场外市场业务总部总经理、新疆分公司总经理、深圳分公司总经理，东兴证券董事会秘书，董事会办公室总经理。

4. 国海证券温力：本科学历，2011 年起任国海证券 IT 总监兼信息技术中心总经理。1986—1995 年任哈尔滨商业大学电子工程系教师；1995—2001 年任广西财经学院管理系教师；2001—2011 年，历任国海证券电脑中心副总经理、信息技术中心副总经理、信息技术中心总经理；2010 年 3 月至 2011 年 8 月，任国海证券 IT 总监。

5. 国金证券李蒲贤：经济学博士，现任国金证券副总经理、首席信息官，国金期货有限责任公司董事长。曾任成都证券总经理助理、交易总监，成都证券副总经理兼人民南路营业部总经理，国金证券副总经理。

6. 东北证券王安民：硕士研究生，高级工程师，现任东北证券副总裁、首席风险官，东证融通投资管理有限公司监事，东证融达投资有限公司监事，东证融汇证券资产管理有限公司董事、首席风险官。曾任哈尔滨市信息中心数据库部副主任；哈尔滨国际信托投资公司技术部经理、证券部副经理；江海证券经纪有限责任公司总经理助理、合规总监。

7. 广发证券辛治运：博士，2018 年 6 月起获任为广发证券首席风险官。历任高等教育出版社软件工程师、编辑；中国证监会信息中心主任科员、副处长，中国证监会机构监管部综合处副处长、正处级调研员、正处级调研员（主持工作）、审核处处长；安信证券党委委员、副总裁、首席风险官、合规总监，兼任安信乾宏投资有限公司董事。

8. 南京证券江念：博士，高级工程师。现任本公司党委委员、总工程师、技术总监、信息技术总部总经理。历任南京监狱技术科工程师、副科长，南京国际信托投资公司证券部工程师，公司电脑中心工程师、副总经理、电脑中心总经理。

📖 问题与思考

　　云计算、大数据、人工智能、"互联网+"……当今时代信息技术已经深刻影响了社会各个领域的发展变化，高端信息人才成为大型企业竞逐的对象。据报道，虽然中国移动目前既没有设置CTO，也没有设置CIO，但已在部分项目中采用了大数据技术，未来还将继续扩大使用范围。基于业务的考虑，中国移动需要以下两种大数据人才，即大数据系统和工具的研发、优化人才和数据分析师人才。结合上面两则案例，请思考未来高端信息人才的主要素质要求是什么，并对自己的专业方向和学习成长计划进行思考和规划。

📖 参考文献

[1] 中共中央办公厅，国务院办公厅.国家信息化发展战略纲要[M].北京：人民出版社，2016.

[2] 中央网络安全和信息化委员会."十四五"国家信息化规划，2021.12.

[3] 图书馆·情报与文献学名词审定委员会.图书馆·情报与文献学名词[M].北京：科学出版社，2019.

[4] 王喜明，王金娜，李燕燕，等."馆系合一"模式下信息资源管理专业图情学科基础理论教学探索——基于河北建筑工程学院的实践研究[J].图书馆学刊，2019，41（10）：5-10.

[5] 陶俊.信息管理学科竞争力与结构改革[M].北京：中国社会科学出版社，2019.

[6] 林晶，陈苗，李伟.人工智能与大数据时代信息人才培养模式、路径与对策研究[J].情报科学，2019，37（9）：123-125，132.

[7] 郭文秀，袁永旭，乔晓梅.大数据环境下医学信息管理专业人才培养研究[J].教育理论与实践，2019，39（30）：12-14.

[8] 邓洁，苏平.高校专利信息人才的能力结构及培养模式探索——以职业胜任力为视角[J].工业和信息化教育，2018（2）：84-88.

[9] 肖希明，等.iSchools运动与图书情报学教育的变革[M].武汉：武汉大学出版社，2017.

[10] 王金娜，康丽峰，王喜明.基于iSchool教育理念的我国信息资源管理专业本科课程设置调查分析[J].图书馆界，2016（6）：10-15，22.

[11] 左建安.我国国际化信息人才培养模式研究[D].南京：南京大学，2014.

后 记

《信息管理学导论》终于要正式出版了，不禁让我想起与这本书的由来密切相关的"信息检索"和"信息管理学"课程，以及信息管理系的很多事情。

我于 1990 年在河北建筑工程学院图书馆参加工作，由于有图书情报专业背景，从 1992 年起承担全校的"文献检索"课教学任务，有时同时承担多个班级的教学任务，并于 1997 年取得教育部首批高校教师资格证书。后来，有图情和计算机等专业背景，承担"文献检索"课教学任务的同事越来越多。自 2010 年起，"文献检索"课更名为"信息检索"课，图书馆已有很多教师承担全校该课程的教学任务，而他们也都取得了高校教师资格证书。在教学过程中，大家都认为我们应该有适合我校教学需要的"信息检索"课的教材，于是由我牵头，组织信息检索任课教师在 2010 年合作完成了《信息检索与利用》教材的编写工作，并由北京艺术与科学电子出版社出版。这是我们正式出版的第一本教材，时间仓促，经验不足，使用后陆续发现教材内容上的一些问题。我们没有听之任之，而是以精益求精的态度，对教材内容进行了认真的修改和完善，于 2012 年 5 月由河北大学出版社出版了《信息检索与文献利用》一书。在"信息检索"课教学和两本教材编写过程中，我们的教师队伍得到了很好的锻炼，图书馆工作也得到了学校领导的肯定和赞赏。

我校在 2012 年提出更名河北建筑大学的计划，因为学校的本科专业数量与更名大学的要求有些差距，学校领导认为图书馆这支教师队伍具备较强的信息管理工作实践能力和较高的理论水平，完全有能力开办一个信息管理类本科专业。图书馆出于专业人才队伍建设和培养的目的，在校领导，特别是时任副校长，现任校党委书记师涌江教授的指导和鼓励下，于 2013 年正式申报信息资源管理本科专业。我们组织力量赴多地进行认真的学习考察和调研，邀请全国信息管理领域的专家召开信息资源管理专业建设论证会，对申报材料进行可行性论证。在完成新办专业申报工作后，我们就紧锣密鼓地开始了信息管理系的筹建工作。如大家所愿，我们的专业申报方案顺利通过了河北省教育厅的评审和教育部的审核，学校同意我们自 2014 年开始信息资源管理专业的招生工作。2014 年 9 月，首届信息资源管理专业 35 名学生顺利入学，开启了河北建筑工程学院信息管理系的"馆系合一"模式的发展历程。经过几年的实践，理论与实践兼备的双师型教师队伍和"馆系合一"模式的优势逐渐显现，信息管理系优异的成绩令领导们满意，同意信息管理系又申报一个本科专业。我们经过分析调研，决定新增信息管理与信息系统专业，2017年申报，2018年获批并开始招生，形成两个本科专业的"馆系合一"新格局。

根据教学工作安排，我与多名老师组成"信息管理学"教学团队，自2014年起承担了该课程的教学任务。该课程选用了武汉大学出版社的《信息管理学基础》作为教材。在教学过程中，我们发现该书对一些信息管理的基础内容没有涉及，如信息经济、信息分析、信息人才、信息安全和信息素养等，而有些部分篇幅偏多，内容偏难，如信息组织和信息系统等。我们认为有必要编写一本适合我系学生的专业基础参考书，这一想法得到了老师们的积极响应。根据信息管理系教师担任课程的情况，进行了该书编写的工作分工，然后开始了认真的撰写工作。根据该课程教学过程学生的反馈，我们对本书框架内容多次进行调整优化，经过三年多的精雕细琢，完成了这本《信息管理学导论》书稿。在完成初稿后，我们又进行了书稿集体审阅，并进行了多次的认真修改，终于完成了书稿的撰写工作。

我很欣慰，"信息管理学"作为信息管理系两个专业的专业基础课，是信息管理相关专业的考研内容，在"信息管理学"教学团队的积极努力下，学生学习效果良好，"信息管理学"已于2024年3月通过学校一流课程验收，而信息管理系众多毕业生以优异成绩考入武汉大学、中国人民大学、吉林大学、上海大学、华中师范大学、东北师范大学等知名高校的硕士研究生，让我们有了信息管理人才培养的成就感和自豪感！在此衷心感谢信息管理系众多教师在完成图书馆繁重专业岗位工作的同时，为信息管理系人才培养十年来的辛勤付出，也感谢亲爱的信息管理系的同学们为本书内容完善所做的贡献。南开大学王洁博士在我系工作期间也参与了该书前期的一些基础性工作，知识产权出版社编辑刘晓庆为我们提供了大量的指导和帮助，在此一并感谢！

"馆系合一"是我校教学管理模式方面的一大特色，信息管理系在十年的发展历程中积极探索，取得了不俗的成绩，谨以此书的出版献给河北建筑工程学院信息管理系成立十周年！

杜占江

2024 年 3 月 20 日